国家出版基金项目
NATIONAL PUBLICATION FOUNDATION

中国物理教育研究丛书

郭玉英 主编

范佳午 著

科学探究能力模型与培养研究

KEXUE TANJIU NENGLI MOXING
YU PEIYANG YANJIU

GEP 广西教育出版社
南宁

图书在版编目（CIP）数据

科学探究能力模型与培养研究／范佳午著．—南宁：广西教育出版社，2016.12（2019.7 重印）
（中国物理教育研究丛书／郭玉英主编）
ISBN 978-7-5435-8213-2

Ⅰ.①科… Ⅱ.①范… Ⅲ.①中学物理课—教学研究 Ⅳ.①G633.72

中国版本图书馆 CIP 数据核字（2016）第 320636 号

策　　划　黄敏娴　黄力平
责任编辑　潘　安
装帧设计　刘相文
责任校对　杨红斌　何　云
责任技编　蒋　媛
封面题字　李　雁

出 版 人：石立民
出版发行：广西教育出版社
地　　址：广西南宁市鲤湾路 8 号　　邮政编码：530022
电　　话：0771-5865797
本社网址：http://www.gxeph.com
电子信箱：gxeph@vip.163.com
印　　刷：广西民族印刷包装集团有限公司
开　　本：787mm×1092mm　1/16
印　　张：15.75
字　　数：234 千字
版　　次：2016 年 12 月第 1 版
印　　次：2019 年 7 月第 2 次印刷
书　　号：ISBN 978-7-5435-8213-2
定　　价：35.00 元

序

20世纪90年代,广西教育出版社出版了《学科现代教育理论书系·物理》,由我的导师阎金铎教授担任主编,在物理教育领域产生了重要影响,已经成为本学科专业发展的里程碑。二十多年过去了,随着新世纪中国基础教育课程改革的全面推进,物理教育研究呈现出前所未有的繁荣景象,涌现出丰富的研究成果。当2014年该社提出要我组织编写一套《中国物理教育研究丛书》,汇集新时期的标志性成果时,我认为这是一个现实与历史意义兼具的重要选题,同时也感到是一个非常艰巨的任务,责任重大。

我国的物理教育有研究与教学紧密结合的优良传统,许多优秀的中学物理教师和教研员植根于教学实践开展研究,积累了大量本土化、原创性的研究成果,展示出物理教育的中国特色。近十几年来,随着研究生教育的发展,物理教育的国际交流不断拓展和深化,越来越多的年轻学者借鉴国际科学教育研究的经验和方法,针对我国物理教育实践中的问题,开展了多角度、多层次的具体深入的实证研究,如围绕新课程倡导的科学探究和探究教学的研究,针对物理学科核心概念和关键能力展开的学习进阶研究,促进学生发展的课堂教学模式的研究,关于物理课程和教材的深入研究和国际比较研究,关于物理教育测量和评价的研究,物理教育与信息技术整合的研究,针对物理教师观念的研究等。研究内容涵盖了课程与教学论的各个分支领域,研究对象从课程教材到课堂、学生、教师、试题,研究视角从哲学到物理、心理、技术,研究方法从思辨到定量、实证,呈现出多元化和多样化的研究取向,拓宽了物理教育研究的视野和范围,为我国物理教育理论和中学物理教学实践提供了研究基础和方法论指导。

本丛书的选题力图涵盖上述诸方面的主要研究成果，简要介绍如下。

在来自一线教师和教研员的研究成果中，包含了从哲学层面到物理课堂教学操作层面的四本著作。《物理与哲学——中学物理教学的视角》呈现了中学物理教师的哲学思考。作者从物理与哲学的关系入手，结合中学物理教学的具体内容，论述了哲学的洞见与物理教学实践密不可分，将中学物理教学上升到哲学高度。在实验教学方面，毕生从事高中物理实验教学与研究的专家撰写了《高中物理实验教学研究》，从科学技术发展和教育理念进步的角度，突出了以学生为主体的教育理念和学科素养在实验中的表现及培养的途径，重点探讨了高中物理实验教学的目标、内容和方法策略方面的热点问题。在课堂教学实践层面，《中学物理习题教学研究》凝聚了中学物理特级教师的经验和智慧，从习题和试题的不同功能出发，以大量的题例阐述了习题和试题的编写要领，论述了优化习题教学的各种途径，提出了科学实施习题教学的策略，把习题教学的目标落实到提高学生解决问题的素养上来。《中学物理教学疑难问题研究》则来自基层教研工作者，从一线教学实际和物理教师的需求出发，对新课程实施过程中遇到的多方面的具体疑难问题进行了深入分析和探讨。

丛书围绕新课程实施以来物理教育研究领域关注的重点——科学探究和探究教学呈现了三个不同视角的研究成果。《科学探究能力模型与培养研究》系统介绍了国际科学教育领域对科学探究能力及其培养的研究和实践，构建了基于知识和技能的科学探究能力结构模型，结合案例论述了在中学物理教学中如何利用探究式教学法培养学生的科学探究能力。《促进认知发展的物理探究教学研究》聚焦目前中学物理探究教学中亟待解决的核心问题，从物理学科自身特点出发，构建了促进认知发展的探究教学模型，并对实施该探究教学模型的教学策略进行了探讨。《中学物理教师的探究教学观研究》则聚焦教师观念和行为，基于对探究教学的理论探讨，提出了教师探究教学观的分析框架与研究方法，从语言表达和教学行为两个层面研究了物理教师的探究教学观现状及其影响因素。

围绕学科核心概念展开的对学生认知和能力发展的研究是近几年的研究热点，学习进阶是将学生核心素养的发展与课程、教材和评价紧密联系在一起的桥梁，是具有发展潜力的新兴研究领域，丛书呈现了其中四方面的最新研究成果。《高中物理概念学习进阶及其教学应用》针对我国概念教学中存在的问题，构建了核心概念统领下的物理概念层次结构模型和概念学习进阶模型，以静电场核心概念为例进行了实证检验，并应用于教师培训。中学物理中的能量概念既是物理学科的核心概念，又是与社会发展和技术进步密切相关的共通概念，对于学生的发展至关重要。《中学物理能量学习进阶研究》构建了以学生为中心、具有实证有效性的“能量”进阶框架，并以此对学生“能量”概念的认知状态和发展情况进行了刻画和阐释，针对如何帮助学生提升“能量”概念的认知水平给出了相关建议。《中学物理课程中科学解释学习进阶及其教学应用》结合科学哲学的相关理论，提出了科学解释的“现象—理论—资料—推理”框架，确立了学习进阶的二维进阶模式及其进阶变量，通过跨年级测试建构了科学解释的学习进阶，并结合能量学习进阶进行了准教学实验研究。《基于学习进阶的中学物理教学设计研究》将物理概念和能力学习进阶的研究成果与现代教学设计理论相结合，建立了教学设计模型，结合大量中学物理教学案例，论述了如何基于学习进阶的研究成果开展以学生为中心的教学设计，从而促进学生物理核心素养的进阶发展。

关于课程和教材的研究呈现了两方面的研究成果，分别体现了不同的研究范围和方法。《高中物理量子理论课程研究》聚焦中学物理中的量子内容，从课程角度开展研究。采用理论和实证研究相结合的方法，对高中物理课程中量子理论的地位与教育价值、课程发展历程与现状进行了系统深入的探讨。《中学物理教材比较研究》选取中国、美国、俄罗斯、英国、法国、德国、日本、韩国、新加坡和澳大利亚十个国家的初中物理主流教材为比较对象，对教材的难度、广度、平均深度进行了比较研究，并分别比较了教材中的实验内容、例题和习题及拓展内容情况，分析了教材特点并提出了教材建设的启示与建议。

学生物理核心素养的测评一直是本领域关注的重要问题，特别是像高考、中考这样的高利害考试的有效性已经成为全社会关心的热点。《大学入学物理考试内容效度研究》对大学入学物理考试的内容效度进行了多方面的定量研究。一方面以高中物理课程标准为效标，研究比较和评估了我国（包括台湾和香港地区）大学入学考试物理试卷的内容效度；

另一方面从比较我国的高考物理考试与美国 AP 物理考试、英国 A-Level 物理考试出发，研究评估了我国大学入学物理考试的内容效度，提出了对我国现行高考制度的改革建议。

《中学物理教学与信息技术整合研究》展示了跨领域的研究视角，凸显了现代技术特色。在“数据探究”理论指导下，探讨了信息技术与中学物理教学深度融合的基本概念、理论等问题。同时还根据物理学科教学的特点，选取了几何画板软件、物理虚拟仿真实验软件、Camtasia 视频制作软件、FrontPage 网站制作等技术，用案例说明了信息技术在物理教学中的实际应用。

大学物理教学研究是我国物理教育研究领域中正在发展的研究方向，关于心智模型和建模教学的研究也是新的研究热点。《基于学生心智模型进阶的物理建模教学研究》介绍了国内外关于模型与学习进阶、建模与建模教学的相关研究。在此基础上整合心智模型、学习进阶和建模教学的研究，结合我国物理教学的实际，从教学要素和学生心智模型进阶两个维度建构了基于学生心智模型进阶的导引式建模教学模式，并以大学物理“静电学”为例展开实践研究。其研究内容和方法对中学物理教学与研究均有参考价值。

十几位学者参与了本套丛书的编著工作。他们有的是长期从事物理教育研究和中学物理教学的专家，凝聚毕生研究之学术精华；有的是具备海外学习经历的年轻学者，用现代科学教育研究方法研究我国的实际问题。其中多数作者为本领域的博士。作者们都为丛书的出版付出了艰辛的劳动。本丛书从策划、编辑到出版面世，得到时任广西教育出版社副总编黄力平编审、编辑部主任黄敏娴副编审和各书责任编辑的大力支持，也得到不少同行的关心和帮助，其中参阅引用了大量相关的研究成果，均已在参考文献中列出，在此一并表示感谢！期望本丛书的出版有助于物理教育研究领域的繁荣与发展，也期望这些研究成果能够在物理教育实践中得到进一步的检验、修正和完善。

郭玉英

2016 年 11 月于北师大

前 言

科学探究是国际科学教育领域共同重视的课题。探究不仅是一种教学方法，也是教学目标和教学内容。学生具备一定的科学探究能力是科学素养的基本要求[1]。发展学生的探究能力成为世界各国物理课程的目标。同时，科学探究与物理知识的建构是统一的过程[2]，较高的科学探究能力能促进学生更好地建构知识，更深入地理解知识，更自主地学习新知识。

然而，科学探究能力是一种复杂的综合能力，对探究能力的构成和发展的认识也存在各种不同观点。这些观点直接影响着课程设计和教学实践，构成了课程与教学的理论基础。例如：有的学者认为探究能力可以分解成诸如观察、分类等一系列技能，这些技能是独立的并可以通过训练发展的，学生发展了这些技能就提高了探究能力；有的学者根据我国物理课程标准中的“七要素”，将探究能力分解为提出问题的能力、猜想与假设的能力、制订计划与设计实验的能力、进行实验与收集证据的能力、分析与论证的能力、评估的能力、交流与合作的能力，并通过教学培养这些分能力来发展科学探究能力；有的学者则侧重于研究一些重要的科学思维的发展，如控制变量、证据评估等；也有学者将科学探究的过程视为问题解决的过程。这些不同的切入点表明了探究能

[1] 阎金铎，郭玉英. 中学物理教学概论［M］. 北京：高等教育出版社，2011：10.

[2] 郭玉英. 用科学探究思想指导高中物理教学改革［M］// 陈娴. 物理课程与教学研究（1979—2009）. 南京：南京师范大学出版社，2011：32–36.

力的复杂性，也说明探究能力的构成要素和形成过程是一个尚需深入研究的课题[1]。

从课程设计的角度来看，在目标上，对完成了基础教育的高中毕业生的探究能力应提出什么水平的要求？在内容上，应让学生掌握哪些知识、技能，获得哪些经验，从而培养其探究能力，实现课程目标？这些都是课程开发时需要考虑的重要问题。心理学指出，知识和技能是能力形成的基础。仅仅在课程目标上提出对探究能力的要求还不够，还需给出要达到目标而需要掌握的知识和技能。对上述问题的回答需要大量的研究与实践积累，目前有许多问题仍有待进一步研究和教学效果的检验。当前世界各国家和地区的课程文件可以认为是在集体智慧的基础上对已有研究和实践经验的力所能及的最好总结，对它们的分析可以为我们提供借鉴，是一条可行的、相对便捷的途径。

本书在继承和审辩已有对探究能力的研究的基础上，从课程与教学的角度，提出基于知识和技能的科学探究能力的结构模型，并用于指导探究能力的培养和评价。在模型中提出探究图式的概念，并通过访谈和专家-新手对比的研究方法探测学生和专家的探究图式的特点。在模型指导下，通过对不同国家或地区共38份课程文件的分析与比较，揭示各国基础教育课程中对科学探究能力的目标和内容要求及其随学段增高的进阶发展，从而一方面丰富和具体化模型，一方面为我国科学或物理课程的设计提供理论的参考和可借鉴的素材。

北京师范大学郭玉英教授在本书的写作过程中给予了全程指导，黄敏娴副编审、潘安编辑、潘姿汝编辑对书稿的修改提出了宝贵的建议，在审校过程中付出了大量心血，在此向他们致以衷心的感谢！

范佳午

于2016年10月

[1] 阎金铎，郭玉英．中学物理教学概论［M］．北京：高等教育出版社，2011：14.

目　录

绪 论

1. 研究的问题

本书研究的出发点是探索怎样通过课程和教学培养学生的科学探究能力。培养探究能力，首先要认识清楚科学探究能力的构成和结构。因此，本书试图解决的第一个问题是：科学探究能力的构成和结构是怎样的？（Ⅰ）

理解科学探究能力的构成和结构，是为了在理论的指导下，更好地通过课程和教学发展学生的探究能力。因此，本书试图回答的第二个和第三个问题是：在基础教育科学课程中，应当培养科学探究能力中的哪些重要构成成分，应对学生进行科学探究的行为表现提出怎样的要求？（Ⅱ）构成学生科学探究能力的内在成分应形成怎样的组织结构（探究图式的结构）？（Ⅲ）

在基础教育阶段，学生的探究能力不可能是一蹴而就的，那么，随着年级的增长，学生的科学探究能力应是如何逐步发展提高的？（Ⅳ）这是本书试图初步回答的第四个问题。

2. 研究思路和采用的方法

理解科学探究能力的构成和结构，是分析如何培养学生科学探究能力的基础。不同的理论观点，对如何培养科学探究能力、培养探究能力的策略有不同的假设。因此，本书首先综述、分析已有关于科学探究能力的理论观点，在继承的基础上展开反思。然后结合教育心理学的相关理论，以及对科学史和科学探究的特点的分析，从课程和教学的角度提出基于知识和技能的科学探究能力结构模型，该模型是对问题Ⅰ的回答。

本书提出的模型认为科学探究能力是基于探究活动中发挥不同作用的不同类型的知识（广义知识[1]）或技能发展而成，但是模型提出的每一类知识和技能又具体包含哪些内容？尤其是基础教育阶段发展学生的科学探究能力应达到什么水平，构成这种水平的探究能力对知识和技能又提出哪些具体要求？一方面，本书提出的模型是一个理论架构和框架，它本身有待具体内容的填充和丰富；另一方面，只有填入了具体的知识和技能，模型才能有效地指导课程和教学实践，培养学生的科学探究能力。因此，接下来的工作是在模型的指导下，分析国际上的课程文件中对科学探究能力的各个方面的知识和技能的要求，进一步丰富和具体化模型，同时关于科学课程文件的分析对我国物理和科学课程的设计及课程标准的修订有一定的参考意义。因此，本书通过对课程文件的分析来回答问题Ⅱ。另外，科学探究能力的发展不是一蹴而就的，对国际上的科学课程文件在不同学段对探究能力要求的差异和发展的分析，可以初步探索对问题Ⅳ的回答。

本书提出的理论模型认为仅有知识和技能不能形成科学探究能力，知识和技能的组织结构对形成科学探究能力有重要影响。对课程文件的分析能够找出基础教育阶段培养科学探究能力需要的重要知识和技能的内容，但无法得知它们应形成怎样的相对合理的结构。通过访谈的方法可以在一定程度上探测到专家对科学探究的核心认识及认识的组织结构（即模型中提出的探究图式的概念）。通过专家-新手的对比，能够分析专家和新手对科学探究的核心认识的差异，以及在对探究的认识的组织结构上的差异。专家-新手比较分析的结果一方面进一步丰富、具体化了本书提出的模型（不仅在专家和新手所掌握的知识和技能的内容的深度和广度方面，还在知识的组织结构方面丰富了模型）；另一方面也揭示了课程和教学应朝怎样的方向努力，从而促使新手（学生）逐渐向着专家的方向发展。因此访谈和专家-新手比较的结果也能够为科学课程的设计提

[1] 皮连生. 论智力的知识观[J]. 华东师范大学学报（教育科学版），1997（3）：52-58.

供参考。访谈和专家–新手比较的研究可以初步回答问题Ⅱ和问题Ⅲ。

本书通过对已有文献的继承反思，提出基于知识和技能的科学探究能力结构模型，然后主要采用文本分析法、访谈法和专家–新手比较的研究方法来进行研究，最终的目的是为我国科学课程培养学生的科学探究能力提供理论参考和具体化的建议。

3. 研究的创新点和意义

关于科学探究能力，当前已有一些较有影响的观点和认识，这些观点和理论是本书研究的重要基础。同时，仍有一些问题有待解决。例如，有的观点假设可独立培养的“探究分能力”其实并不独立，有的观点对如何通过课程和教学培养科学探究能力无法给出直接而明确的指导，有的观点无法解释学生表现出的“探究分能力”的情境依赖性，等等。本书首次明确地从课程和教学的角度，提出基于知识和技能的科学探究能力的结构模型。该模型尝试解释和解决已有理论在探究能力独立性、对教学的指导性、解释情境依赖性方面遇到的困难，有较大的理论意义和指导教学的实践意义。

对国际上近年来科学课程文件中科学探究能力的要求的分析是一项对我国科学或物理课程设计有参考意义的工作，从科学探究能力的角度进行的分析也是需要深入研究的工作。同时，这项工作是对本书提出的理论模型的丰富和具体化。

本书提出的模型认为，学生掌握的对科学探究的认识与相关操作的知识和技能的数量、质量及其组织结构都对能力的形成和发展有重要影响。通过访谈和专家–新手对比的研究，不仅能初步探测学生相关知识的数量和质量，更重要的是初步研究了专家和新手在关于探究的认识的组织结构上的差异。关注对探究的认识的组织结构上的差异也是本书的创新点。同时，本书还提出了“探究图式”的概念，来描述专家和新手对探究的认识在数量、质量以及组织结构上的整体的不同。访谈和专家–新手比较的研究在理论上丰富、具体了本书提出的模型，在实践上进一步为我国科学课程的设计提出建议。

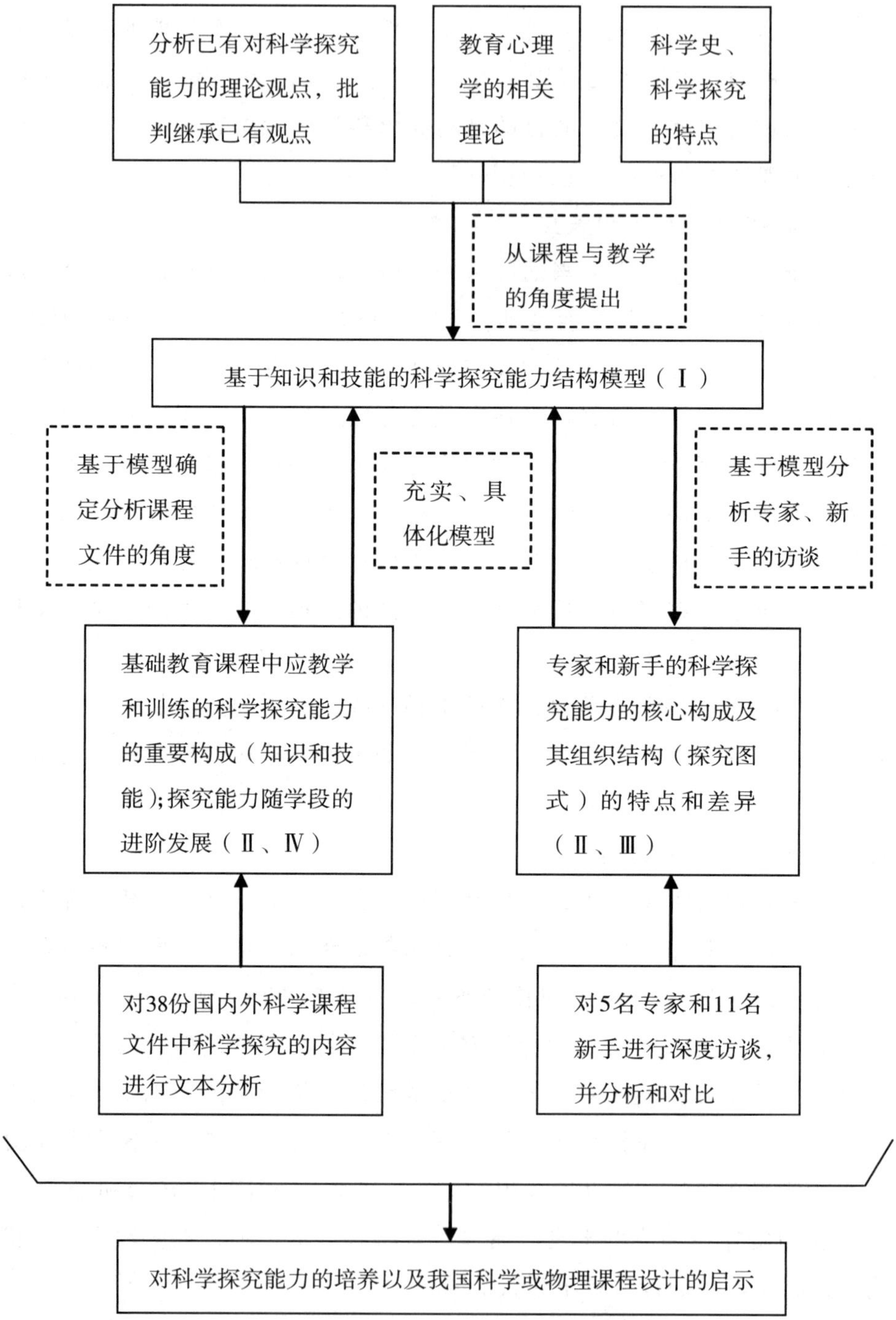
分析已有对科学探究能力的理论观点，批判继承已有观点
教育心理学的相关理论
科学史、科学探究的特点
从课程与教学的角度提出
基于知识和技能的科学探究能力结构模型（Ⅰ）
基于模型确定分析课程文件的角度
充实、具体化模型
基于模型分析专家、新手的访谈
基础教育课程中应教学和训练的科学探究能力的重要构成（知识和技能）;探究能力随学段的进阶发展（Ⅱ、Ⅳ）
专家和新手的科学探究能力的核心构成及其组织结构（探究图式）的特点和差异（Ⅱ、Ⅲ）
对38份国内外科学课程文件中科学探究的内容进行文本分析
对5名专家和11名新手进行深度访谈，并分析和对比
对科学探究能力的培养以及我国科学或物理课程设计的启示

图 1　研究的整体思路

第一章 科学课程中的探究

探究的思想在科学教育中由来已久，至今已成为国际科学教育领域公认的重要教育目标和教学方式。我国第八次基础教育课程改革也将探究提到了重要地位，在科学、物理、化学、生物等课程标准中均对学生的科学探究能力提出了要求。国际上，世界各国的课程中也都对科学探究能力有所要求。但由于目前对学生探究能力的认识不同，各国对探究能力的要求及表述有共同点的同时也存在一定的差异。美国在新一轮的课程文件制定中明确指出对探究能力发展的研究和认识还不够充分。因此，对探究能力的进一步研究无论从理论层面或实践层面都具有重要意义。我国在基础教育课程中推广实施探究教学和培养探究能力起步相对较晚，可以在借鉴其他国家或地区的课程文件对探究能力的要求的基础上，进一步展开深入研究。

第一节　科学探究的提出和发展

早在19世纪，一些学者在论述科学教育时就初步体现出探究的思想。例如斯宾塞（H. Spencer,1820—1903）写道："从数据中得出结论，然后通过观察和实验检验这些结论的（思维）习惯，使人更能做出正确的判断……学生需要通过自己的思考做出结论。科学探究中的每一步都影响学生的判断。学生在没有眼见为实前不应被强求接受（知识）。"（Spencer,1864）赫胥黎（T. H. Huxley,1825—1895）指出："科学训练的特点是……让思想和事实直接联系，通过归纳的形式训练智力。也就是说，通过对自然的观察得到的许多的具体事实得出结论……尤其是，让学生知道他们对书本上的（知识）应持有怀疑的态度，直到大自然的绝对权威迫使他们信服为止。"（Huxley, 1899）赫尔巴特（J. F. Herbart,1776—1841）相信学生理解新概念的最好方式是让他们自己发现现象之间的关系，并且教师帮助学生将新概念和他们的已有经验联系起来。赫尔巴特还重视对话交流对归纳式教学的重要性（Herbart, 1835）。曾任哈佛大学校长的查尔斯·艾略特提倡通过归纳的方式教科学，他的倡导在他担任美国全国教育协会十人委员会主席期间产生了一定影响。上述学者都重视实验、归纳对科学教育的重要性。

英国学者阿姆斯特朗提倡启发法教学，即"没有教材或教师的指导，学生通过审阅给予的材料提出自己的问题"（Armstrong, 1898）。史密斯和霍尔在他们的书中，支持"启发"或"探究"式的科学教学。同时，史密斯认识到，独立的探究要花费更多的时间，让学生把所有时间都用在独立的探究上是不现实的，并提出有指导的探究在教学中的重要价值。霍尔则进一步把"基于探究方法的教学"分为三类：（1）真实的发现学习。此类方法花费时间，并且学生常常因为没有足够的能力而从研究中得出表面化的结论。（2）验证性实验。此类方法可以加强学生对知识的理解，但容易使学生形成不科学的态度，即只想寻求"正确的答案"或只考虑到支持所期望的结果的证据。（3）有指导的发现学习，霍尔称之为探究

（Inquiry）。学生既不用检验他们已知的知识，也不用靠自己发现所有的知识。（Smith et al.，1902）

19世纪后期的科学教育目标着眼于学生个体能力的发展，例如训练学生的归纳推理。在20世纪初，美国的科学教育更加关注其对社会的价值——通过教育解决社会问题（Deboer，2006）。杜威指出民主社会的公民应能够对他们所处的物理和社会环境进行探究，能够独立于外部的权威而提出问题并找出答案。而教育需要培养学生提出问题和合作探究的能力。他认为当时的科学教育过于强调事实知识，而忽视了科学的思维方式和思想方法。他倡导在教学中使用探究的方法，教师作为支持者和指导者，让学生积极参与到探究中，并提出了"六步探究"模型（Dewey,1910）：感觉到情境中的困惑、提出问题、提出试探性的假设、检验假设、通过检验修改假设、得出结论。杜威认为，学生探究的问题应当是学生具有相关经验的并且在他们的能力范围内的。20世纪30年代，在进步主义教育协会的影响下，过程技能在科学课程中受到重视。这些思想也成为当时美国中学课程委员会的"中等教育中的科学"的参考。在20世纪前半叶，关于实验室在科学教育中的作用成为讨论的热点。科学实验室应当用来巩固学生的概念、检验科学知识、学习实验技术，还是让学生进行创造性的探究？当时的一些科学教育者认为实验室应当是让学生解决他们感兴趣的、与社会或科学相关的重要问题的地方（Deboer，2006）。

1957年苏联人造卫星上天，使美国开始反思本国的教育，科学和数学教育改革因此得到了大力度的资助。为培养学生成为未来的科学家，探究在教育改革中得到强调，并且探究的内容集中于科学学科中的内容。有些改革领导者认为科学应该像真实的科学家的研究一样来学习。期间，布鲁纳的发现学习和施瓦布的探究教学思想都产生了较大影响。值得一提的是，施瓦布原本希望学生理解科学探究的本质，而不是学生能够自己进行探究。他指出："作为探究的科学和进行探究活动——前者更应优先作为中学科学教学的目标……"（Schwab,1962）期间施瓦布和一些教育改革者认识到可以通过多种方式促进学生对科学探究的理解，包括探究教学和非探究教学，例如通过学习物理学史和分析探究案例的方法等。

但是，施瓦布等认为学生自己进行探究的方式更加重要，它可以让学生更深入地参与到探究内容中去，从而对科学本质产生更有意义的理解。施瓦布还提出了通过阅读关于科学研究的论文、书籍或报告，经常评估其他人的观点的有效性和证据的充分性等方式来加深对探究本身的理解。

20 世纪 70 年代，美国科学教育开始“回归基础”运动。美国科学教师协会（National Science Teacher Association，简称 NSTA）认为科学教育的目的是培养学生的科学素养，建立科学和社会之间的关系（NSTA，1971）。科学探究又开始重视与社会、个人生活相关的内容。

在 20 世纪 80 年代末期至 90 年代初期，美国陆续出版的科学课程文件对探究教学的理论研究、推广和实践起到了很大的促进作用。例如，美国科学促进会（American Association for the Advancement of Science，简称 AAAS）的“2061 计划”中出版的系列文件和美国国家研究理事会（National Research Council，简称 NRC）的《美国国家科学教育标准》。在 AAAS 的《科学素养的基准》中，在“科学的性质”“思维的习惯”部分列出了探究的学习目标和内容。在 NRC 的《美国国家科学教育标准》中，不仅将探究列为学习目标，还明确地倡导应把探究教学作为重要的教学方式。“探究”一词具有了三种含义：学生需要发展的设计并开展科学研究的能力；学生对科学探究的本质的理解；一种教学和学习的策略。在 2009 年美国大学理事会制定的《大学理事会标准——科学》中，进一步明确要求对“理解科学探究”进行教学。

迄今为止，探究在世界各国的科学教育中受到了广泛的重视。在理论上，探究早已成为国际科学教育研究者共同关注的焦点之一；在实践上，各国科学课程中对科学探究的要求（作为学习目标和作为教学方法）越来越丰富、具体、明确，并且培养学生的科学探究能力和实施探究教学亦成为课程与教学改革努力推广的重要内容。

我国第八次基础教育课程改革也将探究放到了重要地位，在义务教育初中物理课程标准和普通高中物理课程标准中都倡导探究教学，并对学生的科学探究能力提出了要求。在具体课程实施上，至今也做了大量工作。目前我国通过教育部审查的义务教育初中物理教材有 7 种，普通高中物理教材有 5 种，虽然这些教材各有特色，但无一例外地凸显了科学探究的教学[1]。又比如中国教育学会物理教学专业委员会至今已举办多次以探究为主题的各级物理教学大赛，对促进探究教学的推广和发展起到了很大的促进作用。我国第八次基础教育课程改革实施以来，对科学探究的研究也逐渐增加并不断深入。

[1] 廖伯琴．世纪之交中国基础教育物理课程改革［M］．北京：北京师范大学出版社，2010：206.

第二节　培养探究能力成为各国科学课程的目标

科学教育的目标是培养学生的科学素养，而科学探究能力是科学素养的重要组成部分。当前世界各国的科学课程都将培养学生的探究能力作为一个重要的课程目标，在表述上或明确提出要求发展学生的探究能力，或分别对探究能力的分能力提出要求（例如培养学生的设计和实施研究的技能等）。在《美国国家科学教育标准》的科学内容标准中，在作为探究过程的科学之标准部分强调进行探究的能力和发展对科学探究的理解。《英国国家课程——科学》中的四个关键阶段，都具体列出了对学生研究技能和对科学中的观点和证据的认识的要求。《法国普通高中理科物理－化学教学大纲》中指出："理科的物理化学教育的目的……最先提出的问题……是：学生们是否掌握了科学探究的基础技能？没有这些技能，学生就缺乏成功必备的才能。"《日本高等学校指导要领——物理部分》中"物理基础"部分的目标指出：通过与日常生活、社会密切的联系，提高学生对物体运动与各种各样能量的关心，进行有目的、有意识的观察、实验，在培养物理探究能力与态度的基础上，使学生理解物理学的基本概念、原理、规律，形成科学认识。澳大利亚《维多利亚州学科设计——物理》中指出在其物理课程中，学生能科学地进行探究是三大需要发展的关键技能之一。加拿大《安大略省科学课程》（2008 年修改）中的科学课程目标指出，本科学课程的三个目标之一是发展科学探究需要的技能、策略和思维习惯。芬兰《基础教育科学课程（2004）》中物理 7~9 年级的目标要求学生能学习计划并开展科学探究，能够控制变量并找出变量间的关系。

我国的科学课程对发展学生的科学探究能力也都提出了要求。《全民科学素质行动计划纲要（2006—2010—2020 年）》指出：完善基础教育阶段的科学教育，提高学校科学教育质量，使中小学生掌握必要和基本的科学知识与技能，体验科学探究活动的过程与方法，培养良好的科学态度、情感与价值观，发展初步的科学探究能力，增强创新意识和实践能力。《科学（3 ~ 6 年级）课程标准》在基本理念中指出：科学课程应向学生提供充分的科学探究机会，使他们在像科学家那样进行科学探究的过程中，体验学习科学的乐趣，增长科学探究能力，获取科学知识，形成尊重事实、善于质疑的科学态度，了解科学发展的历史。《科学（7 ~ 9 年级）课程标准》在课程分目标——科学探究中指出：本标准强调培养学生进行科学探究所需要的能力，增进对科学探究的理解。《义务教育物理课程标准》课程目标指出：义务教育物理课程旨在提高学生的科学素养，让学生……经历科学探究过程，具有初步的科学探究能力。《普通高中物理课程标准》课程总目标指出：学习科学探究方法，发展自主学习能力，养成良好的思维习惯，能运用物理知识和科学探究方法解决一些问题。

综上可见，培养学生的科学探究能力已经被写进各国的科学课程文件，成为基础教育科学课程的目标之一，受到普遍重视。在我国的物理课程标准中，除了课程总目标，主要从探究“七要素”的角度对学生的科学探究能力提出了具体要求。

第三节 科学探究能力的系统培养仍需深入研究

虽然当前世界各国在科学课程中都重视发展学生的探究能力，但目前对科学探究能力本身的研究一方面尚不够充分，另一方面存在着各种不同的观点和认识。探究能力的构成是什么？在基础教育阶段对学生的探究能力可以提出什么程度的哪些要求？在不同的学段可以对探究能力提出哪些要求？探究能力随学段增高如何发展？在这些问题上，无论是理论层面还是实践中都存在着不同的认识。阎金铎等在其主编的《中学物理教学概论》中指出："科学探究能力是一种综合性的能力，其构成要素和形成过程是当前正在研究的课题。"[1]通过比较世界各国和各地区基础教育科学课程文件中对探究能力的要求，也发现不同国家和地区的要求和表述差异均较大。

课程制定者和科学教育相关的研究者们都认识到并指出对科学探究能力的培养和发展需要做进一步的研究和努力。美国国家研究理事会于2011年出版《K—12年级科学教育的框架：实践、共通概念和核心观念》（以下简称《框架》），该文件是美国新一轮课程文件制定的开始。《框架》中大致给出了学生的探究能力逐渐深入的发展过程，但没有给出不同学段的发展要求。同时明确指出，由于目前关于学生探究能力的发展的研究证据十分有限，因此《框架》中大致给出的发展轨迹仅仅是制定委员会成员的判断[2]。研究者们对探究能力发展的研究也常常难以达成一致意见，不断有与以往不一致的新发现。例如：探究中常常涉及的系统思考的能力以往被认为是高级的思维技能，之前的研究发现，没有经过培训的高中生无法较好地表现出这项能力（Orion et al., 2008）；但近期研究发现，经过适当的培训，即使小学生也可以在一定程度上掌握这项能力（Ben-Zvi Assaraf et al., 2010）。已有相当数量的关于学生在科学探究

[1] 阎金铎，郭玉英. 中学物理教学概论［M］. 北京：高等教育出版社，2009：14.
[2] National Research Council. A framework for K-12 science education: Practices, crosscutting concepts, and core ideas［M］. Washington DC: National Academies Press, 2011: 49.

中所使用的策略的研究，Zimmerman（2007）综述了学生在探究思维策略上的发展，发现学生在探究策略使用方面的发展并不像先前皮亚杰提出的“阶段理论”那么简单。学生在探究时往往同时使用多种无效的和有效的策略，即使是处于“发展阶段”顶端的成人也是如此；如果经过合适的教学，年纪小的儿童也有很大的潜力，而之前的一些观点低估了儿童的能力；随着持续的合理教学，学生使用有效策略的比例越来越大，不存在明显的阶段划分[1]。

关于学生科学探究能力或相关的能力、技能、策略的研究虽然是当前科学教育研究关注的热点之一，至今也积累了相当数量的研究，但目前我们对科学探究能力及其培养和发展的认识存在着不同的观点，还需要进一步的深入研究。由上面所述的几个例子可见：（1）虽然理论认识还不够充分，但在课程和教学中已经展开了培养学生探究能力的实践。这些实践是基于集体协商后的课程制定团体对探究能力的培养和发展达成的相对一致的认识，实践的反馈和积累反过来能够加深对探究能力的认识和理解。（2）在基础研究中，基于不同的理论或观点的背景，研究者对探究能力及其发展的认识的差异可能很明显，而实践和研究表明探究能力的构成和发展可能比先前理论认识到的更加复杂。虽然目前在科学课程中都重视培养学生的科学探究能力，但我们对探究能力的构成、培养和发展的认识仍有待进一步研究。这已经成为摆在我们面前需要探讨的有着重要理论和实践意义的问题。

[1] ZIMMERMAN C. The development of scientific thinking skills in elementary and middle school [J]. Developmental Review, 2007, 27 (2): 172–223.

第二章　科学探究能力的相关理论和研究

本章从课程与教学的角度出发，聚焦于科学探究能力的结构和培养的问题，综述相关的理论和研究。

首先，界定本书使用的“能力”概念的内涵，再对心理学中关于一般能力（智力）的认识做简单综述。智力对科学探究能力的形成发展也有一定影响，但本书侧重于科学探究能力中可通过课程与教学培养的部分，故对智力的影响做简单分析，不做深入探讨。接下来简要综述在教育和教育心理学、学科教育研究中发现知识和技能的积累对具体领域的能力的重要影响。

然后，综述关于科学探究能力的四种主要理论观点及相关研究结果，分别是：将科学探究能力视为“过程技能的集合”；将“科学思维和科学推理能力”视为科学探究能力的核心；将科学探究能力“按课程文件中的要素分解为一系列分能力”；将科学探究的过程视为“问题解决过程”。

最后，综述通过课程和教学培养科学探究能力的国际比较研究。

第一节　心理学和教育学对能力的认识和理论

一、“能力”概念辨析和本书中的界定

能力的概念较复杂，本身可能包含多种意思，需要明确区分对能力的各种理解。一般认为，能力是一种心理特征，是顺利实现某种活动的心理条件 。彭聃龄指出，能力不仅包含一个人现在已经达到的成就水平，而且包含了一个人具有的潜力[1]。张春兴区分了和能力相关的几个概念。能力包含两种意义，“所能为者”和“可能为者”。“所能为者”指的是到目前为止个人在实际作业上所表现出来的能力。张春兴指出：“此种由实际行为表现出来的具体能力，系属学习或训练之后学习或训练效果之显现，在心理学中称之为‘成就’。”“可能为者”指的是个人在尚未接受某种训练之前，在相关行为上所展现的一种潜能。这种潜在能力在心理学上被称为“性向”。性向又分为普通性向和特殊性向两类。普通性向指一般性的潜在能力；特殊性向指在某些特殊方面的潜在能力，例如音乐、绘画等。普通性向也被称为普通能力或一般能力，一般能力也就是一般所指的智力[2]。

本书“科学探究能力”中的“能力”属于“成就”的范畴，即“所能为者”。虽然本书不排除智力对科学探究能力形成的可能的影响，但这不是本书关注的问题。下面仍然简单综述关于一般能力（智力）的理论，以便能够对能力有相对全面的介绍和考虑。本节第三部分简要综述在知识丰富领域，智力和“作为成就的能力”的关系。

二、关于一般能力的理论及其与教育的关系

智力的研究是心理学研究的一个传统领域，已经提出了一些有广泛影响的理论。然而，心理学家们目前的意见仍很不一致，“这是一个争论

[1] 彭聃龄. 普通心理学 [M]. 北京：北京师范大学出版社，2004：340.
[2] 张春兴. 现代心理学 [M]. 3版. 上海：上海人民出版社，2009：346.

不休的问题”[1]。

（一）智力的理论

1. 智力的二因素说

斯皮尔曼通过对智力测验结果的因素分析，假设智力包含两种因素：一般因素（G 因素）和特殊因素（S 因素），见图 2-1。

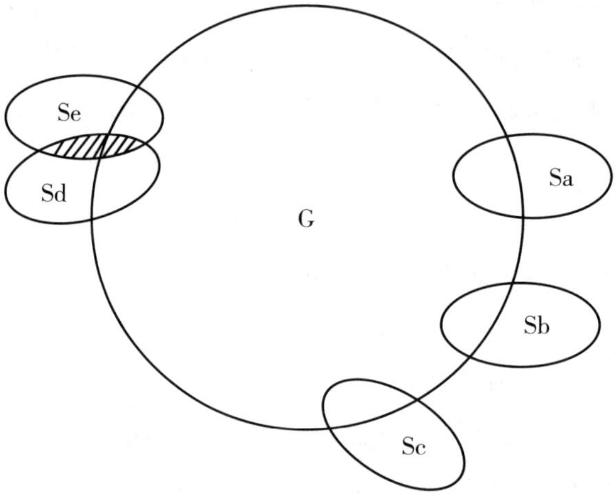

图 2-1 智力的二因素说

一般因素是一切智力活动的共同基础，每个人都具有或高或低的程度不同的智力一般因素，斯皮尔曼认为智力测验应当测量智力的一般因素。特殊因素是个人完成各种特殊活动所必须具备的，一个人可能具有完成这种活动的特殊因素，但不一定具有另一种特殊因素，而且某个特殊因素具有的大小可能不一样。人类智力的差异，既表现在一般因素上，也表现在特殊因素上。同时，斯皮尔曼认为，智力的一般因素方面太低的人，在智力的特殊因素方面也不会太高。

2. 智力的群因素说

瑟斯通同样根据对心理测量结果的因素分析，提出智力内涵中并没有所谓的一般智力与特殊智力之分，而认为智力是由多种各自独立的基本心理能力组合而成。他提出了七种基本的心理能力：语文理解、语词流畅、数字运算、空间关系、联想记忆、知觉速度、一般推理。

[1] 黄希庭. 心理学导论［M］. 2版. 北京：人民教育出版社，2007：547.

3. 智力的三维结构模型

吉尔福特通过分析检验与智力相关的任务提出智力的三维结构模型。他认为人类的智力是复杂思维的表现。在思维的整体心理活动中，包括三大要素：引起思维的材料所决定的思维内容；思维活动时所产生的思维操作；经由思维操作所获得的思维产物。在吉尔福特的模型中，把思维内容分为视觉的、听觉的、符号的、语义的、行为的；把思维操作分为认知、记忆、发散思维、聚合思维、评价；把思维产物分为蕴含、转换、系统、关系、分类、单元。把三大要素作为三个维度在坐标系上表述出来，见图 2-2。如此在整个智力立体结构中，理论上就存在 5×5×6 共 150 种不同的能力，每个三维的交叉点代表一种能力。吉尔福特的理论指出：智力并非单一能力，而是由多种能力交互作用形成的复杂结构。

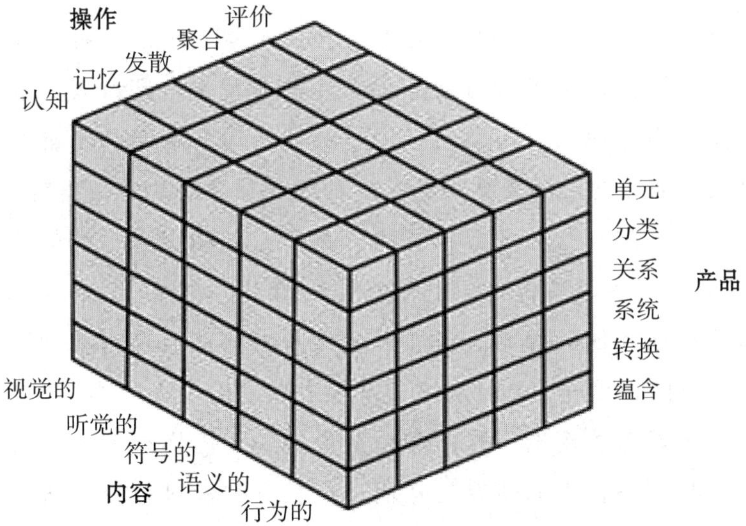

图 2-2　吉尔福特智力三维结构模型

张春兴指出，以上三种理论都是基于心理测量取向的智力理论：根据被试在智力测验上的分数，去分析、推论、解释形成智力的因素或智力的整体结构。这类理论假设智力测验所测得的结果就代表智力，或者说认为 IQ（Intelligence Quotient）就等于智力[1]。至 20 世纪 60 年代以后，这种看法受到质疑和挑战。其中，智力的三元论和多元智能理论产

[1] 张春兴. 现代心理学 [M]. 3版. 上海：上海人民出版社，2009.

生了很大影响。

4. 智力三元论

斯滕伯格提出：人类的智力结构中并非只有单一的一种智力，而是由三种智力彼此交互作用而构成的一个整体。智力的三个部分是成分、经验和情境。成分智力指的是个人在问题情境中运用知识分析资料，通过思维、判断推理以解决问题的能力；经验智力指的是个人运用已有经验解决新问题时整合不同观念所形成的创造能力；情境智力指的是个人在日常生活中应用学到的知识经验解决生活实际问题的能力。斯滕伯格指出传统的智力测验测到的仅仅是成分智力，因此智力测验的分数并不等于智力。将 IQ 等同于智力窄化了对智力的认识，是有缺陷的。

5. 多元智能理论

加德纳提出的多元智能理论，和斯滕伯格的三元论类似，没有把智力的概念局限在智力测验的分数上，而是从人类的脑神经组织、儿童发展以及实际生活中各种行业杰出人才的表现中，探讨人类的智力应该包括哪些能力。他认为人类的智力是在遗传与环境两种因素交互作用之下逐渐发展而成的。加德纳归纳了八种相对独立的智力：语言智力、数理－逻辑智力、空间智力、音乐智力、身体－运动智力、社交智力、自我认知智力、自然观察者智力。同时，加德纳指出，人类的智力不局限于这八种，还可能存在其他的智力。虽然每个人身上都可能具有多种智力，但智力发展的方向和程度受到社会文化环境和教育的极大影响。

关于智力的理论，当前亦是众说纷纭，仍将有大批优秀的心理学家继续投身于对智力的研究。然而，在教育和学科教育的研究中，更关注的往往是通过教育能够发展学生的哪些能力。或者说，教育和学科教育研究关注的是通过教育能够培养和发展的那部分能力。

（二）一般能力与教育

1. 智力与教育

普罗克特和托尔曼的研究表明，智力与学生的学习只有中等程度的相关，且相关系数的大小随不同的智力量表、学科和学生所在年级而有所不同。例如：学习成绩和韦氏儿童智力量表（Wechsler Intelligence Scale for Children, 简称 WISC）修订本（WISC－Ⅲ）分数的相关系数为 0.65，这并不奇怪，因为这些测验原本就是为预测学习成绩而设计的。比奈的测验项目则不区分好学生和坏学生；在不同学科与智商的关系中，阅读、作文等学科成绩与智商相关最高，数学和自然科学次之，写字、绘画和体育相关最低；智商与学业成绩的相关表现出随年级的提高相关系数逐步降低的趋势；研究也表明，非智力因素对学生成绩的影响显著，对于大学阶段的学生其影响甚至远大于智力因素的影响。

同时，教育能够促进智力的发展。心理学研究表明智力差异是由遗传和环境两方面引起的，而要把“遗传”方面的智力和“由经验得来”的智力分离开几乎是不可能的。学校教育可以通过知识和技能的传授来促进智力的发展。

2. 官能心理学和教育中的“形式训练说”

早期的官能心理学认为，人的心理的各种能力，例如感觉、思维、记忆等，是彼此独立的实体。这些官能可以分别进行训练，经过训练提高了能力以后，就可以迁移到任何别的对象上去。基于官能心理学的观点发展出的是“形式训练说”，认为通过对官能的训练，其可以自动地迁移到其他活动中。“形式训练说”认为进行官能训练时，重点不在于训练的内容，而在于训练的形式。一些困难的学科，例如拉丁文、数学和自然科学的难题，具有训练官能的价值。后来心理学的研究发现，“形式训练说”缺乏科学的依据。例如桑代克等的研究表明：“学习中训练某一官能未必能使它的所有方面都得到改善，而任何一种官能的改变也只限于一定的活动范围。训练某一官能不能保证其自动地迁移到其他方面，只有当两种情境中有相同要素时才能产生迁移。”

在教育研究领域，形式教育论的思想也曾反复出现。例如：古罗马时代的昆体良曾认为“培养演说家，教学的主要任务不在于使学生掌握关于‘事物的知识’‘修辞规则’‘技巧’,而在于‘能力’‘口才’‘形式’”；裴斯泰洛奇被称为“形式教育之父”，他的一个通过形式训练培养学生观察力的例子是“让学生观察糊着破旧的纸的墙壁上壁纸的窟窿和破块，观察它们的形状、位置、颜色……要求学生用长短不一的一些词句表述出来”，“这种练习单调、无意义、脱离具体的内容知识”。极端的形式教育论受到了教育研究者的批评，例如持有实质教育论观点的赫尔巴特和斯宾塞。现代教育理论则认为，掌握知识和发展能力是统一的，两者要统一于系统的科学知识的基础之上，而从两个极端将掌握知识和发展能力割裂来看待是错误的。

三、教育和学科教育研究中作为“成就”的能力

教育是培养人的一种社会活动，是传承社会文化、传递生产经验和社会生活经验的基本途径。广义上说，凡是增进人们的知识和技能、影响人们的思想观念的活动都具有教育作用[1]。在教育中应关注能够通过教育活动培养的能力，而由遗传决定的智力成分不是教育关注的核心问题。当前心理学对智力的认识表明，教育对智力发展也有促进作用。因此，教育研究关注的是智力中能够通过教育发展的成分和作为“成就”的能力。

作为“成就”的能力和智力也有一定关系，智力也是影响“成就”的因素之一。但在知识丰富领域，例如物理、化学、生物等学科领域，知识和技能的积累对作为“成就”的能力的发展有至关重要的意义。前面的综述提到，智商与学业成绩的相关表现出随年级的提高相关系数逐步降低的趋势。胡谊对专长的心理学研究进行综述，结果表明：“各领域的专家表现出的能力，大部分是后天知识与经验的结果。专家的优势行为背后，大量有结构的知识起支配作用，包括陈述性知识和程序性知识。由于知识与能力的互动，使专家对新手的优势，表现在整体上而非局部上，且局限在具体领域而较少迁移至其他领域。”[2]教育心理学十分重视知识和技能对作为“成就”的能力的影响。例如：在冯忠良等所著的《教育心理学》中指出，“能力作为一种个体心理特征，是对活动的进行起稳定的调节和控制作用的个体经验。这种个体经验的形成，一方面依赖于知识和技能的掌握水平，另一方面也依赖于已掌握的知识和技能的进一步概括化和系统化”。乔际平、邢红军所著的《物理教育心理学》指出：“知识是能力的基础，方法是能力的核心，实践是能力的根本。”[3]

然而，一般意义上的知识和技能又不等于能力，怎样解释知识和技

[1] 袁振国．当代教育学［M］．北京：教育科学出版社，2004：4.
[2] 胡谊.专长的实质：限制与精致［D］.上海：华东师范大学，2004：89-93.
[3] 乔际平，邢红军．物理教育心理学［M］．南宁：广西教育出版社，2002.

能与能力形成的关系？结合教育心理学和认知心理学中关于知识的迁移、知识的组织与激活，科学教育中概念的结构、问题解决等方面的研究，可以解释知识和技能的积累与能力形成的关系。例如，冯忠良等指出，知识和技能是能力的基本构成要素，但只有那些能够广泛应用和迁移的知识和技能，才能转化为能力[1]。影响迁移的因素有：(1)相似性；(2)原有认知结构（既要有抽象、概括的认知结构，还要有一定的具体信息）；(3)学习的定式。由此可见，迁移是否易于发生受原有知识的组织的影响，即知识和技能要形成能力，需要有合理的结构和组织。这样的观点和认知心理学以及科学教育中的研究成果有类似之处，例如，Sabella 等基于认知心理学中的激活—扩散模型研究物理问题解决能力，得出类似结论："知识常常依赖于情境，学生光拥有知识还不够，关键是在解决问题时能否在具体的情境下激活知识。""不仅要研究学生在知识上有什么困难和错误的想法，还要研究如何帮助学生使知识形成合适的组织结构和拥有激活知识的线索，让学生在需要应用这些知识时能够激活它们，从而具有解决问题的能力。"[2]范佳午的研究也发现，学生的问题解决能力受原有知识及其组织的重要影响[3]。这些观点都认为知识（或技能）的深入理解和合理组织可以形成能力。与此不同的一种观点是，学生拥有知识但不能解决相关问题，是因为缺乏问题解决的能力。这种观点假设存在独立于知识之外的问题解决能力，不深入考虑知识的理解程度和组织结构，认为"成功解决问题＝知识＋独立的能力"。这种观点无法解释涉及情境依赖的问题：学生往往能够运用自己熟悉的知识解决问题，而不能熟练运用新学的知识解决问题。因为如果假设存在独立的能力，在特定的时间里，学生的这种能力应当是稳定的，那么当他同时拥有熟悉的知识和新学的知识时，又有同样的独立的能力，就应当同样能解决问题。

事实上，当代心理学中关于广义知识的研究可以用来解释作为"成就"的能力的形成。对此，我国心理学家皮连生做了深入细致的梳理和研究。

[1] 冯忠良，伍新春，姚梅林，等. 教育心理学[M]. 北京：人民教育出版社，2000.

[2] SABELLA M S, REDISH E F. Knowledge organization and activation in physics problem solving[J]. American Journal of Physics, 2007, 75(11): 1017-1029.

[3] 范佳午. 物理问题解决中外部表征作用的初步研究[D]. 北京：北京师范大学，2009：29-30.

皮连生区分了智力的先天成分和后天习得成分，并指出我国教育中提出的“掌握知识、形成技能和发展智力”中的“智力”指的是后天习得的智慧能力，而这种智力的形成可以用广义知识来解释。用广义知识解释作为“成就”的智力形成时，不同性质的知识有不同的作用，因而可以通过研究如何有效地掌握不同类型的知识来研究如何发展智力的问题。智力的知识观得到了大量认知心理学的研究结果的证明，对教育也有重要的指导意义[1]，认为知识的学习和能力的培养应当是统一的过程，不应割裂开来。

由上可见，知识和技能作为能力形成的重要基础，以及培养能力需要从相关的知识和技能入手已经得到了普遍的认可。本书虽然不就“广义知识观能否完全解释作为成就的能力”做深入探讨，但本书采取的观点是：承认在知识丰富的科学领域，知识和技能的理解和合理组织是形成能力的非常重要的影响因素。通过对相关知识和技能的精心课程规划和教学来培养能力是一种有效的且务实的手段；反对在研究和培养能力的过程中轻视相关知识和技能的教学，而陷入寻找假设的“某种独立于知识，甚至高于知识”的能力的“形式训练说”的泥潭。然而，值得我们警觉的是：“形式教育在理论上已经死亡，在实践中却实实在在地活着。”[2]王策三（2004）也忧心在课程改革中存在“轻视知识”的片面的错误思潮。或者至少说，我们在希望实现培养学生能力的目标时，要对学生相关知识和技能的培养和训练给予足够的重视。例如，魏冰指出：“（我国）理科课程很重视培养学生的能力……但……我们在相当长的时间里把能力培养停留在课程目标的层次上，对于如何实施能力培养无论在课程理论还是在课程实践中都缺乏科学的研究。……能力培养的最终实现要通过知识与技能、过程与方法、情感与态度等体现出来。”[3]

四、图式与能力

研究一致表明：知识和技能是形成作为成就的能力的基础，同时必

[1] 皮连生. 论智力的知识观［J］. 华东师范大学学报（教育科学版），1997（3）：52-58.
[2] 瞿葆奎，施良方. “形式教育”与“实质教育”（上）［J］. 华东师范大学学报（教育科学版），1988（1）：9-25.
[3] 魏冰. 科学素养教育的理念与实践［M］. 广州：广东高等教育出版社，2006：103-108.

须是具有良好的质量和组织结构的，从而可广泛迁移的知识和技能才能够形成能力。图式是心理学中的概念，是有组织的知识结构，用于表征人类对某个主题的知识所具有的综合性质[1]。一些学者用图式的形成和发展来解释认知能力的形成和发展。皮亚杰认为图式的形成和变化是认知能力发展的实质。图式通过同化、顺应和平衡得到发展。认知图式的发展是一个不断建构的过程，先前的图式是之后建构的图式的基础。Case 对认知能力的发展提出一种解释[2]：刚开始儿童练习、使用一些特定领域的图式，从而在特定领域发展相对较高的认知水平；在特定领域发展认知图式只需较少的注意，随着练习的深入，图式越来越自动化，儿童可以省下更多的短时记忆空间去做其他事；进而儿童可以把许多简单的图式整合到一个更复杂的图式中，同时如果需要的话可以建立新的图式（通过同化和顺应）。Case 发现经过多个领域内的认知能力的发展，儿童获得了进步，但他们在各个领域的进步是不同的。Case 指出："一个领域的进步在另一个领域不能自动起作用。儿童必须经历和投入到每个领域的内容和思维方式中，以逐步建构复杂的、有用的图式和关于这一领域相应的概念理解。"这种观点将认知能力发展视为不同领域内的图式的积累以及更复杂的图式的形成，既能解释某段时间科学思维和科学推理的情境依赖性，又能解释随着年龄增长，方方面面的图式的不断积累使得从整体上体现出科学思维能力的发展。

Rumelhart 总结了图式具有的基本特征[3]：（1）图式包含变量。例如，在关于"房子"的图式中，房子的材料、屋顶形状等都是可变的。房子可以是木房、石头砌的或混凝土的，屋顶可以是平的或三角的。图式包含有事物的主干内容和变量，允许了可变性和更广的包容性。（2）图式可以镶嵌。一个图式可以镶嵌到另一个更大的图式中，成为更大的图式的"子图式"。例如，"房子"的图式本身包含屋顶、房间等"子图式"，而房子图式又可以嵌入更大的"建筑物"的图式中。（3）图式可以表征

［1］冯忠良，伍新春，姚梅林，等．教育心理学［M］．北京：人民教育出版社，2000：298.
［2］CASE R．The development of conceptual structure［M］// KUHN D，SIEGLER R S. Handbook of child psychology: Cognition，perception，and language. New York: Wiley，1998: 745-800.
［3］RUMELHART D E. Schema:The building blocks of cognition［M］//GUTHRIE J T. Comprehension and teaching: Research reviews. New York: International Reading Association，1983：3-26.

不同抽象水平的知识。图式有简单和复杂、抽象和具体、高级和低级的区别。例如，“鸟”的图式和“动物”的图式，相对而言鸟的图式更具体。鸟是动物的一种，因此，动物的图式是高级或上位图式，鸟的图式是低级或下位图式。由此可见，图式具有层次结构，处于上层结构的图式包含的变量更广，而处于下层结构的图式涉及具体的细节。（4）图式表征知识而非定义。图式既包括事物的必要特征（定义），又包括事物的非必要特征。图式所描述的知识由一部分或几部分按一定的方式组合起来，其中的组成部分称为变量或插槽（Slot）。

研究表明，图式在认知的过程中至少具有以下的作用：（1）帮助形成预测。例如拥有“鸟”的图式，当他看到一只在地上啄食的鸟就可以做出这只鸟能飞上天空的预测。（2）选择作用。图式能够影响我们判断哪些是重要的，哪些不那么重要。例如，学生关于“上课”的图式使其在听课时注重老师所讲解和呈现的知识并记笔记，而常常忽略老师在讲课中身体上无意识的小动作。而一名研究教态的教学专家拥有关于教师“教态”的图式，使得他能够在听课时更多注意到教师的体态。（3）组织帮助记忆。图式提供了知识的框架，能够加深对知识和知识间联系的理解，从而帮助记忆。（4）图式能促进迁移。图式的形成能够促进知识的系统化和结构化，促进知识的迁移。

第二节　关于科学探究能力的研究和理论模型

科学探究能力普遍被认为是一种构成复杂的综合能力。关于科学探究能力的定义、结构和发展，目前在文献中亦是众说纷纭。不同观点的研究者常常从不同的方面切入，对探究能力进行研究。下面首先列举几种关于科学探究能力的主要观点、模型，并综述在各种观点潜在指导下的研究；然后在此基础上，对本书关于科学探究能力的认识做出界定。

一、将科学探究能力视为“过程技能的集合”

持这种观点的研究者将科学探究能力视为一系列独立的技能的集合。他们将观察、分类、假设、推理、预测等假设为独立的技能，通过训练这些独立的“要素能力”，学生的科学探究能力就能得到发展（郭玉英，2005）。

这种观点在一些课程中得到了体现。例如美国科学促进会 1967 年推出的 SAPA（Science—A Process Approach）课程、20 世纪 80 年代英国纳菲尔德课程的《过程科学》（郭玉英，2005）。在 SAPA 课程中，科学过程技能被定义为一系列可以在各科学学科内广泛迁移的技能，并且这些技能是科学家的行为的反映（Padilla，1990）。科学过程技能又被分为基本科学过程技能（Primary Science Process Skills）和综合科学过程技能（Integrated Science Process Skills）。SAPA 列出的基本科学过程技能有观察、分类、测量、推理、预测、传达、应用数量关系、应用时空关系等；综合科学过程技能有下操作定义、控制变量、提出假设、实验、解释等（杜秀芳，2009）。

把科学探究能力分解为一系列基本科学过程技能的观点受到了一些质疑和批评，认为这是对探究能力的一种人为肢解。即使学生练习了基本过程技能，也不一定能在解决实际问题或在探究时应用这些技能。也有人认为，观察、分类、假设等是儿童幼年时期就拥有的能力，并不需要专门训练（郭玉英，2005）。

综合科学过程技能包含了不同的基本科学过程技能的使用，也是学习更复杂的科学技能的基础（Rezba et al.，1995）。使用综合科学过程技能的能力依赖于对基本科学过程技能知识的掌握（Onwu et al.，1992）。综合科学过程技能被认为是科学家在设计和进行研究时经常使用的高级思维技能（Rezba et al.，1995）。实际上，综合科学过程技能所包括的控制变量、提出假设、实验、解释等技能受到了研究者的普遍重视，例如控制变量、建构解释（依据实验和逻辑）等是强调“科学思维和科学推理能力”的研究者的研究热点。

二、将“科学思维和科学推理能力”视为科学探究能力的核心

持这种观点的研究者认为科学探究的本质是科学思维和科学推理，将科学思维和推理能力视为科学探究能力的核心。科学探究的过程就是运用科学思维解决问题，操作和处理多变量的情境中的问题的过程。广义上讲，科学思维（或科学推理）包括在探究、实验、论证，以及在概念转变或理解科学时进行的推理中使用的技能。对科学思维和科学推理能力的研究主要包括实验设计技能（控制变量是研究的重点）、论证和证据评估技能（涉及“对共变关系、因果关系的认识”、使理论和证据一致、对异常数据的评估等）、前知识和实验设计及论证的相互影响等（Zimmerman，2005，2007）。

科学思维和科学推理能力确实为科学探究能力的一个核心成分。例如，使理论和证据如何协调一致的科学思维方式、如何评估证据的可靠性，这些对科学探究都是非常重要的。学生的科学思维和推理能力也是当前研究的热点之一。这些研究侧重于探究者的内部思维，或通过探究任务的外在表现而推测学生的内部思维，其着眼点不在于探究者在探究过程中各环节上的外在表现。

（一）对实验设计技能的研究

1. 对实验设计的研究

Penner 等（1996）研究发现：与 12 ~ 14 岁的儿童不同，10 岁的儿童常常在没有明确的假设的情况下进行实验。自我指导实验任务的成功与对指导实验的假设的搜索有关（Schauble et al.，1990）。儿童倾向聚焦

于感觉可能正确的假设，并且常常“钻到”某一个假设里（Klahr et al., 1993）。成人更多的是同时考虑多个假设（Dunbar et al., 1989；Klahr et al., 1993）。无论对儿童还是成人，考虑多种不同的假设的能力都是影响成功的因素。

探究者的前信念（或者在遇到问题情境的那一刻产生的前信念）影响着探究者对要检验的假设的选择，包括首先检验哪些假设，重复检验哪些假设，给哪些假设予以最多的时间和关注（Zimmerman, 2007），进而影响实验设计。儿童和成人都倾向于从他们相信是有因果关系的变量开始入手探究（Kanari et al.,2004；Klahr et al., 2007；Schauble, 1990, 1996）。Klahr 等让 3 年级、6 年级的儿童和成人检验实际上是错误的假设，但是这些假设看起来或者是似乎合理的或者是似乎不合理的。对于看起来合理的假设，儿童和成人倾向于证明假设的正确性，而不是设计实验以检验相互竞争的假设。对于看起来不合理的假设，成人和一些 6 年级的学生提出了一项似乎合理的竞争的假设，并设计实验来区别这两项假设；3 年级的学生则倾向于提出一项似乎合理的假设，但同时忽略或遗忘原来的似乎不合理的假设,而仅仅尝试去证明自己提出的似乎合理的假设的正确性。由于与前信念不一致的假设会被认为是“似乎不合理的”，因此，成人和儿童都倾向于在探究因果体系时聚焦于和前信念一致的变量，这些变量被认为是和结果有着似乎合理的联系（Kanari et al., 2004；Penner et al., 1996）。

Kuhn（1995）和 Schauble（1996）进行干涉研究，发现经过教学，尤其是经历微观发生法的情境后，儿童开始考虑他们认为是非因果关系的变量的相关假设并做出推论。平常的或者是探究者期望的假设比预测到异常或意料之外的结果的假设更多（Echevarria, 2003）。儿童“喜欢的”理论有时会导致其选择无效的实验或证据评估方法（Dunbar et al., 1989；Schauble, 1990）。

Klahr 等（1993）发现，比起 3 年级和 6 年级的儿童，成人倾向于进行能提供更多信息的实验。Schauble（1996）研究发现，儿童更倾向于进行重复两三次的没有明确目的的实验，相对于成人，他们的实验工作提供的信息就较少。在单独工作时，儿童探索的实验在整个实验空间中占的比例较少，然而，当儿童和父母合作实验时，他们探索了可能的实验空间的75%（Gleason et al.，2000）。儿童更倾向于对已经理解得很好的变量仍进行多次实验研究，而成人则倾向于进一步去探索他们理解得不那么好的变量（Klahr et al.，1993；Schauble，1996）。Klahr 等认为，这种实验的方式和能提供相对较少信息的实验方式，共同说明儿童可能将实验视为一种证明他们现在的信念正确的方式。

2. 对控制变量的研究

研究者对探究时使用控制变量的策略进行了大量研究。Tschirgi（1980）使用做蛋糕的实验情境对成人和2、4、5年级学生进行研究，涉及的变量包括：起酥油的类型（黄油或人造黄油）、甜味剂的类型（糖或蜂蜜）、面粉的类型（白面或全麦面粉）。这些变量都可能影响蛋糕的口感，有人猜想蜂蜜可能会让面包更好吃，然后让学生设计实验证明猜想。回答可以分成三类：a. 保持一个变量不变，改变其他所有变量（保持使用蜂蜜不变，改变起酥油和面粉的类型来烘焙蛋糕）；b. 控制变量（保持起酥油和面粉的类型不变，改变甜味剂的类型）；c. 改变所有的量。学生被要求从三种设计里选择最好的，来回答相关的八个问题（四个正向结果、四个负向结果）。研究结果表明，学生在检验正向结果时，更多地使用a策略（保持他们认为能产生好的口感的蜂蜜不变）；当猜想结果是负向的时，学生更多地使用b策略。仅有的发展上的差异是2、4年级学生更多地使用c策略，并且在负向的结果时更多地使用c策略。Tschirgi认为实验中个体对策略的选择基于经验的基础，而不是逻辑。据此，Zimmerman（2007）指出：由于领域知识能够影响对实验中操控变量的正向或负向结果的猜测，从而意味着领域知识可能影响新手对实验设计的选择。

Boudreaux 等（2008）对本科生和幼儿园到8年级教师进行研究：让他们设计一个需要控制变量的实验时，多数被试能成功完成任务；当给被试几组数据且这些数据可以使用控制变量的策略得出结论时，多数被试成功；但是，当给他们的数据无法得出确切的结论时，只有一半的被试能做出“无法得出结论”的回答。据此，Boudreaux 等指出，虽然多数被试都知道控制变量的方法，但很多人并不理解控制变量的深层原因。

Kuhn（2007）的研究指出，在涉及多变量的探究时，学生不仅仅要会控制变量的策略，还需要更多的东西。被试被要求通过计算机虚拟程序探究影响地震发生的因素，需要使用控制变量法。研究者对 30 个 4 年级的学生进行研究和培训，有 19 个学生成功通过控制变量找出了影响因素和非影响因素。然而，这些学生在进行另一项类似的任务时（探究影响船能航行的最远距离的因素，该部分和地震探究任务实质上相同，但多了一项任务：给出条件，让学生预测船航行的远近），对船航行的距离进行预测，这些成功的学生几乎都不能正确预测。Kuhn 指出：学生的问题在于考虑结果（航行距离）时不能将所有的（三个）影响因素都考虑进去，虽然他们已经知道存在这些影响因素。在考虑结果的时候不能把影响因素都考虑进去，而只考虑主观认为重要的，也说明了学生逻辑上的前后不一致。进一步的研究指出学生无法考虑所有因素，并非是认知负荷的影响（Kuhn，2008）。

McElhaney 和 Linn（2011）研究发现：要理解变量的本质，学生必须结合要用到的学科知识和对探究问题的有目的的研究。机械地执行学到的实验过程（例如一次只改变一个量或全面地探索实验空间）似乎对学生在解决复杂任务时产生有价值的洞察帮助不大。

研究发现，成人比儿童更多地使用控制变量策略。Schauble（1996）研究发现：在有两项任务的研究中，儿童大约在三分之一的时间里使用了控制变量策略；成人在第一项任务中约 50% 的时间里使用控制变量策略，而在第二项任务中增加为 63%。儿童在微观发生法的情境下经过反复实践后，开始使用控制变量策略（Kuhn et al.，1995；Schauble，1990）。然而，儿童和成人在策略的使用上都显示出了个体内部的变异。也就是说，多种策略的使用并非是儿童阶段或发展阶段变迁时的独特现象（Kuhn et al.，1995）。研究者在微观发生法的研究中反复地发现有效策略和无效策略共存的现象（Garcia-Mila et al.，2007；Gleason et al.，2000；Kuhn et al.，1992；Schauble，1990；Siegler et al.，1991；Siegler et al.，1995）。发展（阶段）的变化不会突然发生。从一种无效（或不充分）策略转变到有效策略并且转变后就不再回到从前的无效策略，这种情况也没有出现在被试身上。个体可能在开始时使用无效的策略，但即使个体意识到了控制变量策略的有效性，也不会立即完全使用控制变量策略，而是随着个体对无效策略产生不满，控制变量策略才逐渐成为个体使用的策略集合的一部分（Zimmerman，2007）。

（二）对论证和证据评估技能的研究

1. 对科学论证的研究

科学论证包括论点、与论点相关的证据以及联系论点和证据的推理（College Board，2009）。Kuhn 等在对学生科学论证的研究方面做了开创性的研究[1]。她的一系列研究成果发现：（1）科学论证的技能的“区分理论和证据、协调理论和证据、在评估证据时考虑前信念”几个方面的发展，从 3~6 年级、9 年级到成人没有明显变化，即使成人也不能较好地掌握这些技能。成人也不能区分理论和证据，易把它们混为一谈。（2）当理论和证据存在分歧时，被试使用多种策略试图在心理上调和理论与证据间的冲突。一种倾向是忽视、歪曲、选择性注意与自己喜欢的理论不符的证据；另一种倾向是修改理论使其能解释证据，但是被试常常意识不到自己修改了原先的理论。对此，Kuhn 认为是被试的前理论在认知中没有形成一个独立的结构，因此被试也无法区别理论和证据（后续研究表明，改变研究方法，儿童可以区分理论和证据）。（3）被试对共变数据和因果性的关系、非共变数据和非因果的关系的认识存在各种各样的错误。

Maria Araceli Ruiz-Primo 等（2010）对美国 5 个州的 8 所都实施了基于探究的科学课程的初中进行研究发现：（1）虽然建构解释在基于探究的科学教育中很重要，但是它并没有在所研究的课堂中被广泛地执行；（2）很小比例的学生（18%）给出有三个必要的组成（论点、证据和推理）的解释，多数学生（40%）仅仅给出了论点而没有给出证据或推理；（3）学生的解释的质量和他们的表现之间呈现正相关，但相关的大小根据评价类型的不同而不同。Venville 等（2010）通过半实验研究法，研究在课堂教学中使用论证的方式对高中学生的论证技能、非形式推理和对概念的理解的影响。研究结果表明：进行论证学习的班级学生，在论证的复杂性和论证质量方面表现更好，给出更多展示出理性的非形式推理的

[1] ZIMMERMAN C. The development of scientific thinking skills in elementary and middle school [J]. Developmental Review，2007，27（2）：172-223.

解释。两组学生在对概念的理解上都有明显的进步，但论证组的进步更明显。该研究表明，即使经过短期（三节课）的干涉，在论证的结构和复杂性、理性的非形式推理的程度、学生对科学的理解方面都可以取得效果。王星乔、米广春（2010）对科学论证教学的策略进行介绍和总结，提出论证教学的操作程序包括“引入论题、获取证据、阐释主张、辩证主张、获得结论”五方面，操作时应采取的策略有：利用冲突，引入论题；加强表征，充分论证；追踪论证，及时跟进。

2. 对证据评估的研究

一些研究潜在的观点是“数据即事实”。例如，Kuhn 等（1988）研究发现：儿童常常根据自己之前的信念而不是根据数据来判断变量间是否存在因果关系，在这点上不如成人。也有研究表明，经过一定的训练，儿童能够不依靠自己的先前信念来评估证据，但是同样的训练，成人的进步比儿童的进步更快（Kuhn，1995；Schauble et al.，1990）。然而，关于儿童是否有抛弃先前信念来评估证据的能力，研究结果存在争议。一些研究采用不同的研究方法，例如让儿童完成对认知负荷需求更少的任务，发现儿童能够根据数据得出变量间的关系，而不是自己的前信念（Bullock et al.，1992；Ruffman et al.，1993）。

Chinn 和 Brewer（2001）则指出，这些认为“数据即事实”的研究过分简化了情境，认为理性的回答就是根据数据改变理论，这和真实的科学情境完全不同。在真实的研究中，科学家并不会看到数据就简单随便地改变理论。他们提出了“数据的模型”的理论来解释人们如何评估数据。该理论假设理论和数据“以复杂的方式相互作用”，个体建构起认知模型，将理论和数据融合在一起解释“事物是什么样的”。他们提出在证据评估的推理过程中有五种关系：因果关系、因果上不可能关系、归纳关系、类比关系、对立关系。以 Chinn 等论文中给出的骨化石的数据的例子说明[1]。

这项证据关于恐龙的生长速率。科学家可以通过骨头的一些特征来判断骨头的生长速度。生长快的动物的骨头包含特别的密致的骨组织。恒温动物生长速率快，而冷血动物生长慢。例如，鳄鱼一年只长

[1] CHINN C A，BREWER W F. Models of data: A theory of how people evaluate data [J]. Cognition and Instruction，2001，19（3）：323-393.

一英尺（编者注：0.3048 米），而鸵鸟在它们的第一年里能迅速增长五英尺（编者注：1.524 米）。恒温动物的快速增长产生特别的密致骨组织。因为冷血动物生长缓慢，它们缺乏这种密致骨组织。根据骨组织的密度甚至可能计算生长的速率。

俄勒冈州立大学的古生物学者 Robert Stockton 对两块不同种（剑龙和甲龙）的肋骨化石进行了微观的分析。他推断恐龙骨的微结构说明恐龙的生长速率远远快于鳄鱼的速率，和鸵鸟幼鸟的速率类似。

Chinn 等用示意图表示出骨化石数据的模型，见图 2-3。根据图中连线上联系的可能正确性，评估数据的模型。例如，其中的因果联系可能受到质疑，比如 4 和 3 之间的联系，可以质疑密致的微结构不是恐龙肋骨具有的，而是在数百万年的形成化石的过程中形成的。又例如，归纳的联系也可以受到质疑，比如 6 和 9 之间的联系，可以质疑这两块化石的恐龙生前都是幼年的恐龙，它们的骨头尚未定型，不能代表其他所有恐龙。

Chinn 等认为，在真实的探究中，评估证据时，不仅数据，已有理论等也有重要地位。之前很多研究过分简化情境，设计的任务是让学生阅读给出的数据，看他们是根据数据还是根据自己的前信念得出结论，认为基于数据的推理是符合科学的思维。而这些任务没有详细给出得出数据的方法和过程，殊不知在真实的探究中得出数据的方法和过程中都可能存在缺陷，在这种复杂的情况下，不能把能自圆其说的（往往还涉及因果机制的）前认识放在忽略的地位。而之前的很多研究根本没有给学生对数据得出过程或方法进行批判反思的机会。

Sandoval 和 Cam（2011）对 8~10 岁儿童的研究发现，学生支持论点的理由大致排序为：数据，在数据不确定时喜欢似乎合理的机制理由，最后是权威。对这些孩子而言，他们认为数据更可信可能是由于数据是第一手的资料。Sandoval 和 Cam 提出，儿童对数据的优先认可和对可信性的认可可以作为日后有用的认知资源。

Metz（2004）对小学 2 年级和 4、5 年级混合班的学生针对自己设计的研究的不确定性的认识进行研究，发现 71% 的 2 年级学生和 87% 的 4、5 年级混合班学生能够在不同程度上意识到自己的研究的某些不确定性。在意识到了研究的不确定性的学生当中，80% 的 2 年级学生和 97%

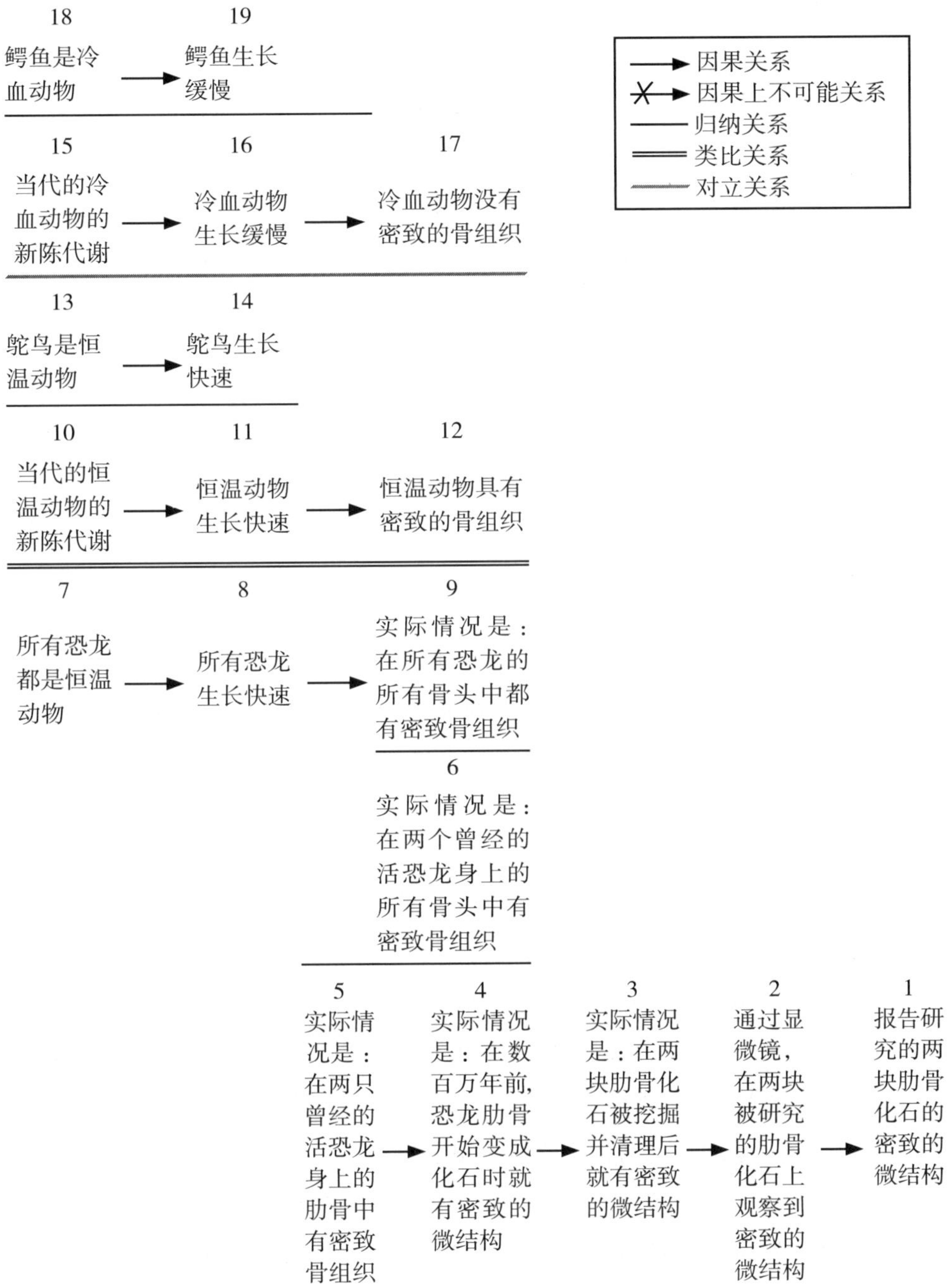

图 2-3　骨化石数据的模型示意图[1]

[1] CHINN C A，BREWER W F. Models of data：A theory of how people evaluate data [J]. Cognition and Instruction，2001，19（3）：323-393.

的4、5年级混合班学生提出了如何修改他们的研究以减少不确定性。研究表明多数儿童对研究存在的不确定性有基本的有待进一步发展的认识，他们能初步认识到知识和自然界间的复杂关系，超越了简单的“唯实论”。Kanari等（2004）研究了10岁、12岁和14岁的学生对数据和测量的理解，发现在不同的年龄、研究所使用的不同任务情境（研究任务相同）下，学生的表现没有显著差异；但在不同的研究任务——变量是共变和非共变的情况下，学生表现有显著差异。在非共变的任务下，很少学生表现出对测量误差的充分理解。

Nicolaidou等（2011）提出了一种“信度评价框架”来帮助高中生评价证据的可信度并合作做出基于证据的决定。研究发现经过这样的学习后，学生评价证据的可信度的技能得到了显著的发展。

（三）其他方面的研究

1. 机制推理

Russ等（2008）引用Chin和Brown（2000）的论文中的例子从直觉上说明什么是机制推理：“（关于盐水的沸点比纯净水高）一个学生说道：盐使得水更稠密……盐（分子）布满到水分子间的空间里。因此热不能像穿过普通的水分子那样容易穿过盐水。因此需要更多的热从而穿过盐分子并加热水。”Russ等（2008）提出机制推理是哲学上非目的论的、涉及因果关系的、基于经验建构起来的、描述深层的结构或相关结构。

Koslowski（1996）认为对因果机制的推理是科学探究中的核心成分。Schauble（1996）发现学生对领域知识中的机制的理解能够影响学生对控制变量策略的使用。Russ等（2008）对1年级学生关于下落物体的讨论进行分析表明：（1）即使在年龄小的学生中，也存在着丰富的机制推理；（2）在他们的讨论中机制推理是穿插式的。

Russ等（2009）通过对教学的分析指出：在科学课堂上，教师或学生往往根据教科书上所述的正确答案来评价某个想法的质量。这种做法导致崇尚权威的认识态度，和科学学科的实践与价值观不符。他们通过一个2年级课堂的案例说明：一名学生提出一个错误的因果机制解释，然后教师优先指出教科书上的正确答案；随着谈话的进行，学生从寻找机制转向了引用她并不理解的术语。Russ等提出在课堂中对寻找机制的注意能够更好地支持学生的推理并更好地反映学科的认识论。

2. 系统思考技能

无论在探究中，或是走入社会，经常要面临的是对复杂的、不断变化的动态系统的研究。因此，系统思考的技能对科学教育而言是非常重要的。Assaraf 和 Orion（2005）对初中生在水循环上的内容的研究表明：（1）初中生的系统思考技能有一系列从低到高的分级；（2）尽管学习开始时系统思考技能很弱，但绝大多数学生通过学习取得了显著进步；（3）影响进步的主要因素是学生初始时的系统思考技能和参与课内课外的探究活动的程度。Orion 和 Basis（2008）对没有参加过培养系统思考技能课程的高中生的调研发现：这些高中生初始时的系统思考技能和初中生初始时的没有显著差异。

Assaraf 和 Orion（2010）进一步对小学生的系统思考技能进行了研究（小学生是否能处理复杂系统的问题），发现初始时学生的系统思考能力是最弱的，但绝大多数学生在对地球水系统的组成和过程的分析的能力上取得了明显的进步。他们意识到了系统的各组分间的相互联系。其中一部分学生达到了高级系统思考的能力。将户外基于探究的学习和知识整合任务结合起来对 4 年级学生发展基本的系统思考能力有促进作用。研究表明虽然系统思考的能力被认为是高级思维技能，但小学生也可以在一定程度上发展这种能力。如果设置合理的长期课程，这些能力可以作为初、高中生进一步发展更高水平的系统思维能力的基础。

3. 帮助认知的策略——记录

研究表明儿童常常意识不到记忆的局限性（Siegler et al.，1975）。研究表明，不论什么年龄阶段，在参与探究时能够意识到自己记忆的局限性都很重要。Carey 等（1989）的研究表明，在教育之前，7 年级学生不能自觉地记录数据。Dunbar 和 Klahr（1989）研究发现 3~6 年级的儿童很少能在记录的帮助下，检查当前的假设是否和之前的实验结果一致。Trafton 和 Trickett（2001）的研究表明，在计算机的环境下解决科学推理问题时，比起不用笔记本的学生（49%），使用笔记本记录的本科生（78%）取得正确结果的比例更大。

三、将科学探究能力按探究过程要素分解为一系列分能力

我国《全日制义务教育物理课程标准（实验稿）》和《普通高中物理课程标准（实验稿）》列出了科学探究的七要素：提出问题、猜想与假设、制订计划与设计实验、进行实验与收集证据、分析与论证、评估、交流与合作。我国《全日制义务教育科学（7~9年级）课程标准（实验稿）》列出了科学探究的六要素：提出科学问题，进行猜想和假设，制订计划、设计实验，观察与实验、获取事实与证据，检验与评价，表达与交流。世界上其他一些国家也将对科学探究能力的要求以过程要素的方式组织表达。例如，《英国国家科学课程》对探究的要求以计划、获得并展示证据、分析并评估数据三个过程要素进行组织；《加拿大安大略省科学课程》（2008年）对探究的要求以开始和计划、执行和记录、分析和解释、交流四个过程要素进行组织；美国马萨诸塞州（2006年）对探究的要求以观察、提出问题和形成假设，设计和进行科学研究，分析和解释科学研究的结果，交流和应用科学研究的结果四个过程要素进行组织。

通过探究的过程要素来组织和表述对探究能力的要求，其优点在于方便和探究过程中的外在行为表现联系起来，便于实际操作和评价。一些对探究能力的评价项目也按照过程要素将科学探究能力分解为一系列分能力进行评价。例如美国俄勒冈州制定的科学探究评分指南中，从提出问题和假设、设计探究、收集和展示数据、分析和解释结果四个方面来评价科学探究能力[1]。一些学者和教育工作者也分别对提出问题的能力、猜想与假设的能力等分能力进行了深入研究。包栗等对初二年级学生提出物理问题的能力进行了研究，发现初中生提出的问题内容都是有关他们亲身经历或观察过的现象，他们能够列举出自己最感兴趣的现象并从现象中找出存在的物理因素；学生在“问题意识”转化成“研究问题”的过程中存在障碍[2]。罗筑华对中学生科学假设能力的发展进行了研究，发现中学生提出假设的质量、预见度、支撑度、涉及的角度数随年级的增长而提高；假设的理由数量随年级的增长先上升后下降；假设数

[1] 罗国忠. 美国俄勒冈州的科学探究能力评价［J］. 上海教育科研，2009（7）：59-60.
[2] 包栗，郭玉英，曾路. 初中生提出物理问题能力的初步研究［J］. 物理教师，2006，27（8）：18-19.

量和独创性则呈现波浪式的发展趋势；在假设支撑度水平上存在一定的男女差异[1]。钱军敏提出学生的猜想与假设能力可以从提出与问题相关的假设个数、说出假设的合理理由、假设质量、新颖性四个方面体现出来[2]。钟登杰认为，实验设计能力指的是能够综合、灵活地运用知识和方法，独立地研究问题，通过创造性的实验设计验证知识，获得知识和进行探索性研究的能力。他提出可以通过五种方法培养学生的设计能力：教给学生实验设计思想，安排学生进行探索性的实验，训练解实验设计题，进行实际操作，进行课外实验[3]。李春密认为物理实验操作能力是物理实验能力的核心部分。他指出，物理实验操作能力离不开物理知识和实验操作技能，并且具有深刻性、灵活性、批判性、敏捷性、独创性等品质。在此基础上，他初步提出了物理实验操作能力的结构模型[4]。刘启宪则认为，形成实验意识是培养实验能力的核心[5]。

李春密等在探究过程要素分能力的基础上，参照吉尔福特的智力结构图，建立了科学探究能力的三维结构模型。见图 2-4。

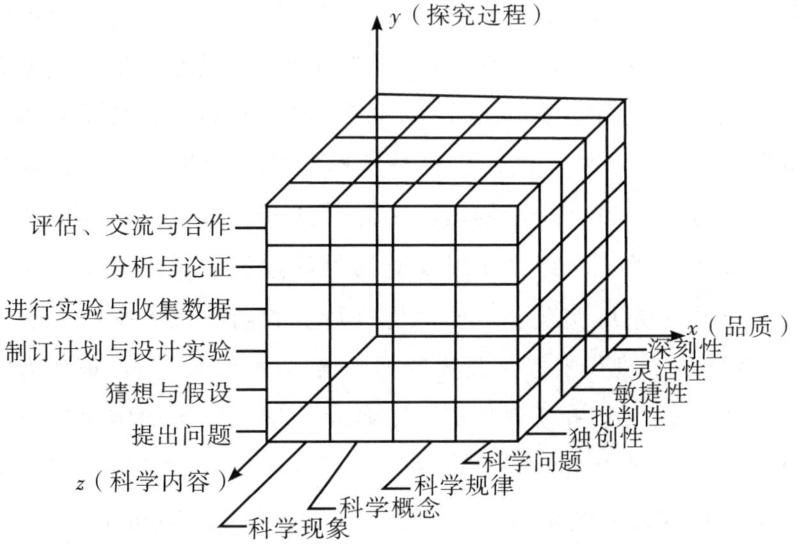

图 2-4　科学探究能力三维结构模型

[1] 罗筑华．中学生科学假设能力的发展研究［D］．桂林：广西师范大学，2008：51.
[2] 钱军敏．生物学猜想与假设能力的评价［J］．生物学通报，2006，41（10）：41-42.
[3] 钟登杰．高中学生物理实验设计能力的培养［J］．物理教学探讨，2007，25（11）：6-7.
[4] 李春密．物理实验操作能力的结构模型初探［J］．学科教育，2002（6）：39-42.
[5] 刘启宪．培养实验能力的核心问题是形成实验意识［J］．中小学管理，2000（5）：8-10.

该模型的三个维度分别是科学探究内容（z 轴）、科学探究过程（y 轴）和科学探究能力的品质（x 轴）。科学探究内容由科学现象、科学概念、科学规律、科学问题 4 个因子构成；科学探究过程由提出问题，猜想与假设，制订计划和设计实验，进行实验和收集数据，分析与论证，评估、交流与合作 6 个因子构成；科学探究能力的品质由深刻性、灵活性、敏捷性、批判性、独创性 5 个因子构成。由这 15 个因子的不同组合，可以形成 120 种不同的元素，每种元素代表一个基本的探究能力单元。李春密认为，在中学物理的探究式教学中，要培养学生的科学探究能力，就是要在学生的大脑中不断塑造和完善基本科学探究能力元素的集合，逐步形成完整而合理的结构[1]。

受我国课程标准将科学探究划分为七要素的影响，一些教育工作者有针对性地对各探究分能力的教学培养进行了探索。杨祖念编著的《物理探究课教学设计与实践》提出，培养学生提出问题能力的教学策略有：创设问题情境；引导学生在问题情境中发现问题；引导学生提出问题，并提出具有科学性的问题；引导学生将问题聚焦于本课的主要内容。培养学生猜想假设能力的教学策略有：（教给学生）猜想与假设应遵循的原则；猜想与假设的方法。培养学生制订计划与设计实验能力的策略有：（教给学生）制订计划与设计实验是从操作的角度把探究的猜想与假设具体化、程序化，以及一般的做法；制订计划侧重于计划的系统性和完整性；实验设计的三个原则；对实验器材的选择；常用的物理实验设计方法；引导学生亲历实践。培养学生进行实验与收集数据能力的教学策略有：（让学生）进行实验；收集数据。培养学生分析与论证能力的教学策略有：引导学生分析处理数据；正确对待学生得出的错误结论。培养学生评估能力的教学策略有：引导学生具有评估探究过程的意识；引导学生注意假设与探究结果间的差异；引导学生尝试对探究方案进行改进。培养学生交流与合作能力的教学策略有：引导学生扩大交流与合作范围；引导学生学会倾听与表达；引导学生体验交流与合作的乐趣。[2] 也有很

[1] 李春密，梁洁，蔡美洁．中学生科学探究能力结构模型初探［J］．课程·教材·教法，2004，24（6）：86–90.

[2] 杨祖念．物理探究课教学设计与实践［M］．北京：高等教育出版社，2010.

多一线教育工作者对探究过程要素分能力的培养策略进行了探索。金旗提出培养学生提出问题能力的方法：营造民主和谐的氛围，让学生敢问、能问；创设问题情境，让学生愿问、好问；教会学生方法，让学生会问、问好[1]。孟德飞提出培养猜想与假设能力的教学方法：营造轻松和谐的课堂氛围；创设恰当的问题情境；教师所提问题应具有针对性；注重科学方法的引导；对学生猜想进行及时评价与鼓励[2]。杨云生提出可以运用"证伪性"实验培养学生的评估能力[3]。

然而，将科学探究能力按过程要素分解容易造成"探究活动由若干个步骤组成，每个步骤需要不同的独立的能力""存在一种程序性的探究方法"等错觉。这种分解方法也没有对渗透在整个探究过程中的科学思维给予充分的强调。另外，值得我们反思的是，科学探究能力是一种综合能力，各种对探究能力的划分方法都带有一定的人为性，例如，可以把探究过程分解为四要素、六要素或七要素，也可以把探究能力按四、六或七要素进行分解。下面介绍的将科学探究过程视为问题解决过程的模型，则是一种相对灵活的观点。

四、将科学探究过程视为问题解决过程

Marsh认为，探究教学就是利用学生与生俱来的好奇心，引导他们进行逻辑、理性、可持续的问题思考和解决[4]。刘吉林认为，科学探究始于问题，和问题解决类似，有一系列的加工阶段。科学探究是一种高级的问题解决活动，有自己的特点：科学探究的问题限于科学问题；其过程需要科学思维和推理等高级认知活动的参与；探究的过程主要包括实验设计时和证据评价时的问题空间的搜索，在搜索不同的问题空间时需要不同的认知策略[5]。一些从认知科学出发的研究者将科学探究视为一种

---

[1] 金旗．学生提出问题能力的培养［J］．现代中小学教育，2005（9）：17-19.
[2] 孟德飞．物理教学中培养学生"猜想与假设"能力的教学方法探讨［J］．中学物理，2011，29（5）：9-10.
[3] 杨云生．运用"证伪性"实验培养学生的科学评估能力［J］．教学月刊：中学版，2007（24）：61-62.
[4] 王晶莹．师生科学探究观的国际研究探析［J］．外国中小学教育，2010（4）：11-15.
[5] 刘吉林．科学探究学习本质：心理学视角［J］．教育学术月刊，2009（6）：20-21.

特殊形式的问题解决过程（Klahr et al., 1988；Milliar, 1990, 1994, 1998）。进行探究的任务包含搜索问题空间解决问题。解决问题需要的主意和办法来自长时记忆，受所解决的问题情境的激发。一个形象的比喻：学生长时记忆中储存的信息就像一个工具箱，在进行探究时，学生从自己的工具箱里选择工具。因此他们要能够选择正确的工具并且知道如何使用。

Klahr 和 Dunbar 将科学推理视为问题解决，提出了有影响的"科学发现的双重搜索模型"（Scientific Discovery as Dual Search, 简称 SDDS）[1]。SDDS 假设科学推理需要在两个相互联系的问题空间进行搜索，即假设空间和实验空间。假设空间包含在科学发现过程中形成的所有假设，实验空间包含所有可能实施的各种实验。对假设空间的搜索受探究者的前知识和实验结果的影响；对实验空间的搜索可能受到当前假设的影响，并且通过实验可以得到信息从而形成假设。科学发现主要包括三个相关的过程:（1）搜索假设空间。根据前知识或对实验的概括提出假设，策略有记忆搜索、类比映射、提示、发现有效的表征方式等。一旦形成假设，探究者会根据自己的背景知识对假设的合理性做初步判断。（2）搜索实验空间，检验假设。设计合适的实验检验提出的假设。根据假设预言实验结果，然后实施实验并观察结果。（3）证据评估。根据实验结果评估当前的假设，看实验所积累的证据能否足以让自己接受或拒绝当前假设。如果当前假设被拒绝，探究者则需重新搜索假设空间；如果当前实验结果还无法得到确定性的结论，则继续设计实验进一步检验假设[2]。

Milliar 等（1994）在 PACKS 项目中基于问题解决的观点提出的探究模型见图 2-5。

[1] KLAHR D, DUNBAR K. Dual space search during scientific reasoning [J]. Cognitive Science, 1988, 12 (1) :1-48.

[2] 严文法，胡卫平. 国外青少年科学推理能力研究综述 [J]. 外国中小学教育，2009 (5)：23-28.

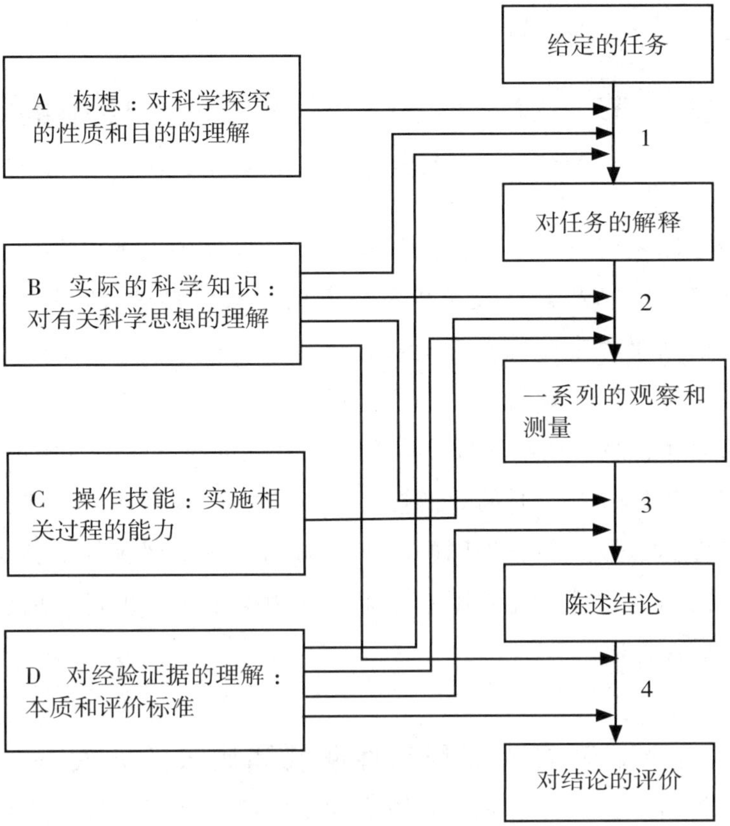

图 2-5 PACKS 模型

这个模型图示[1]的左侧列出了影响学生探究能力的内部因素，即学生的长时记忆中储存的信息。PACKS 模型给出了四类信息：构想、实际的科学知识、操作技能、对经验证据的理解。右侧给出的是探究能力的外部表现。

将科学探究的过程视为问题解决的过程是一种相当灵活的观点，它注意到了学生长时记忆中的信息对探究的影响，把学生拥有的“工具箱中的工具”和探究的外部表现结合起来考虑，在一定程度上避免了把探究能力人为分解为一系列简单的过程技能或探究过程要素相应的分能力所带来的刻板以及对教学难以给出直接有效的指导的理论困难。然而，学生长时记忆中储存的各种信息，对科学探究过程而言，其所处的地位、功能和角色是不一样的。如何将这些不同的信息（知识、技能等）分类，是这种模型需要解决的重要问题。

[1] 郭玉英. 学生的科学探究能力：国外的研究及启示 [J]. 课程 · 教材 · 教法，2005（7）：93-96.

第三节 对其他国家科学课程文件中的探究能力模型的比较研究

在当今国家间竞争日趋激烈的背景下，世界各国都在进行持续的科学课程改革。改革积累的经验以及各方面专家对科学教育的最新认识，其协商后的结果集中体现在各国家和地区的课程文件中。对世界范围内的科学课程文件的比较研究，一方面反映了各国家和地区的课标制定专家团体的集体智慧，反映达成了相对一致意见的对科学教育的最新认识，以及原有认识经过一段时间后的修正；一方面可以为我国的课程文件制定提供参考和借鉴：参考外国的改革经验和对科学课程的最新认识，从国际竞争的角度又可借鉴外国对知识和能力的要求程度进而反思我国的要求水平是否合适。

一、对国外课程文件研究和比较的方式

我国和国外的教育研究者们做了大量的科学课程文件的比较研究工作。其中研究和呈现的方式大致有以下几种：(1)对国外的课程文件进行介绍和分析。①介绍某些国外的课程文件并分析对我国的启示。例如，胡献忠介绍了2000年新修订的英国《国家科学教育课程标准》并分析了对我国的启示；徐玉红介绍了澳大利亚科学课程标准并分析了对我国的启示；胡军(2005)介绍了澳大利亚科学课程标准中的评价标准及对我国的建议；魏兵(2001)详细分析了《美国国家科学教育标准》中的科学素养并指出对我国的启示。②比较某些国外课程文件在前后不同时间段的修订变化并分析对我国的启示。例如，胡军分析了加拿大安大略省1~8年级科学与技术课程标准(2007年修订版)相对之前的相应课程文件的改动和修订，并分析对我国课程标准修订的启示；刘继和、赵海涛分析了日本2009年新修订的高中理科课程标准的修订动因与背景、修订的基本方针与课程总目标、改善的事项与科目构成、科目性质、目标与内容、修订的突出特点等方面，并讨论了对我国理科课程改革的启示。

③对某些国外的课程文件及其实施以来的反馈进行深层次的分析。例如，倪娟述评了对于《美国国家科学教育标准》的一致性的研究，并分析了启示；许明、胡晓莺（2002）对美国基础教育课程标准进行了述评，分析了制定课程标准的原因和背景、课程标准的特点以及在实施中遇到的问题。（2）比较某个或某几个国外的课程文件与中国的课程标准。①从整体上比较某个或几个国外的课程文件与中国的课程标准。例如，孙宏安（2003）、沈小娟（2006）等比较了我国《全日制义务教育科学课程标准（实验稿）》（3~6年级和7~9年级）和《美国国家科学教育标准》在课程性质、课程理念、体系结构、课程目标、科学本质、科学探究、学科内容、STS、教学建议等方面的异同；胡军（2010）比较了我国《全日制义务教育科学（3~6年级）课程标准》和日本《小学理科学习指导要领》（2008年3月最新修改案）在整体结构框架、课程目标、课程内容三个维度上的异同；杨青晓、盛国定（2003）比较了中国和英国初中科学课程标准在设计思路和目标上的异同；张素先（2002）比较了中国和加拿大安大略省小学科学课程标准在关于科学与技术的理解、课程目标、课程内容等方面的异同。②从某一具体的方面入手进行详细深入的比较。例如，陈小鸥（2005）对中国和美国课程标准中的科学史内容进行了比较研究；McComas（2002）等比较了国际上几份课程文件中对科学本质内容的要求；Huang Fang（2010）对中国和美国的小学科学内容标准的一致性做了比较。（3）针对某些具体内容，对大量的课程文件进行分析，从而总结筛选出重要的内容、对重要内容的要求程度、进阶发展等。例如，张颖之、刘恩山（2010）通过分析50份来自不同国家和地区的课程文件，筛选出基础教育阶段遗传学的核心概念以及它们在不同阶段的进阶发展；李红菊、刘恩山（2010）通过分析27份来自不同国家和地区的课程标准文件，筛选出基础教育阶段生态学的重要概念及其进阶发展。

二、对课程文件中的科学探究能力的研究

我国当前的课程改革重视探究式教学和培养学生的探究能力，且在科学探究方面我国起步相对较晚，因此比较和分析国外的课程文件在探究方面的要求的特点及其借鉴意义成为课程文件比较研究的一个重要方

面。徐学福介绍了《美国国家科学教育标准》中作为学习内容、学习方式和教学指导思想的探究。分析得出对探究能力的启示有：探究能力的提高离不开科学学科内容；探究不等于动手活动，更要动脑。陈彦芬、高秀岭（2005）深入分析了英国国家科学课程标准中对科学探究能力的要求：一是比较了 1989 年、1991 年、1995 年、1999 年、2001 年 5 次修订后的课程标准中对探究能力要求的变化及原因；二是详细介绍了英国国家科学课程标准中对探究能力的要求、评价的水平以及在关键阶段 1 到关键阶段 4 的进阶发展。陈彦芬等还通过分析英国国家科学课程标准提炼出了科学探究能力的组成要素（见图 2–6）——对科学探究过程的理解和掌握、基本技能（语言表达技能、信息技术及处理技能、逻辑推理等）、具体的学科知识、解决科学问题的情景，并指出学生在不同的学科或不同的情景中的科学探究能力可能处于不同的水平[1]。

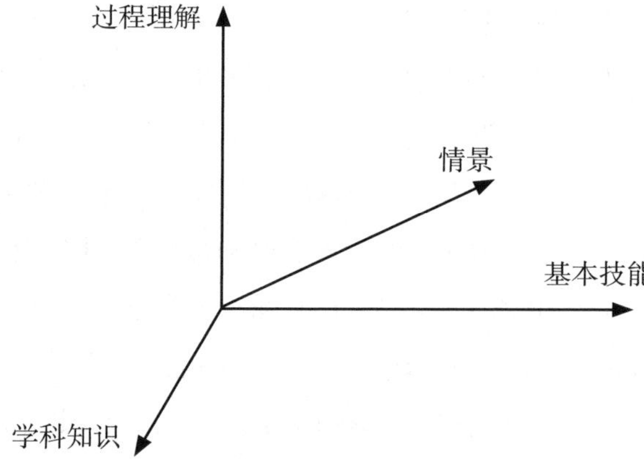

图 2–6 从英国国家科学课程标准中提炼的科学探究能力组成要素

郝敬云、郝京华（2009）总结了三种将科学探究写入科学课程标准的形式并分析了优缺点：将科学探究过程技能和具体的科学知识结合起来编写；科学探究过程技能完全镶嵌在科学知识中，基本不出现科学探究一词；按照科学探究技能的过程单独编写。

亚太经济合作组织（Asia–Pacific Economic Cooperation，简称 APEC）的科学标准分析项目（2009）比较了澳大利亚、加拿大、日本、韩国、马

[1] 陈彦芬，高秀岭. 英国国家科学课程标准中的科学探究[J]. 上海教育科研，2005（6）：33–36.

来西亚、新西兰、新加坡、美国等国家和中国台北、中国香港的科学课程标准，并对其中的科学探究进行了比较。它把科学探究技能分为两类：基本探究技能（基础的探究技能，例如使用实验设备和简单的计算机通过观察和测量收集数据，展开常规的实验操作等）和高级探究技能（基于基本探究技能但达到一个更高的水平，更注重独立地开展探究需要的技能，而不是执行已有的程序）。不同学段探究能力要求的分析结果见图2-7[1]。

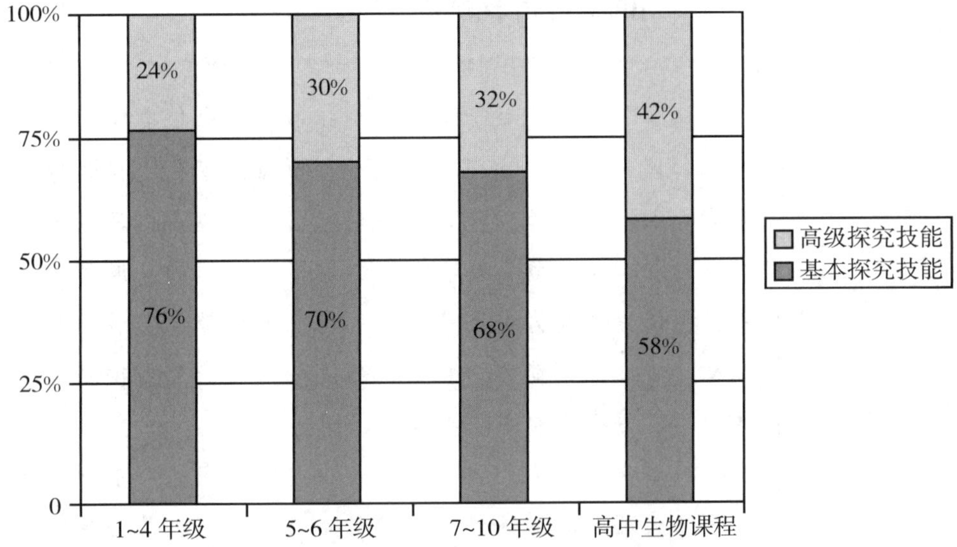

图 2-7　APEC 各国和地区科学标准对探究技能在不同学段的平均要求程度的比较分析

由上可见，对国际上的课程文件中科学探究能力的要求的具体分析与比较工作并不多，尚缺乏对不同国家和地区课程文件中探究能力的具体要求的比较，并且已有的比较研究涉及的国家和地区数目也不多。

[1] APEC Human Resource Development Working Group. Analysis of mathematics and science standards from the Asia-Pacific Economic Cooperation [EB/OL]. [2009-06]. http://publications.apec.org/file-download.php?filename=Contents_09_hrd_analysis_mathsci.pdf&id=163_toc.

第三章 基于知识和技能的科学探究能力结构模型

构建科学探究能力结构的理论模型，对探究能力的培养和评价都具有重要意义。前两章概述了关于科学探究能力的四种理论观点及相关研究，也反映出科学探究能力的综合性、复杂性。不同的学者从不同的角度尝试找出构成探究能力的要素，从而可以通过教学发展这些要素，培养探究能力。已有的研究为后续研究提供基础和借鉴，为我们积累下丰富的宝藏。

科学探究能力的复杂性，是由科学探究活动本身的复杂性决定的。对科学探究活动本身的研究也是科学哲学、科学教育等关注的课题。在科学探究活动中哪些要素是相对普遍且重要的？探究活动有没有一种或若干种固定的方法、步骤或程序、思维方式？当前科学教育研究一般认为：在探究过程中虽有一些重要的可辨认的要素，但探究过程本身是灵活的、可能反复的，没有固定的程序。科学探究过程中的思维方式也是丰富、复杂的：一方面学习科学的论证方式、思维方法和逻辑思维非常重要，另一方面体现创造性的非逻辑思维、直觉也不可缺少。

由于科学探究活动本身是复杂多元的，本书认为科学探究能力也不应简单地用单一的能力或分解成若干种独立的分能力的集合来解释。科学探究活动一般属于知识丰富领域内的专业活动，在探究中要调用方方面面的相关知识和技能；在不同的探究活动中，则可能需要调用部分共同的和部分不同的知识和技能。知识和技能是能力的基础，本书尝试从知识和技能的角度来建构科学探究能力的结构模型，并从探究活动中的可迁移范围的角度区分不同类型的知识和技能在探究能力结构中的不同地位和作用。由于知识和技能是多方面的，对它们的理解和掌握又有不同的程度，知识和技能的组合和掌握程度的复杂性可以解释科学探究能力的复杂性。同时，知识和技能都是可以通过教学直接培养的构成探究能力的直观变量。

已有的关于科学探究能力的理论观点是本书研究开展的重要基础。本章首先对已有的观点进行详细的分析，分析的角度主要有：观点所假设的科学探究能力的各要素或分能力的独立性；如何通过教学培养各观点假设的分能力，以及各观点对分能力如何培养的指导的明确程度（教学指导性）。然后在此基础上提出基于知识和技能的科学探究能力的结构模型。

第一节　对已有理论观点的分析和反思

一、基本科学过程技能与科学探究能力

观察、分类、测量、推理、预测等技能在科学探究中有重要的地位。然而，这些技能是否独立呢？首先以观察为例详细讨论。

（一）对观察技能的分析

现代科学哲学普遍认同观察受到观察者的知识背景、所持信念和观点的强烈影响，即所谓的“观察渗透理论”。汉森指出：理论在观察中既起“定向”作用，引导观察者有选择地吸取外界信息；又起“加工改造”作用，帮助观察者理解观察到的究竟是什么[1]。在科学史上，科学家持有的信念和知识背景影响到其观察结果的例子不胜枚举。例如汉森给出的例子：“太阳在开普勒和第谷两人的视网膜上所留下的物像是相同的。然而，第谷持地心说的信念，认为太阳围绕固定不动的地球转动。而其学生开普勒相信日心说，认为太阳不动，地球绕着太阳转动。他们都声称看到了不同的事物。其原因是在观察中，经验得到的东西取决于先前的知识背景。”[1] 又如在20世纪初，法国科学家宣称在实验中观测到了他们假想出来的子虚乌有的N射线。对此，朗缪尔等指出，N射线并不是研究者存心弄虚作假的产物，而是一批科学家在病态意识（信念）的支配下观测到的虚假成果（Langmuir，1989）[2]。

教学和科学教育研究中也发现大量理论和知识背景影响观察结果的例子[3]。例如查尔默斯在其著作中引用了迈克尔·波拉尼（Michael Polanyi,1973）在教医学系的学生通过检查X光片进行诊断时的案例[4]：“学习用X光片诊断肺病的医学系学生，他在暗室中注意到，在患者胸前的荧光屏上有一些影迹，并听到放射科医师用专业语言评论这些阴影的

[1] 汉森．发现的模式［M］．邢新力，周沛，译．北京：中国国际广播出版社，1988：5-33.
[2] 关洪．是病态科学，还是受伤的科学？——N射线事件百年检讨［J］．科学文化评论，2005，2（2）：100-107.
[3] 罗星凯．科学观察及科学教育中观察力的培养［J］．教育研究，1990（1）：41-45.
[4] 查尔默斯．科学究竟是什么？［M］．鲁旭东，译．北京：商务印书馆，2007：21.

重要特征。一开始，这个学生完全迷惑不解。因为他从胸部的 X 光片上只能看到心脏和肋骨，以及它们之间的少许蛛状斑。专家们似乎是在大肆渲染他们虚构的想象，而他却看不到他们所谈论的东西。以后，他又继续听了几个星期，仔细观看一些不同病例的照片，他的头脑中会萌生一种尚不确定的理解。渐渐地，他会忘记那些肋骨而开始看到肺。最终，如果他理智地坚持不懈，一幅内容丰富、包含了重要细节的全景图就会展现在他面前：生理变异和病理变化、疤痕、慢性传染病以及急性病的症候等等。他进入了一个新的世界。虽然他仍然只能看到专家们所能看到的一部分，但是现在，那些照片和对它们的大部分评论确实变得有意义了。"又如，Schlichting（1991）在课堂教学中发现，学生看到的是他们的概念允许他们看到和陈述的，而不是实际上发生的现象。他用图 3-1 所示的装置演示实验给 10 年级一个班的学生看。演示前，先让学生预测当电路接通时细导线的哪部分先发光。学生有三种不同的预言：(1) 导线的左端或右端先发热，这取决于电流流进导线的方向。(2) 两种电流（学生前认识中假设存在的"正"电流和"负"电流）在导线中间会合，因此导线的中间先发热。(3) 导线各处同时发热（正确观点）。预言之后再做实验，几乎每个学生都认为观察到了自己所期望的结果[1]。再如，Shepardson 和 Moje 研究发现，学生在观察了"瓶吞蛋"实验后，声称他们看到火或热把鸡蛋吸到瓶中[2]。

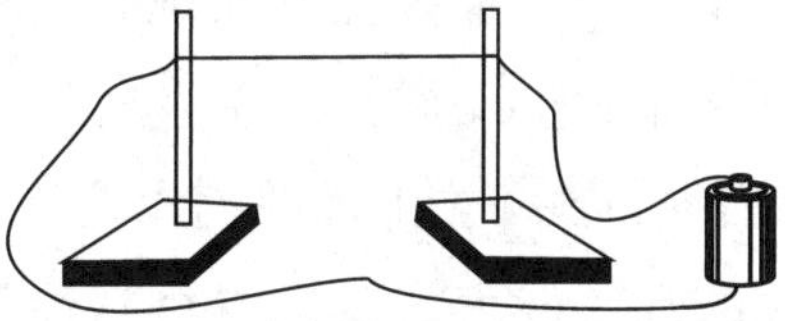

图 3-1　Schlichting 研究演示的实验

[1] DUIT R，RHÖNECK C. Learning and understanding key concepts of electricity [M] // TIBERGHIEN A，JOSSEM E L，BAROJAS J. Connecting research in physics education with teacher education. [S.l.]：International Commission on Physics Education，1998：52-53.

[2] SHEPARDSON D P，MOJE E B，KENNARD-MCCLELLAND A M. The impact of a science demonstration on children' s understanding of air pressure [J]. Journal of Research in Science Teaching，1994，31 (3)：243-258.

上述领域的研究都表明了已有知识背景对观察的重要影响。观察并非纯客观的：缺乏背景知识，可能对一些现象视而不见；持有错误的背景知识，可能观察到假象，或者感觉到事实上不存在的现象；拥有相关的正确知识，则观察者知道从哪些方面或角度进行观察，对观察的效果也有帮助。因此，一个人可能在有丰富而正确的背景知识的领域做出更好的观察，而在陌生或拥有错误背景知识的领域更难做出有效的观察甚至做出错误的虚假观察；或者可以说观察的表现具有情境依赖性。一般意义上，我们说某人有某种能力，指的是他在多种不完全相同的情境中能够顺利完成某一类任务，也就是说在一定程度上有情境独立性。那么，是否存在独立的观察能力呢？或者更深入地问，观察行为之中有哪些部分是在多种观察的情境中相对独立地发挥作用，又有哪些是依赖于具体情境和背景知识的？

首先举一个假设存在“独立的观察能力”的观点作为例子，这种观点认为“独立的观察能力能够决定外在的观察行为的表现，而没有考虑情境依赖性”，然后对此观点进行分析。卫洪清（2000、2001）对中学生科学观察能力的表现和培养进行了详细的讨论[1, 2]，指出可以从深刻性、灵活性、批判性、敏捷性、独创性 5 个智能品质的角度来描述中学生科学观察能力的表现。以反映观察的敏捷性的行为为例，卫洪清又将其分解为三个具体的表现：（1）概括性。只要通过观察少量的现象，就能够概括出事物的本质和规律。（2）敏锐性。在观察过程中，能够对各种现象（特别是偶然现象）立即做出反应。（3）及时性。在观察结束后，能及时做出观察报告（书面或口头）。下面我们以此为例来分析单从部分外在表现能否判断一个人的观察能力。首先看概括性。第谷是举世闻名的天文学家，尤其在观测方面取得了巨大成就，从一般意义上来讲其观察能力是优于常人的。然而，即使经过大量的观察，第谷仍然支持“地心说”。可见，对于能否观察出事物的本质和规律，不能凭部分外在表现就判断一个人的观察能力。再看敏锐性，以 N 射线事件为例。对于不存在的 N 射线，在三四年的时间里，有一百多位科学家在正式的科学期刊上

[1] 卫洪清．中学生科学观察能力的表现［J］．学科教育，2000（2）：22-25.
[2] 卫洪清．中学生科学观察能力的培养［J］．学科教育，2001（2）：32-35.

发表了三百多篇关于 N 射线的论文[1]，其中相当一部分论文是和实验观察相关。不应当认为是这些科学家观察的敏锐性不够，受到错误信念的影响才是重要原因。又如波拉尼给出的医学系学生学习看 X 光片诊断肺病的例子，能否观察到细节，受知识和经验的影响。可见敏锐性高低不一定能代表观察能力的高低。然后看及时性，观察后，及时做出观察报告是一种良好的科学习惯。不论观察报告中的结果如何，及时认真的记录是一种独立的符合科学严谨性的行为。

由上分析可见，观察并非一种独立的能力。从外在来说，观察行为在科学探究中有非常重要的地位，是一种可辨识的外显行为。然而，观察行为的成功与否，并非由一种“观察能力”单独决定。科学哲学、科学教育和科学史的研究都表明，观察受背景知识的重要影响。综上分析得出以下结论：（1）如果假设存在一种独立的观察能力，这种观察能力高，观察者的观察行为表现就好；这种能力差，观察表现则差。这种观察能力是不存在的。（2）观察行为表现的好坏受到观察者对观察目标的背景知识的影响。因此，观察表现的好坏具有情境依赖性。例如，对同一个人，可能在熟悉的情境中做出较好的观察表现，在陌生的情境（或具有错误的背景知识的领域）中做出较差的表现。因此，不能根据部分情境中观察行为结果的优劣来推断一个人的观察能力，这至多只能说明这个人在某具体领域中的观察能力。（3）不能认为观察表现的优劣完全受相关知识的影响。一些普遍适用的“技能”或“习惯”，例如及时、严谨地对观察做出记录的习惯，对做出好的观察有重要的促进作用。（4）观察能力中有哪些相对独立的构成？本书认为，在观察中普遍适用的“科学观察习惯或技能”“相关背景知识”是影响外在观察表现优劣的相对独立的内部因素。拥有“科学观察习惯或技能”能促使观察的表现更好，但并非充分条件，它和“相关背景知识”一起影响观察的表现。“科学观察习惯或技能”可以在多种知识背景下发挥作用，具有相对广泛的可迁移性和相对的情境独立性，“相关背景知识”则是非常依赖于对具体观察情境的领域知识的熟悉程度。据此，本书认为，可以将“科学观察习惯或技能”

[1] 关洪. 是病态科学，还是受伤的科学？——N射线事件百年检讨[J]. 科学文化评论，2005，2（2）：100-107.

定义为狭义的观察技能。本书否认存在决定观察表现优劣的单一独立的观察能力，但认为如果限定在某一具体领域内，可以把观察者拥有的“狭义的观察技能和相关的知识的集合”定义为观察者在这一领域内的观察能力。

从教学指导性的角度来看，“科学观察习惯或技能”和“相关背景知识”都是可通过教学来培养和训练的。假设存在能够决定观察表现优劣的单一观察能力，通过训练这种能力就能够提高学生在所有情境中的观察表现，这是陷入“形式训练说”泥潭的观点，被实践证明是错误的[1]。

（二）基本过程技能与探究能力

上面对观察技能的详细分析表明观察技能并非独立。接下来简要地分析其他假设的基本过程技能是否是独立的。

首先来看分类技能。皮亚杰把分类视为具体运算阶段的重要思维特征，认为到了小学阶段，儿童才能按照稳定的标准分类。而后续的研究表明，儿童在幼儿阶段已经可以稳定地分类，只是分类的标准是具体的知觉特征或者生活中常见的功能关系。使用不同的研究方法进行研究，发现幼儿也具有按照概念水平的标准进行分类的能力。心理学中关于分类能力的发展存在着种种争议[2]。随着研究任务情境的不同，儿童表现出不同的分类能力水平，即有情境依赖性。在科学探究中，分类行为具有重要的角色，那么是否存在独立的决定分类表现水平的分类能力呢？我们以科学史为例来分析：（1）亚里士多德把运动分为两种——天空中的天体运动和地面物体的一般运动；地面物体的运动又分为自然运动和强迫运动；自然运动又分为重物的竖直下落运动和轻物的竖直上升运动[3]。（2）牛顿力学则将天体运动和地面运动统一起来，自由落体运动和竖直上升的运动同属于有加速度的运动，与不受外力物体的匀速直线运动区分开来。可见，科学探究中的分类表现受原有理论背景的强烈影响，不仅仅单纯由某种思维技能决定。

[1] 郭玉英．学生的科学探究能力：国外的研究及启示［J］．课程·教材·教法，2005（7）：93-96.
[2] 王文忠，方富熹．幼儿分类能力发展研究综述［J］．心理学动态，2001，9（3）：210-214.
[3] 仲扣庄．物理学史教程［M］．南京：南京师范大学出版社，2009：45.

测量技能也非独立的技能。使用各种不同测量工具的技能，以及关于测量的一般知识（例如多次测量取平均值、有刻度的仪器的读数方法等）都是影响测量外在表现的内部成分。测量的一般知识相对于具体的使用测量工具的技能具有更广的可迁移性。要发展学生的测量能力，要通过各种工具的使用和测量的一般知识的教学过程，让学生积累各种相关的知识和技能，而并非发展了某种单一的测量技能，就能提高学生在各种情境下的测量任务表现。

推理、预测等其实是更加复杂的能力，科学思维和科学推理能力的研究者亦对其进行了深入的研究，将在后面相应部分做相关的分析。

由上分析可见，“基本科学过程技能”并不独立，至少可以说，它们不能独立地影响探究过程中相应的外在表现。例如观察的表现受已有知识背景的重要影响，而不是由某种单一的观察技能决定的。我们可以把影响学生的观察、分类、测量等探究表现的知识和技能划分为可迁移较广的和与具体情境相关的。其中可迁移较广的知识和技能是观察能力、分类能力、测量能力的重要构成，它们也是影响探究能力的重要构成。但仅仅具备它们并不够，在具体的任务情境中还需要相关的背景知识和具体技能。

二、科学探究能力与按“课程标准中的探究要素”划分的分能力

我国的初、高中物理课程标准明确地从探究“七要素”的角度对科学探究能力提出了要求。据此，很多学者或教育工作者也将科学探究能力划分为提出问题的能力、猜想与假设的能力、制订计划与设计实验的能力、进行实验与收集证据的能力、分析与论证的能力、评估的能力、交流与合作的能力。下面仍然从相对独立性和可教性的角度对这种观点及划分方法进行分析。其中，以提出问题的能力为例进行详细的分析，然后以类似的思路对其他分能力进行分析。

（一）对提出问题的能力的分析

我国义务教育初中物理课程标准对提出问题能力的要求：“能从日常生活、自然现象或实验观察中发现与物理学有关的问题；能书面或口头表述发现的问题；了解发现问题和提出问题在科学探究中的意义。”普通

高中物理课程标准对提出问题能力的要求："能发现与物理学有关的问题，从物理学的角度较明确地表述这些问题，认识发现问题和提出问题的意义。"

包栗、郭玉英（2006）指出，课程标准中的要求是对学生外部行为的描述，是一种行为目标。他们认为影响提出问题能力的因素有：

问题意识 { 学生对物理学科的兴趣（内部因素）
教师的鼓励行为（外部因素）

产生问题 { 已经有的物理知识基础（内部因素）
没有学过的物理知识（外部因素）

表达问题 { 学生的自尊心(内部因素）
提问氛围（外部因素）

包栗等通过实证研究证明这六个因素确实对学生提出问题的表现产生影响[1]，其中"问题意识"和"表达问题"下的四个因素都是和情感态度相关的。如果只考虑认知方面，则学生已有的知识和能从外部获得的知识会影响提出问题的表现。

叶建柱认为，提出的高水平问题应具有的特征是：具有较高的知识关联度、较高的预设明确度、较高的信息综合度、较高的思维激活度[2]。其中具有较高的知识关联度、较高的预设明确度、较高的信息综合度，这些都是和问题提出者已有的知识紧密相关的。李醒民在《科学的精神与价值》一书中指出："(好问题）产生于对知识背景的分析，仅有观察决不会产生问题，只有当把观察与已有的知识比较时，才能产生问题。"[3]杨小微主编的《教育研究的原理与方法》指出："发现问题的前提是研究者对自己从事的领域有一定的了解并保持经常的关注……对头脑一片空白的人来说，问题往往与他擦肩而过。"[4]常识告诉我们，一位研究光学的物理学家在自己的领域内能够提出深刻的问题，但是到了生物学领域，就很难提出同样水平的问题；甚至在面对同属物理学的相对论的内容时，也难以像在自己深入研究的光学领域一样提出好的问题。因此，提出问

[1] 包栗．初中学生提出物理问题的过程及相关因素研究［D］．北京：北京师范大学，2006：56.

[2] 叶建柱．论物理教学中提出问题的水平［J］．课程·教材·教法，2007，27（5）：58-61.

[3] 李醒民．科学的精神与价值［M］．石家庄：河北教育出版社，2001：385.

[4] 杨小微．教育研究的原理与方法［M］．2版．上海：华东师范大学出版社，2010.

题的能力并非是一项独立的能力，它受学生拥有提问领域的知识以及其他一些因素的影响。

假设提出问题的能力是学生身上一种相对独立的能力的话，那么，对于一个确定的学生，在某个固定的时间段内，学生提出问题的表现应当是相对稳定的，因为他的提问能力在某段时间内是稳定的。罗国忠的研究则发现：学生提出问题的能力具有情境相关性。如果改变任务要求、问题情境、学科领域，则学生所提探究问题的数量和水平也会发生变化[1]。由此可见，假设存在一种独立的提出问题的能力，那么这种能力高的学生在外部行为表现上是能提出更多更高水平的问题，但显然这种假设是不成立的。用某次学生提问的外部表现水平来评价学生的提出问题能力也欠妥当。学生能否提出更多更高水平的问题，不是由某种提出问题的能力单独决定，而是受到学生拥有相关知识的数量和质量、问题意识、对什么样的问题是好的科学问题的认识等很多因素的影响。

上述分析否定了存在能够单独决定学生提出问题的外部表现的所谓提出问题能力。但本书不否认存在影响提出问题质量的相对一般的因素，例如对于好的科学问题的特征、提出问题的角度等的认识和理解在提出问题的活动中具有相对广泛的可迁移性。这些关于提出、限制及修改问题的一般性知识和技能，在各种关于研究方法的书中都有所论述，例如：什么样的问题是可研究的，怎样限定问题，问题要有理论或实践价值，等等。这些关于提出问题的一般知识，在不同知识背景的提问情境中可以广泛迁移，也是可通过理论和实践训练来教学的，就像大学里各门学科的研究方法课一样。学生如果掌握了这些可迁移范围广的关于提出问题的知识，能够在其指导下自觉地监控提出的问题的质量并精炼、修改问题，对学生在各种情境下提出高质量的问题都是有促进作用的，从这个角度也可以把对这些一般的知识和技能的理解和掌握程度定义为“提出问题的能力”。但是，这种定义的“提出问题的能力”不能保证学生在各种情境中都能提出高质量的问题，它是不充分的。提出高质量的问题是一种在提问活动中的外部行为表现，它受到关于提问的一般知识技能

[1] 罗国忠. 初中生提出探究问题能力的评价研究 [J]. 上海教育科研，2010 (1)：67-69.

和与具体提问情境相关的背景知识的共同影响。

（二）按探究要素划分的分能力与探究能力

上述分析表明影响学生提出问题的外部表现的因素有：关于提出问题的一般知识技能（可迁移范围广），所提问题涉及领域的具体知识（迁移范围小，但对提出问题的质量有重要影响）。提出问题的外部表现具有情境依赖性，不存在单独决定学生提出问题外部表现的独立的“提出问题的能力”。下面以类似的思路，来分析其他按课程标准中的探究要素划分的分能力。

冯杰主编的《高中物理探究实验及案例教学设计》一书指出：“学生提不出假设或难于说出假设的理由，与学生的认知结构有很大关系。要提高学生提出‘猜想与假设’的能力,关键在于改善学生的认知结构。”[1]李建设提出了评价物理猜想与假设能力的量表，其中：提出与问题相关的假设的数量越多，能力量表上得分越高；说出能支持假设的理由越好，得分越高；假设对问题本质的涉及越深，得分越高；假设的可检验性越好，得分越高[2]。正如《高中物理探究实验及案例教学设计》中指出的,学生能够说出假设的理由，与其对相关知识的认知结构有很大关系。学生提出猜想和假说不是凭空瞎说，但如果他对所做猜想的领域知识了解甚少，对相关实验现象了解也不多，就很难找到猜想的理由。因此，首先，不存在一种独立的猜想与假设的能力能够决定一个人做出猜想与假设的水平。其次，我们可以有一些标准去评判一个猜想的水平，但用此来评价一个人的猜想与假设的能力是不合适的。在真实的科学研究中，科学家往往在刚开始接触课题时先有个大致的猜想，随着研究的深入猜想越来越明确，在不断修改后猜想的质量才越来越高。最后，一些关于科学研究中的猜想与假设的一般的知识具有广泛的可迁移性，这些知识可以指导学生监控、反思自己做出的猜想或假设的质量，促使他们有意识地去不断改进猜想或假设。从这个意义上来讲，对这些关于猜想和假设的一般知识理解得越深的学生有更好的做出猜想和假设的能力，但这不足以让他们在各个领域都做出高质量的猜想或假设。

[1] 冯杰. 高中物理探究实验及案例教学设计［M］. 北京：北京大学出版社，2011：18.

[2] 李建设. 用等级量表评价学生的猜想与假设能力［J］. 现代教育科学，2007（1）：96–98.

制订计划与设计实验的能力、进行实验与收集证据的能力、分析与论证的能力、评估的能力都不是独立的，都是高度知识依赖的。例如，没有基本的关于实验器材和操作的知识技能，不可能顺利地制订出实验计划或进行实验。在分析论证时，需要相关理论知识和数学知识的支撑。评估不仅需要理论上的考查，还需要关于实验中的误差等方方面面的知识。在这些知识中，有些知识是可迁移范围较广的，例如关于数据处理的数学知识、基本的实验误差知识、关于科学论证特征的知识等。这些迁移广泛的知识，对在各个领域进行探究时都有助益。但在具体的一项探究中，除了迁移广泛的知识，涉及具体领域的知识也很重要。一个物理学家在熟悉的领域可以顺利地设计实验、进行实验、分析论证并评估，但到了不熟悉的化学领域，则可能不知道如何下手。

关于交流与合作的相当多的知识和技能有较为广泛的可迁移性，也有具体领域的成分，例如：具体某个学科的术语，或者一些领域内的表达方式，等等。

综上所述，按课程标准中的探究要素划分的分能力仍然是综合能力。学生身上不存在这样一种“能力”，即这种“能力”高则在相应的方面表现就好。但是可以将相关知识和技能的集合视为学生在某方面的能力，且这些知识和技能可迁移的范围是不同的。其中一些可迁移广的知识和技能，能在多个领域或多种情境中帮助学生进行探究、监控自己的探究，并且它们是相对独立存在的。我们可以把这些可迁移广的知识和技能视为学生探究能力的构成成分的核心。

三、科学思维、科学推理能力与探究能力

科学思维和推理能力的研究涵盖了探究、实验、证据评估、推论和论证过程中涉及的思维技能。研究者认为科学探究的本质是科学思维和科学推理，科学探究能力是一种科学思维和科学推理能力（杜秀芳，2009）。本书赞同控制变量、证据评估、科学论证、假设－演绎等科学思维是科学探究的核心成分，但本书的观点是将它们视为一种可通过课程和教学培养的知识、技能或一系列知识和技能的集合。本书也十分赞同对其中的具体知识和技能及其教学、发展展开深入的实证研究，在这方

面已有的科学思维和科学推理能力的研究为我们积累了大量的成果。

对科学思维和科学推理能力的研究多来自心理学领域，早期的研究关注于科学推理能力随儿童成长的发展，其代表是皮亚杰的阶段理论。这种观点忽视了教育对科学思维和科学推理能力的发展的影响，其强调的阶段性侧重于强调年龄的变量（或生理成熟的因素）。皮亚杰在心理学发展过程中有非常重要的影响，但他的阶段理论的局限性也受到了当前研究的批判和纠正。本书所采用的观点和阶段理论的观点在以下问题上存在不同认识：某种科学思维在某一阶段是“有”或“无”两种状态，还是情境依赖的（即可能在某些情境下能运用科学思维，而在另外一些情境中则不能运用，像知识应用的情境依赖性一样）？教育对促进某种科学思维或科学推理能力的发展能起到多大程度的作用？或者具体地说，对于成人和中学生的科学思维或科学推理能力的发展是由年龄上的成长起决定性作用，还是教育和训练起到重要的作用？

（一）科学思维、推理能力的发展与阶段、情境、教育

1. 皮亚杰的观点及其受到的挑战和批评

皮亚杰的认知发展阶段理论将儿童的思维发展分为四个阶段——感知运动阶段、前运算阶段、具体运算阶段和形式运算阶段；并认为到了具体运算阶段，儿童才具有守恒、分类和排序的能力；只有到了形式运算阶段，儿童才会拥有控制变量、进行假设－演绎推理的能力。处于低级思维阶段的儿童，无法进行高级思维阶段的运算[1]。也就是说，皮亚杰认为，一些科学推理能力是和思维发展阶段联系在一起的。比如说，儿童的思维没有发展到形式运算阶段，就不可能具有控制变量的能力或者假设－演绎的能力；如果儿童到了具有守恒的思维的阶段，那么不管在什么情境中，儿童都能表现出守恒思维的能力。

然而，后续的研究不断挑战皮亚杰的观点。研究发现，儿童的思维缺少一致性。比如，儿童表现出认识数量守恒要比认识重量守恒早一到两年[1]。又比如如 Stan Metzenberg 描述的一项研究：“在数量守恒的实验中，在桌上平行地摆了两行数量相同的瓶子。首先，这两行瓶子以间距

[1] 伍德沃克. 教育心理学［M］. 陈红兵，张春莉，译. 南京：江苏教育出版社，2005：45-46.

完全相同的方式摆放，询问3~4岁的儿童这两行瓶子是一样多还是哪一行更多，几乎所有儿童都能正确回答；然后在其中的一行里多放入瓶子，但同时缩短瓶间距，使得整行的长度看起来比原来更短，再问这些儿童同样的问题，原先回答正确的儿童这次都回答错误。皮亚杰认为这是思维没到具备守恒的阶段的结果。然而，对同样年龄的儿童进行同样的实验，只不过将瓶子换成MM豆（一种巧克力），在一行中加入MM豆并缩短间距使得总间距更短后，让儿童选择一行MM豆并可以拿走吃掉，儿童常常不再'上当'，选择数量多的那一行。"[1]也就是说，儿童的某些推理能力不是在某个发展阶段"完全有"或者"完全无"的，可能在某些情境中有，而在某些情境中无法展现出来。这种情境依赖性和知识、心智技能学习在运用过程中的情境依赖性是类似的。

还有一部分研究发现皮亚杰低估了儿童，尤其是幼儿的认知能力。研究者认为原因可能是皮亚杰对孩子提问或实验的情境太难、提问方向模糊，并且皮亚杰只通过有限的实验结果就概括出儿童的认知能力，证据不充分[2, 3]。皮亚杰无法解释为何"小专家们在自己所擅长的领域表现出的认知发展非常成熟"。例如：一名9岁的小专家棋手，能对每步棋进行抽象的思考[2]。后续的实验研究发现："许多重要的认知能力在儿童十分年幼时就已经存在，只是程度有限，这些能力将随着个体知识和经验的增长，一直发展到成年期。""如果研究的任务难度适当，如果事先引入训练程序，年幼儿童就能表现出原认为缺乏的认知能力。"[3]

皮亚杰阶段理论受到的批评还有它忽视了文化、社会环境和教育的影响。经济、文化等发达的地区的孩子可能掌握了科学思考和形式运算，是因为儿童在学校和社会中受到的是反映相应文化的教育。Rogoff等（1989）对非洲格贝列人的成人进行研究，发现即使基本的分类运算对他们来说也十分困难。

[1] METZENBERG S. National science standards: Where is the evidence supporting them? [M] // STOTSKY S. What's at stake in the K-12 standards wars. New York: Peter Lang Publishing, 2000: 79-95.
[2] 伍德沃克. 教育心理学 [M]. 陈红兵，张春莉，译. 南京：江苏教育出版社，2005：46.
[3] 林崇德. 发展心理学 [M]. 北京：人民教育出版社. 1995：54-58.

2. 新皮亚杰主义和信息加工理论对阶段理论的认识

林崇德的《发展心理学》指出，当代信息加工理论对儿童认知发展的认识可分为两种：一种是“非发展理论”，认为儿童的认知能力与成人存在的差异，仅仅是由于知识和经验的储存不够，如果够了，就与成人的认知能力没有本质区别；另一种是“发展论”，把皮亚杰理论和信息加工理论结合起来，既考虑生物因素的影响，也考虑知识、经验、注意、记忆以及人的信息加工处理过程的影响。这些学者发展了皮亚杰的理论，被称为“新皮亚杰主义”。另外，在皮亚杰曾经工作的日内瓦大学，其同事和学生们继续修正和充实他的理论，形成与信息加工学派不同的“新皮亚杰主义”。这个流派的“新皮亚杰主义”重视教育研究，重视对应用的研究，从认知、情绪、自我意识、人格发展多个方面研究儿童心理发展的整体，大大丰富了皮亚杰的研究。

Case 对认知发展提出一种解释：刚开始，儿童练习、使用一些特定领域的图式（例如数字概念、空间概念、物理对象等方面的推理），从而在特定领域发展相对较高的认知水平；在特定领域发展认知图式只需较少的注意，随着练习的深入，图式越来越自动化，儿童可以省下更多的智力资源和记忆空间去做其他事；进而儿童可以把许多简单的图式整合到一个更复杂的图式中，同时如果需要的话可以建立新的图式（通过同化和顺应）[1]。Case 发现经过多个领域内的认知阶段的发展，儿童确实进步了，但是他们的进步在各个领域是不同的。Case 指出：“一个领域的进步在另一个领域不能自动起作用。儿童必须经历和投入到每个领域的内容和思维方式中，以逐步建构复杂的、有用的图式和关于这一领域相应的概念理解。”[2]这种观点将认知发展视为不同领域内的图式的积累以及更复杂的图式的形成，既能解释某时间段科学思维和科学推理的情境依赖性，又能解释随着年龄增长方方面面图式的不断积累的结果，从而从整体上体现出科学思维能力的进阶发展。

[1] CASE R. The development of conceptual structure [M] // KUHN D, SIEGLER R S. Handbook of child psychology: Cognition, perception, and language. New York: Wiley, 1998: 745-800.
[2] 伍德沃克. 教育心理学 [M]. 陈红兵，张春莉，译. 南京：江苏教育出版社，2005: 47.

3. 当代科学思维和推理能力研究对其发展、与教育关系的认识

当前关于科学思维和科学推理能力的研究表明：科学思维策略和科学推理技能是情境依赖的，可通过适当的教育发展。科学思维和科学推理包含一系列不同类型的知识和技能，并且具体在某情境中科学思维策略和科学推理技能的应用也受到学生的已有学科背景知识的影响。

Schauble（1996）指出："解决（科学）问题需要的技能的复杂性和多样性，以及被试的表现的变异和变化（即使对于成人也是如此），说明科学推理的策略和技能的发展应当是一个十分长期的过程，可能是毕生都在发展。先前的研究证明了早期的基本能力的存在……同时，不论经过成熟、训练还是专业的发展，错误和偏见都难以避免。"Schauble 个人的研究及其对已有研究成果的分析表明：科学推理的策略和技能的发展不像皮亚杰的阶段理论想象的那么简单，并且不会随着个体成熟自动发展到一个较好的水平，也不会随"阶段发展到更高水平"就完全摆脱错误和偏见。同时科学推理的策略和技能的使用存在情境依赖性。

Zimmerman（2005）在给美国国家理事会 K~8 年级科学学习委员会的报告中，对科学推理能力的研究进行了综述，最后总结道："研究结果不断地证明儿童比我们原来预想的更有能力，相反成人不像我们想象的那么有能力……研究反复发现，在推理能力发展的过程中，学生的表现既存在个体间的差异也存在个体内的变化。""科学推理的策略和概念知识是紧密联系的。实验和推理策略的选择受到领域中的先前概念知识的影响。科学推理的策略反过来能够促进对知识的深层理解。""科学思维包含一系列复杂的认知和元认知技能，这些技能的发展和巩固需要大量的练习和实践。（知道科学推理能力的研究结果）研究者能够更好地去探索如何通过教育干涉、搭建'脚手架'和实践促进科学推理能力向更精深的水平发展。"

（二）科学思维和推理能力与科学探究能力

已有对科学思维和科学推理能力的研究涉及科学探究能力的一些核心成分，例如控制变量、科学论证、证据评估、假设–演绎等。本书在分析当代已有对科学思维和科学推理能力的研究及研究综述的基础上，采用的观点是：科学思维策略和科学推理技能是情境依赖的，可通过适

当的教育发展。科学思维和推理能力可通过一系列不同类型的知识和技能的积累和训练来发展。在某具体情境中科学思维策略和科学推理技能的应用可能受到学生已有学科背景知识的影响。

在已有对科学思维和科学推理能力的研究中，一些思维策略是相对独立的，例如控制变量的策略。虽然学生知道了控制变量的策略，但不能保证在实际的研究中能很好地控制各种变量。一方面的原因是控制变量作为一种知识或技能其本身应用具有情境依赖性；另一方面实际探究中控制变量的外在表现受到学生对控制变量的理解以及学生对所研究问题涉及哪些主要变量的认识等因素的共同影响。仅仅理解控制变量的策略对于好的探究中控制变量的外部行为表现是必要但不充分的，有必要把外部表现和影响外部表现的各种内部因素明确区分开来。还有一些思维策略具有一般的形式，但在应用时高度依赖于具体情境涉及的内容知识，例如科学论证、假设－演绎等。比如科学的论证方式需要有观点、支持观点的证据以及将证据和证据如何支持观点联系起来的逻辑过程，学生即使理解了科学的论证方式，在进行具体论证时的外部表现还高度依赖于具体涉及的内容知识。另外，一些科学思维和科学推理的研究内容其实是一系列更具体的知识和技能的集合。例如证据评估的技能，它其实包含了对理论和证据关系的理解，相关的误差和数据处理的一系列知识与技能，以及其他相关的知识和技能，等等。

科学思维和科学推理能力是科学探究能力的重要组成部分，通过教学和训练，促进学生科学思维和推理的相关知识和技能的积累和应用，也就促进了科学推理能力的逐步发展，进而促进了科学探究能力的发展。同时，本书明确区分科学探究中某种活动的外部表现和影响外部表现的各种内部因素，也否认存在能单独决定真实探究活动中的科学论证、证据评估或假设－演绎等外部表现的所谓“科学论证能力”、“证据评估能力”或“假设－演绎能力”，而把科学家表现出的在多数情境中优于新手的外部活动表现归因于在一系列相关知识和技能的集合的数量和质量上的积累差异。

第二节 基于知识和技能的科学探究能力结构模型——从课程与教学的角度

一、知识和技能是科学探究能力的重要基础

教育中常常探讨的是作为“成就”的能力，对此，知识和技能是能力的基础已经达成共识。科学探究能力是能力的一种，它的形成和发展也是基于相应的知识和技能的积累和发展。

根据上一节的分析，可以把已有的对探究能力的观点认识中的“基本过程技能”“探究的分能力”等进一步分解为相对更加独立和可教的知识和技能。例如，将提出问题的能力分解为关于提出问题的一般知识和技能（好的科学问题的特征、提出问题的角度等可在各种情境中广泛迁移）、所提问题涉及领域的具体知识。这样分解的好处是分解出的知识或技能都直观明确，并且可通过教育和训练直接发展。

然而，当前关于科学探究能力有这样的观点：试图去寻找独立于具体知识的“探究能力的构成”。例如，假设提出问题的能力是构成科学探究能力的一种“独立的能力”，这种能力高，学生就能在探究中提出好的问题；同样假设存在猜想与假设的能力、观察能力、假设－演绎的能力，它们是独立的能力，能够决定探究中某些外部行为的表现；等等。这样的观点没有注意到在实际的探究活动中，科学家一般只在自己擅长的领域才能够提出好的猜想与假设、做出好的观察的事实，没有注意到实际教学和文献中反映出的情境依赖性,有一些“形式训练说”的味道。并且，在这种观点下如何通过教育和训练发展其假设的能力也显得不直观不明确。例如，假设提出问题的能力是一种独立的能力，如何培养这种独立的能力呢？任意地增加学生提问的次数恐怕不能训练这种假设的独立能力；如果有意引导学生提出、修改最终得到高质量的问题，那么这种做法在实际行为上仍然是将这种假设的独立能力分解了——让学生认识到什么样的问题是高质量问题的知识并加以训练形成技能。相比之下，直接将其分解为具有广泛迁移性的关于提出问题的一般知识和技能、提问

所涉及领域的具体知识对教育有更直观的指导意义。

知识和技能是科学探究能力的重要基础，在教育中培养科学探究能力时可以将其分解为一系列的知识和技能进行教学或训练。但是在探究能力的构成中，不同的知识或技能又有不同的地位和作用。

二、基于知识和技能的科学探究能力结构模型（KSMIA）

科学探究能力是一种构成复杂的综合能力。遗传因素、一般智力、相关知识与技能的积累与熟练都可能对科学探究能力的形成和发展有影响。但是，教育领域的研究更关注通过教育如何促进能力的发展。从这个角度讲，知识和技能是切实可以通过教育教学和训练的，且对探究能力的发展有重要影响的成分，这是教育研究所关注的。因此，本书从课程和教学的角度提出基于知识和技能的科学探究能力的结构模型，重点考虑知识和技能对探究能力形成的影响及其在探究能力结构中的作用，而不探讨遗传、一般智力等因素。

对探究能力的构成和实质，目前大致有四种观点：将探究视为科学过程技能的集合；将科学思维和科学推理能力视为科学探究能力的核心；将科学探究能力按课程标准中的要素分解为一系列分能力；将科学探究的过程视为问题解决的过程。上一节对前三种观点进行了分析，结论是：（1）观察、分类等基本科学过程技能，以及按课程标准中的探究要素划分的提出问题的能力等探究分能力，一般都可以进一步分解为相对更加独立且更能直接指导教学的知识和技能；不存在能够单独决定探究活动某项外部表现的所谓观察能力、分类能力或提出问题的能力等；探究活动的外部行为表现水平一般具有情境依赖性，受涉及的具体领域和情境的不同的影响；一般情况下，专家在探究活动中的表现稳定地高于新手，可以解释为大量的可迁移性广的和领域具体的知识和技能的积累和熟练。（2）科学思维和推理能力、策略或技能处于科学探究中的核心地位。但对它们的认识存在着不同的观点。始于皮亚杰的阶段理论认为控制变量、假设-演绎等是只有到了形式运算阶段才能具有的思维特点，一旦具有了这种思维能力，在各种情境中都能体现出来。阶段理论过于强调个体成熟对思维能力的影响，忽视文化、教育、生活经验的影响，没有把控制变量等视为可通过教育促进发展的知识或技能。本书采取信息加工理论和新皮亚杰主义的观点，将科学思维和科学推理视为各种基本技能、综合技能或知识与技能的集合体，其对应的外部表现具有情境依赖性；科学思维和推理能力能够在不同的年龄段根据学生已有的知识和技能的基础通过适当的教学得到不同程度的发展。（3）本书赞同将科学探究的过程视为一种特殊的问题解决的过程。下面将在已有分析结论的基础上，从课程与教学的角度出发，建构基于知识和技能的科学探究能力结构模型。

从课程和教学的角度出发，本书提出的科学探究能力结构模型将学生通过教育发展起来的科学探究能力视为一系列结构化、概括化、系统化的可适当迁移的知识和技能的集合，故又可称为基于知识和技能的科学探究能力结构模型（Knowledge and Skills based Model of Inquiry Ability，以下简称 KSMIA）。模型的结构如图 3-2 所示。

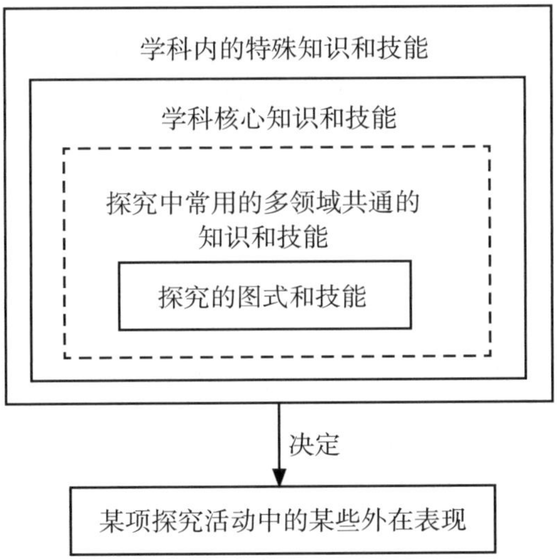

图 3-2 基于知识和技能的科学探究能力结构模型

KSMIA 将科学探究能力分解为一系列相关的知识和技能，但是，这些知识和技能在科学探究中的角色和作用是不同的。见图 3-2，根据不同知识和技能在探究活动中的不同作用以及可迁移范围的差异，KSMIA 将这些知识和技能分为：探究的图式和技能、探究中常用的多领域共通的知识和技能、学科核心知识和技能、学科内的特殊知识和技能。这些知识和技能共同决定探究者在某项探究活动中的某些外在表现。下面详细阐述它们在探究能力构成中的角色和作用。

（一）探究的图式和技能

首先说探究的图式和技能。图式是心理学中的概念，是有组织的知识结构，用于表征人类对某个主题的知识所具有的综合性质[1]。图式是一种大的知识单元的表征和贮存，包括陈述性知识和程序性知识。它能运用于广泛的情境[2]。科学探究是一项复杂的活动，对探究活动本身的认识涉及方方面面的知识，例如：科学探究有哪些要素或大致实施过程的知识，科学本质的相关知识，一些典型的探究样例，等等。这些知识只有以结构化的方式组织起来，才能有效地指导探究活动。如果孤立地记住这些知识，不能把它们组织成一个整体来理解探究活动，则无法形成较好的探究能力。因此，本书将探究图式定义为：将探究活动和探究本质的知识有结构地组织起来的抽象知识结构。下面以一名物理学博士（专家 A）通过访谈体现出的探究图式（图 3-3、图 3-4）为例进行说明。

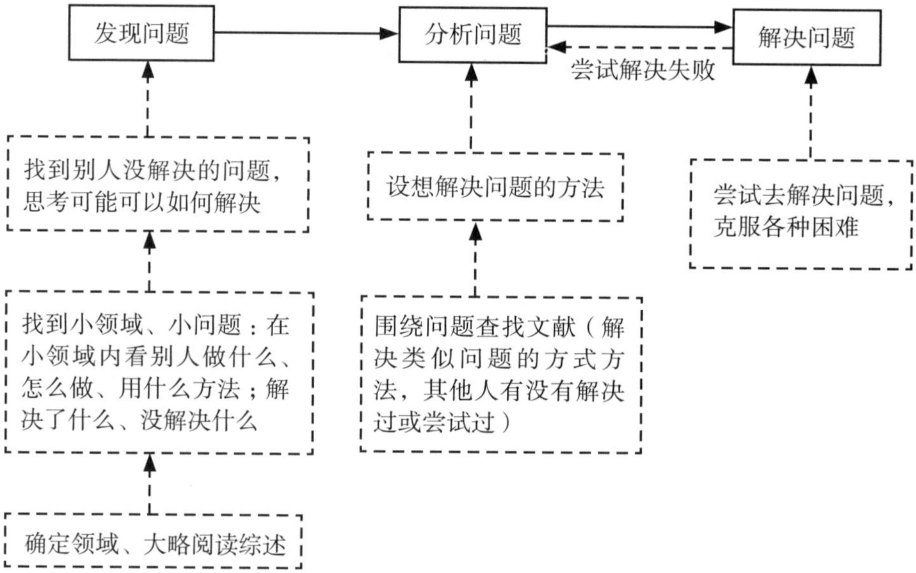

图 3-3　专家 A 在访谈中体现出的部分探究过程图式

[1] 冯忠良，任新春，姚梅林，等. 教育心理学［M］. 北京：人民教育出版社，2000：298.
[2] 皮连生. 智育心理学［M］. 北京：人民教育出版社，2008：41-42.

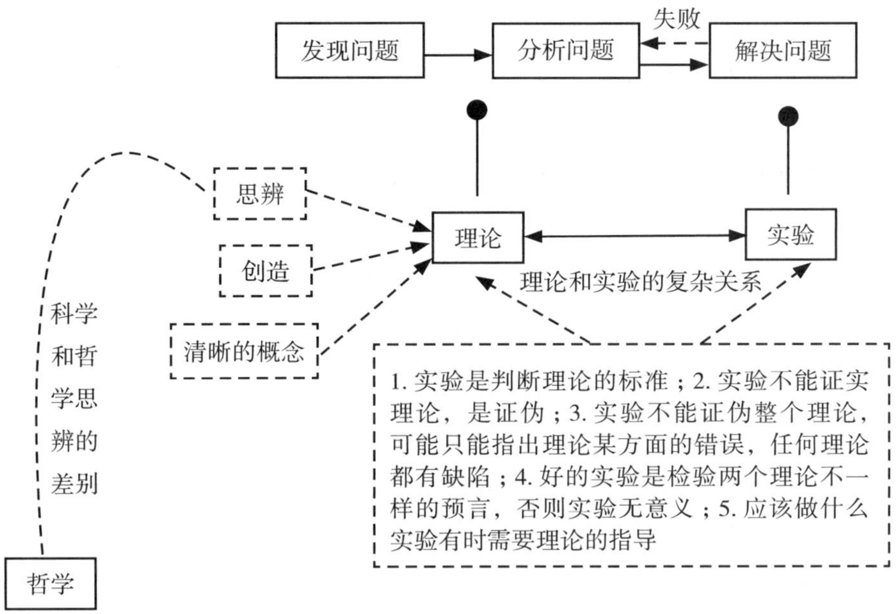

图 3–4　专家 A 在访谈中体现出的探究图式的部分构成

先说明探究图式的特征。图 3–3 展示了专家 A 的部分探究过程图式，图 3–4 展示了专家 A 的探究图式的部分构成。第一，探究的图式是具有层次的。例如，发现问题的图式（阅读大领域的综述➛找到小领域➛找到小领域内别人没解决的小问题➛初步考虑解决小问题的可行性）可以嵌套到更大的探究过程的图式（大于整个图 3–3）当中，而探究过程的图式又可以嵌套到更大的探究图式（大于整个图 3–4）当中。又比如，在图 3–3 中，专家 A 在访谈中虽然没有展开，但如何“解决问题”的过程在他的头脑中也可以进一步展开为一个或若干个图式。第二，图式具有变量。例如，专家 A 如果将“解决问题”的过程展开，可能可以代入多种不同的解决问题的图式，比如通过实验研究或者通过理论推演。第三，探究的图式将探究活动的认识组织起来，图式中的知识间有方方面面的联系，共同影响探究活动的展开。例如图 3–4 中，专家 A 虽然认为探究的过程分为“提出问题”“分析问题”“解决问题”三部分，没有提到对科学本质的认识，但是他关于科学理论和实验的知识（对科学本质的认识的一部分），对他实际的探究过程将有重要影响。比如他认识到“实验不能证实理论，是证伪”“好的实验是检验两个理论不一样的预言，否则实验无意义”，这将使他在设计实验时（也就是分析问题时），不会简单地去设计一个仅仅证实自己预言的实验，而是去寻找一个能够检验自己的解释和竞争解释做出的不同预言的实验。第四，探究的图式包含的知识的数量和质量，知识间建立的联系的数量和质量，以及探究图式的整体的结构组织都影响着探究图式的质量。例如图 3-5 所示的两名初中生的部分探究过程图式，和专家 A 比起来，知识的数量少，缺乏细节；知识间的联系也少，如学生乙在被问到探究包含哪些步骤或过程时，仅仅回答理论、实验，也没有说明理论和实验间有什么联系；在质量上，学生甲提到可以通过询问他人的方法来证明观点，这是一种不一定可靠的方法。如果头脑中的探究图式质量较差，学生在进行探究活动时将无法顺利展开，探究质量也是低下的。第五，探究的图式是头脑中和探究本体相关的知识的结构化组织，具有内隐性和简缩性。探究的图式有一部分是可意识到的，可以通过研究探测到；还有一部分是难以意识到的，或者难以准确检测到；想探测到某人完整的探究图式是不可能的。但是，通过精心设计的研究，我们可以从某些角度、在一定的水平上探测头脑中的探究图式。

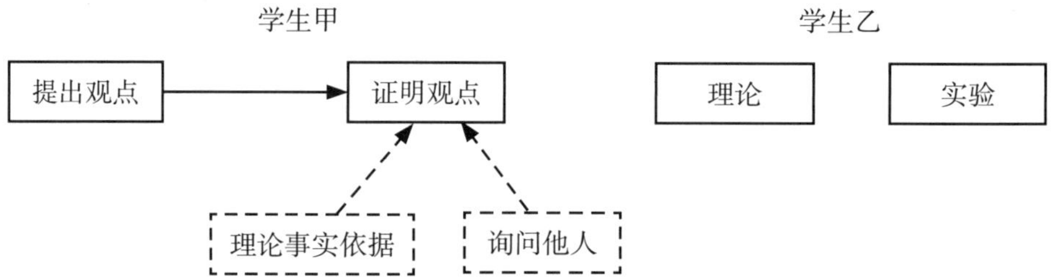

图 3-5　两名初中生的部分探究过程图式

接下来说明探究的图式在探究活动中的作用。首先，图式将关于探究的各种知识有结构地组织起来，使得探究者在探究的适当时候能够激活需要的知识，从而指导探究的展开。例如专家 A，他有关于探究过程的图式，在具体进行探究时图式将指导他的探究活动一步步展开；同时，他关于科学本质的图式（对理论和实验及其关系的认识）和科学过程的图式是存在联系的；在他按照探究过程图式展开探究的过程中，到涉及“实验设计”或“理论建构”、“理论检验”的过程时，关于科学本质的图式就会被激活，从而指导探究的展开和进行。相反，如果学生的一个与探究相关的知识点和他的探究图式之间的联系很弱，没有被整合到探究图式中去，那这个知识点在具体探究的展开过程中就很难被激活，形成“惰性知识”，无法有效地指导探究。学生乙的图式就是一种典型的情况：对探究没有形成一个有联系的整体性的认识，只知道探究中有理论和实验，这样的图式难以指导探究活动的展开。其次，探究的图式在科学探究的过程中起到监控的作用。类似于元认知监控[1]，探究图式指导着探究者在探究活动中将探究活动作为意识对象，不断地对其进行积极、自觉的监视、控制和调节。以专家 A 为例，在他的探究图式中有科学理论和哲学思辨的差异，在访谈中，他认为：“1. 哲学的概念很多、很抽象、很模糊；科学理论的概念要很清楚、很明白。2. 哲学是试图解释我们观察到的现象，是一种思辨；科学不仅是总结，还要做出预测，并通过实验去验证。”这些认识使他可以在探究活动中监控自己研究中使用的名词概念是否清晰、明白、具体，并通过预言得到实验验证才能对一个理论满意。如果一项探究活动没有达到这些标准，他的探究图式在监控到之后，会影响他展开进一步的概念界定或理论检验的活动。又比如，专家 A 的探究过程图式中，分析问题和解决问题是反复的，如果问题没有得到满意的解决，则返回重新分析。这里也有探究图式的监控：假设学生甲进行探究，在他的图式中询问他人可以证明一个观点，在这种图式的监控下从他人那里听来一个答案就可以终止探究活动；我们猜测专家 A 不会同意仅靠询问他人可以证明一个观点，那么在他的图式的监控下，在听到别人的观点之后，专家 A 会返回继续分析问题，尝试能否通过进一步的研究满意地解决问题。最后，探究的图式能促进推论和认识。例如，如果一个研究者的探究图式中知道任何研究都存在不确定性、误差、理论偏见，他不仅能因此反思、监控自己的研究，还能够在阅读他人的研究时推论他人的研究结论也有不确定性，从而进行批判性的阅读。又如，具有良好探究图式的人能更顺利地阅读科学文献或听取科学报告，理解文献或报告中每个步骤的意义。

探究的技能是在具有良好的探究图式的基础上，在经历过一定的探

[1] 陈琦，刘儒德. 当代教育心理学［M］. 北京：北京师范大学出版社，1997：197-200.

究过程和练习后形成的能完成一定探究任务的动作和智力操作系统。在探究图式的指导下，能够顺利地完成探究活动，需要有和整个探究过程相对应的探究技能，或者可以认为这种指导整个探究活动的操作实施的探究技能是和探究图式相匹配的。从细节上看，探究技能也包含一系列更小的具体技能，例如提出问题的技能、猜想与假设的技能等。这里提出问题的技能和我国一些学者将探究能力按过程要素划分为提出问题的能力是有差别的，具体的差别将在本节的“三、KSMIA 对科学探究能力的认识”中探讨。要注意的是，指导整个探究活动的探究技能是探究图式的实际操作，具有整体性。提出问题的技能、交流合作的技能等相关技能的简单叠加并不完全等于指导整个探究的探究技能。另外，本书定义的探究技能是和探究图式对应的实际操作，是和探究本身对应的。而其他在探究活动中需要的一些技能，例如进行各种物理实验的技能，不是和探究图式、探究活动本身对应的，因此本书将进行各种物理实验的技能划分到“学科知识和技能”中，它们不属于本书定义的探究技能。

（二）探究中常用的多领域共通的知识和技能

科学探究的图式和技能都是和科学探究本体直接相关的知识和技能。有一些知识和技能，虽然不是和科学探究本体直接相关的，但是在各学科、各领域的科学探究活动中都常常涉及，它们不局限于具体的学科领域。这些知识和技能大致可以分为几类：数学与统计、通用的实验知识、工具的应用、科学方法等。数学与统计：一次函数及其图象、平均值和方差、样本和总体等知识，在数据分析处理等探究的环节中常常涉及。通用的实验知识：关于误差的一般知识、实验仪器的调零、有刻度的仪器的读数方法以及仪器的精确度和最小刻度的关系等。工具的应用：利用计算机软件处理数据、进行交流等。科学方法：控制变量法、比值定义法等。

探究的图式和技能、探究中常用的多领域共通的知识和技能可以在各个科学领域的探究活动中得到迁移和应用，同时，几乎各种探究中都要涉及这两方面的知识和技能。从在探究活动中的可迁移性和必要性的角度来看，KSMIA 将探究的图式和技能、探究中常用的多领域共通的知识和技能视为探究能力的核心成分。其中，探究的图式和技能处于最核心的地位。需要指明的是，有的知识或技能并不能很明确地分到哪一类中，例如控制变量。控制变量是实验研究的必要组成部分，也是多数科学探究中都要用到的重要方法。但从 KSMIA 探究能力的构成角度来看，它们都处于核心的地位，控制变量在领域共通的知识和技能中又属于尤其重要的，而它到底应分到哪一类已经不那么重要了。

（三）学科核心知识和技能

学科核心知识和技能是处于某学科结构的核心的重要知识和技能。布鲁纳主张课程和教学应当促进学生“对科学结构的一般理解”。所谓学科的基本结构，指的是学科的基本概念、基本原理及基本态度和方法。掌握了学科的基本结构，有助于学生理解整个学科，也有助于知识的迁移[1]。学科核心知识就是某学科领域处于主干地位的重要原理、概念、理论等，它们能够把学科内的知识组织起来，具有广泛的可迁移性[2]。学科核心技能则是学科内部处于基础性地位和主干地位的技能，例如在物理实验中，组装电路的基本技能等。

学科核心知识和技能在探究活动中没有探究图式和技能以及多领域共通的知识和技能可迁移的范围广，但当具体某一项研究涉及某学科领域时，它们将影响探究活动能否顺利展开，是涉及该学科的探究活动具体实施的基础。

（四）学科内的特殊知识和技能

学科内的特殊知识和技能相比起学科核心知识和技能，相对更为具体、涉及范围更小、可迁移性更小。例如，学科核心知识在某些典型情境中的推论或应用——平行板电容器的电容公式、地球第一宇宙速度的计算式等，或者是一些特殊的实验技能——使用光杠杆测量微小形变等。在掌握好了学科核心知识和技能的前提下，学科内的特殊知识和技能甚至可以在探究活动中通过查阅文献或向他人求教现用现学。但是，如果在某项探究活动中恰好需要某特殊知识或技能，探究者要么通过文献或求教补充相应的知识、技能，要么会导致探究无法顺利进行。

上面详细阐述了在 KSMIA 中，探究的图式和技能、探究中常用的多

[1] 布鲁纳. 教育过程［M］. 邵瑞珍，译. 北京：文化教育出版社，1982.
[2] 张颖之，刘恩山. 核心概念在理科教学中的地位和作用——从记忆事实向理解概念的转变［J］. 教育学报，2010，6（1）：57–61.

领域共通的知识和技能、学科核心知识和技能、学科内的特殊知识和技能在探究活动中的不同地位和作用。KSMIA 认为，这些知识和技能共同影响、决定某项探究活动中的某些外在表现。

（五）探究活动的外在表现

探究活动的外在表现是学生在进行探究时外显的行为表现。与储存在学生头脑内部的知识不同，外在表现是可直接观测到的。通过直接观测探究活动的外在表现，可以将这些行为表现按其质量划分为不同的层次。以罗筑华、罗星凯制订的中学生科学假设质量评价量表为例[1]进行说明，见表 3-1。

表3-1　罗筑华等提出的科学假设质量评价量表（有省略）

要素	主要内涵	权重	等级描述	等级	总分10分
预见度	假设与问题的相关程度	0.4	涉及预见到问题的主要影响因素（符合生活经验和科学知识，具有深刻性、抽象性、整合性中的部分或全部特征）	A	4分
			……	B	3分
			……	C	2分
			涉及预见到问题的无关影响因素，或对问题不能正确理解而做出了错误的猜测性结论	D	1分
			不能做出任何猜测性结论	E	0分
支撑度	证据给予假设的支持所到达的强度	0.4	（1）明确陈述了正确检验猜测性结论的方法和步骤 （2）对猜测性结论做出了精确的科学解释，考虑了两个以上的主要变量，使用了简单有效的证据，推理正确，明确了变量与变量之间的关系	A	4分
			……	B	3分
			……	C	2分
			（1）猜测性结论无法得到检验 （2）对猜测性结论做出了无关或错误的解释	D	1分
			对所提出的猜测性结论不能做出任何解释	E	0分
独创性	……新颖的、独特的	0.2	相关假设提出的频率在总人数的2%以下	A	2分
			……	B	1分
			……	C	0分

[1] 罗筑华，罗星凯．中学生科学假设质量评价量表的制定［J］．教育科学，2008，24（3）：83-87.

探究活动的外在表现和学生头脑内部涉及探究的知识和技能有密切而复杂的关系。例如，在一项探究任务中，探究者具备了良好的探究图式以及完备的领域知识和技能，那么他的探究行为外在表现也是高水平的；如果探究者并不具备较好的探究图式，但有相当完备的领域知识和技能，则有可能在探究的某些环节上有高水平的外在表现，但在整体的探究过程上存在瑕疵；在领域知识和技能水平大致相当的情况下，探究任务也相对具有挑战性，则探究图式良好者将有更好的外在表现，并最终取得较好的探究结果；如果探究者的领域知识和技能较贫乏，在进行涉及丰富知识的领域内探究时，则可能短时间内表现不出和探究图式水平相应的外在行为水平。

在罗筑华等提出的科学假设质量评价量表中，对提出假设的外在表现做出了分级。在预见度维度，假设涉及问题的主要影响因素是最高水平 A 级，假设涉及问题的无关影响因素是较差的 D 级水平，在外在表现上这样分类是合理的。下面举一个科学史上的例子：在相对论提出的前夕，法国著名物理学家阿拉果进行“望远镜实验”，试图证明参照系不同光速应有差别，实验结果却恰恰相反。他根据自己信仰的光的微粒说提出假设试图解释：“星体以无数种速度发射光的微粒，只是因为人眼对光有选择性，只能接收某一特定速度的光微粒，所以看不出（光速的）差别。”后来阿拉果向菲涅耳求助，菲涅耳从波动说给出解释，提出了“以太部分拽引”的假设。当时无论阿拉果还是菲涅耳都坚信经典的速度叠加原理对光的传播是适用的[1]。相对论提出后，人们才认识到，只需一个简单的假设——“光速不变”，就可以解释阿拉果的“望远镜实验”。阿拉果的假设涉及的影响因素是“人眼的选择”，菲涅耳的假设涉及的影响因素是“以太被部分拖拽”，他们涉及的都是问题的无关影响因素。由此例可见，具体一项探究活动中的外在表现受领域知识的重要影响：阿拉果和菲涅耳由于坚信经典的速度叠加原理，使得他们的假设都涉及问题的无关影响因素；他们的假设都脱离不了自己的知识背景，阿拉果的假设以微粒说为基础，菲涅耳的假设以“光在以太中波动”为基础。

[1] 郭奕玲，沈慧君. 物理学史［M］. 北京：清华大学出版社，1995：191–195.

再从罗筑华等的评价量表的支撑度维度来看。无论从可检验性上来看，还是从对假设的理论支撑的基础上来看，菲涅耳的假设都优于阿拉果的假设。实际上，阿拉果对自己的假设并不满意，他于1815年写信询问菲涅耳能否用波动说解释他的实验。菲涅耳认为阿拉果的假设很难令人信服，在1818年给阿拉果的信中，指出这种解释不可取。这里可以看出探究的图式对某项具体的探究的外在表现的影响：作为科学家，他们良好的探究图式起到了监控的作用，使他们可以反思自己的假设。阿拉果和菲涅耳都认识到了"人眼选择"假设从科学假设的角度不能令人信服，阿拉果仍然寻求更好的解释，这些是在探究图式的影响下的外在表现。这些表现使得他们能够逐步筛选好的假设或理论，逐渐靠近真理。但是，由于学科领域知识的缺乏，良好的探究图式并不能保证他们在预见度维度做出好的外在表现。

探究活动的外在表现是可直接观测的，因此在评价学生的科学探究能力时是非常重要的依据。根据KSMIA，如何设计情境通过外在表现评价学生的探究能力是值得深入探讨的课题。

三、KSMIA对科学探究能力的认识

（一）科学探究活动和科学探究能力

KSMIA认为，科学探究活动就是在符合科学规范的探究图式的指导和统领下，寻找和提出问题并按照科学的方式进行问题解决的活动。在整个活动中一方面需要符合科学规范的探究图式的指导和监控，同时也需要调动大量其他的知识和技能，例如所研究的学科领域的知识和技能，数学和统计知识，实验的技能和实验的误差及其表示、处理的知识，控制变量的知识和技能等。一般而言，科学家拥有符合科学规范的探究图式，他们进行的探究活动是典型的科学探究活动；而学生随着课程和教学的进行，他们的探究图式逐渐向符合科学规范的方向发展。因此，学生的探究活动同时具有部分科学探究的特征和部分不符合科学规范的特征，随着有效的课程和教学的进行，他们的探究活动越来越符合科学规范。

由此KSMIA认为：可以通过课程和教学发展的科学探究能力，就是在科学探究图式的组织和统领下，一系列进行科学探究活动时所需要的

知识和技能的集合。在构成科学探究能力的各种知识和技能中，探究的图式和技能处于最核心的地位。探究中常用的多领域共通的知识和技能具有广泛的迁移性，是在各种领域的探究活动中最常应用的。学科核心知识和技能、学科内的特殊知识和技能虽然不是所有的探究活动中必需的，但是具体某项探究所涉及领域的核心和特殊的知识和技能往往对探究的一些外在表现起到非常重要的作用。

（二）与已有理论的关系

“科学过程技能的集合”模型将科学探究能力分解为一系列“科学过程技能”，并假设这些“科学过程技能”是独立的，培养了它们就培养了学生的探究能力。后来，又将科学过程技能分解为“基本科学过程技能”和“综合科学过程技能”。同时对各种科学过程技能的培养进行了研究和实践。它受到的批评是：科学过程技能是对科学探究能力的人为肢解；研究和实践也发现，即使经过训练，学生在探究中也不一定能应用这些技能；也有学者认为，观察、分类等技能儿童时期就有，不需专门训练。

以观察为例，KSMIA 在区分了内部能力和外在表现的基础上，指出“不存在决定着观察的外在表现优劣的独立的观察能力”。KSMIA 承认存在一些关于观察的一般方法和技巧，就像一些学者提出的那样[1]。但是，这些一般的方法和技巧不足以保证较好的外在观察表现，而领域知识经常起到重要的作用。这和问题解决心理学中将通用的问题解决策略称为弱方法（将特殊领域的策略称为强方法）是类似的[2]，通用的策略不一定能保证问题的解决。因此，KSMIA 认为，教给学生一般的方法和技巧，有助于学生做出更多更好的外在观察，但不是充分条件。由于受领域知识的影响，即使学生掌握了一般的技巧，也不一定能在具体探究中表现出来。这就解释了“经过训练，学生也不一定能应用这些技能”。同时，KSMIA 承认适当合理的训练对一般的观察技巧的促进作用。和“科学过程的集合模型”不同，KSMIA 视科学探究能力为一个整体，用探究图式的概念将构成科学探究能力的知识和技能组织起来。培养探究能力，不仅要分别培养分解的

---

[1] 卫洪清．中学生科学观察能力的培养［J］．学科教育，2001（2）：32-35.

[2] ROBERTSON S I．问题解决心理学［M］．张奇，等译．北京：中国轻工业出版社，2004：43.

知识和技能，同时需要形成一个对科学探究整体的认识，即形成探究图式；整体要大于部分之和，不赞同肢解地看待探究能力。

有学者按我国课程标准中的探究要素将科学探究能力分解为一系列的分能力，认为可以通过培养各项分能力来发展学生的科学探究能力。这种划分方法的优点在于我国课程标准中的探究要素具有可操作性，容易和外显的行为联系起来，因此便于实际操作，便于指导教学实践和评价。KSMIA 指出，我国物理课程标准中的探究要素实际上是一种外化了的“探究过程的图式”，它本身有助于学生探究图式的形成和发展。但探究过程的图式仅仅是探究图式的一部分，还有其他的重要方面没涉及；同时，和对“科学过程技能的集合”模型的批评一样，KSMIA 认为虽然培养时可以有所侧重各项分能力，但最终应该构建起一个关于探究的整体图式；并且 KSMIA 认为按课程标准中的要素划分的分能力本身有其构成的内部知识和技能的结构，例如提出问题的能力，它由关于提出问题的一般知识技能（例如科学问题的特征，如何限定、具体化问题使得问题可以进行研究，等等）和涉及的具体领域的知识构成。和“观察”类似，关于提出问题的一般知识技能并非是学生提出好问题的外在表现的充分条件，具体领域知识还有重要的影响。但关于提问的一般知识技能可以促使学生有意识地将初步提出的问题精炼加工（虽然不能保证最终提出质量高且深刻的问题），也可以让学生有意识地监控自己提出问题的质量。在 KSMIA 中，关于提出科学问题的一般知识和技能被归为探究的图式和技能的子图式和子技能，具体领域知识被划分到相对外围的圈中，但在影响某具体任务中的提出问题的表现时，领域知识的作用是重要的。在培养学生提出问题的能力的教学中，既要精心设计、有意识地教给学生关于提出问题的一般知识和技能，也要重视具体领域核心知识的教学。再者，根据 KSMIA，不存在单独决定提出问题的外在表现的独立的“提出问题的能力”，这也给探究能力的评价提出了挑战。我们不能直接把“某个具体情境中提出问题的外在表现”和某种独立的“提出问题的能力”的高低直接建立起等号关系，那么，评价提出问题的能力时需要评价的是什么？是关于提出问题的一般知识、技能吗？还是在中学要求掌握的核心知识领域内学生结合关于提问的一般知识和技能、领域知识提出问题的能力？既然提问的外在表现具有领域知识依赖性，那么，评价涉及的背景知识、情境该如何设计？

一些学者将“科学思维和科学推理能力”视为科学探究能力的核心，尤其是很多心理学和教育心理学工作者对科学思维和科学推理能力进行了大量深入的研究，为对学生科学推理能力的认识打下了实证的基础。这些研究反复发现，无论儿童还是成人，在科学推理策略的运用上并不像阶段理论描述的那样，并且通过适当的教学，科学思维和科学推理的策略或能力可以得到一定程度的发展。KSMIA 赞同“科学思维和科学推理能力”是探究能力的核心，其中的大部分内容应当归到探究的图式和多领域共通的知识和技能中。KSMIA 不赞同阶段理论，KSMIA 的出发点是课程和教学，认为通过适当的课程安排和教学设计，科学思维和科学推理的知识和技能可以以适当的程度和方式在不同阶段的学生身上得到发展。但是，这些知识和技能的教学应当有合理的顺序安排，例如对于控制变量，早期先理解怎样的比较才是“公平的”，然后明确地学习控制变量的策略并应用，之后可以了解在科学探究中有时候找出隐藏的变量并控制住并非都很容易，使用一些统计方法可以帮助克服困难。从事“科学思维和科学推理能力”研究的心理学研究者们往往关注某种或几种科学推理策略并进行深入的富有成果的研究，或者对一些模型开展研究，他们的研究出自心理学的视角。KSMIA 借鉴了他们的研究成果，同时关注点在于作为整体的科学探究能力的知识和技能的构成以及通过课程和教学的发展，探究的图式和技能体现了探究能力的整体性；KSMIA 也强调科学课程中具体的领域知识在科学探究能力中的角色和地位；同时 KSMIA 也关心未来如何通过课程使学生形成怎样的知识和技能结构，使他们可以在学校和日常生活所包含的探究活动中最大限度地迁移应用，体现出较高的探究能力。

KSMIA 十分赞同将科学探究的过程视为问题解决的过程，同时指出，探究活动是在探究图式的指导和统领下，寻找和发现问题并按科学的特殊方式进行的问题解决活动，从而将科学探究活动和一般的问题解决活动区分开来，并且包含了发现和提出问题的过程。与已有的探究问题解决模型相比，SDDS 侧重于科学发现的过程，而不涉及探究能力的结构、形成和发展。Milliar 等在 PACKS 项目中提出的模型涉及影响探究外部表现的内部知识和技能，并指出四类知识和技能。但是，Milliar 的模型没有指出不同的知识和技能在探究能力构成中的不同作用和地位，同时也没有用“探究的图式”概念来组织和统领这些知识和技能。KSMIA 认为，只有当关于探究本身的知识和技能形成有紧密联系和良好组织结构的“探究的图式和技能”，它们才能发挥最大的作用，指导探究活动顺利展开。同时，KSMIA 更为细致地讨论了构成探究能力的内部知识和技能与外在行为表现的关系，以及它对课程、教学、评价的影响。

（三）如何检验KSMIA

可通过在不同领域或情境下的探究任务外部表现的情境依赖性的研究来检验 KSMIA 和假设存在独立的“观察技能”或“提出问题的能力”等观点的合理性。也可通过情境依赖性的研究来检验阶段理论：在某一思维发展阶段的学生是否要么在各种情境中都不具有某种思维能力，要么在各种情境中都能表现出某种思维能力？

通过培养探究能力或某种分能力的教学实验，一是检验科学思维和科学推理能力是主要受个体成熟、思维发展阶段的影响，还是在考虑学生的已有基础上，有针对性的知识教学和技能训练能有效地促进相应能力在一定程度上的发展；二是可以检验 KSMIA 能够比其他的模型更直观、明确、有效地指导探究能力的培养和教学。

可以通过对擅长科学探究的专家的研究以及专家－新手比较的研究来检验 KSMIA。例如，研究擅长在某领域内进行科学探究的专家在进行另一个不熟悉领域的探究任务中的外部表现，也可将其与缺乏知识和探究经验的新手、没有探究经验但在另一个领域有丰富学科知识的新手的外部表现进行比较。一方面可检验是否存在独立且普遍的影响外部表现的假设的“探究分能力”，另一方面可以研究 KSMIA 中专家和新手的探究能力结构中不同类型的知识和技能在探究活动中的不同作用。又例如，比较某领域内有丰富探究经验的专家和该领域内有足够知识但缺乏探究经验的本科生，让他们进行相同的探究任务并进行智力测验，比较在知识丰富领域内的真实探究活动的外部表现受一般智力、对科学探究的知识和技能的积累两方面的影响程度。也可让有丰富探究经验的专家和缺乏探究经验的新手都进行不熟悉的领域但模拟真实探究过程的任务，看在知识贫乏领域探究活动的外部表现受一般智力、对科学探究的知识和技能的积累两方面的影响程度。

四、KSMIA与科学探究能力的培养

KSMIA 将科学探究能力视为在探究图式的统领下，一系列探究活动需要的知识和技能的集合。其中，学科知识和技能的培养在现有的课程和教学中已经得到了大量的实践和研究。这里主要介绍教育心理学的相关研究成果，然后探讨科学探究能力结构中最核心的部分——探究的图式和技能的教学和发展。

（一）《教育心理学》（冯忠良等）中对知识和技能的分类

本书采用冯忠良等对知识和技能的界定。首先说知识，从知识表述形式的角度，知识可以分为陈述性知识和程序性知识。陈述性知识主要反映事物的状态、内容及事物变化发展的原因，说明事物是什么、为什么和怎么样。例如，“科学的问题指的是可以检验并且可以用经验证据支持和反驳的问题”是一个陈述性知识。程序性知识主要反映活动的具体过程和操作步骤，说明做什么和怎么做，主要用于实际操作。例如，如何使用一些实验仪器，如何展开一项探究活动，等等。

再来看技能。技能表现为一种活动方式，这种活动方式既可能是外显的操作技能,也可能是内隐的心智技能。技能和程序性知识的区别在于:知识涉及“事物是什么及怎么样（陈述性知识）、做什么及怎么做（程序性知识）的问题”，而技能是“完成活动要求的动作会不会及熟练不熟练的问题”。例如，“在对科学探究进行交流的过程中，既要为自己的观点辩护，又要尊重他人，考虑自己观点受到的批评以及不同的观点和解释”属于程序性知识，但具体在探究的交流实践过程中能不能做到、做得怎么样就属于技能。要发展技能，不仅要掌握相关的程序性知识，更需要实际操作的经验。

技能又可分为操作技能和心智技能。操作技能是外显的，它的执行需要通过外部显现的肢体运动来实现，其活动对象是物质性客体或肌肉，例如，各种实验仪器操作的技能。心智技能活动的对象是客观事物在人

脑中的主观映象，是知识和信息。心智技能是在头脑内部进行的，它不像操作技能那样必须把每一个动作实际做出，例如，将初始提出的大致问题逐渐精炼成一个表述清晰、对象明确、可实施探究的问题的技能等。

区分不同类型的知识和技能对教育的一部分意义在于：不同类型的知识和技能需要采用不同的教学途径。对此相关文献已有大量论述，此处主要介绍技能尤其是心智技能的教学途径。

（二）技能和心智技能的教学途径

发展技能，不仅要掌握相关的程序性知识，还需要实际操作的经验。操作技能和心智技能的教学又有不同的方式。对操作技能的教学，要有准确的示范和讲解、必要而适当的练习、充分而有效的反馈并建立稳定清晰的动觉。由于心智技能和操作技能的不同特点，心智技能又有其特殊的教学途径。

心智技能具有一些特性。首先，心智活动的对象是头脑内部的观念、知识、技能，具有活动对象的观念性；其次，心智活动是在头脑内部执行的，具有内潜性，不像操作活动那样可以通过肢体运动观测到；最后，心智活动具有动作结构的简缩性。在操作动作中，每一个动作必须实际做出才能达到目标。但是心智动作不一定要实际做出，心智动作可以合并、省略及简化。例如，专家A将探究过程直接概括合并为提出问题、分析问题、解决问题三个步骤，有时进行探究，面对文献或现象直接提出猜想，省略了提出问题的过程。

冯忠良等提出了心智技能培养的三阶段论：原型定向、原型操作、原型内化。首先说明“原型”的概念：由于心智活动无法像外显的活动那样可以直接观测到，具有观念性、内潜性和简缩性的特点，因此，在对心智技能进行教学时，我们首先要建立一个关于某项心智技能的“模型”；原型即为心智活动的“模型”，是“外化了的实践模式，‘物质化’了的心智活动方式或操作活动程序”。原型定向就是了解“外化”了的心智活动方式或操作活动程序，从而使主体知道该做哪些动作和怎样去完成这些动作。也可以说，原型定向阶段是使主体掌握程序性知识的阶段。原型操作即“依据心智技能的实践模式，把主体在头脑中应建立起来的活动程序计划，以外显的操作方式付诸执行”，或者说是把程序性知识付诸外显的实际操作的过程。原型内化即“心智活动的实践模式向头脑内部转化，由物质的、外显的、展开的形式变成（学习者的）观念的、内潜的、简缩的形式的过程”。

（三）科学探究能力的培养

KSMIA 将科学探究能力视为在探究图式的统领下，一系列探究活动需要的知识和技能的集合。根据教育心理学的研究成果，不同类型的知识和技能应采用不同的教学途径。这里主要探讨探究的图式和技能如何通过课程和教学来培养。

探究图式包括关于探究活动本身的陈述性知识和程序性知识；探究技能则是探究图式的实际操作和执行。冯忠良等指出：“心智技能的掌握是以知识的学习为前提的，心智技能包含有程序性知识的成分。”因此，探究技能的形成是以探究图式为前提的。与探究图式对应的探究技能在探究活动中操作的主要对象为知识和信息，因此一般来说探究技能属于心智技能。这里要再次区分：在探究活动中的一些操作技能，例如具体的实验器材的使用，是属于 KSMIA 的学科核心技能或学科内的特殊技能；这里的探究技能特指探究图式的实际操作和执行，是和探究图式对应的。

培养科学探究能力，我们希望学生不仅能形成关于探究的良好图式，更重要的是能够用探究图式来指导探究的展开和执行，即形成探究技能。而探究技能一般属于心智技能，根据冯忠良等关于心智技能培养的理论，首先要建立一个关于探究的心智技能的“模型”，即将探究的心智活动外化。冯忠良等著的《教育心理学》指出：“心智技能的原型……应是对理想的科学思维过程的模拟。由于形成了的心智技能一般存在于有着丰富经验的专家头脑之中，因此创拟确立模型的过程实际上是把专家头脑中观念的、内潜的、简缩的经验‘外化’为物质的、外显的、展开的‘心理模型’的过程。……该原型不应是某一个专家的心智活动原型，而应是对一批该领域专家心智活动模型的总结与经验的概括化与系统化。”[1]因此，如何建立关于探究技能的“模型”，是通过课程和教学培养学生的科学探究能力的第一步。

[1] 冯忠良，伍新春，姚梅林，等. 教育心理学［M］. 北京：人民教育出版社，2000：446.

在实际的科学课程中，世界各国家和地区的课程标准实际上都对探究活动建立了自己的“模型”。例如我国初、高中物理课程标准将探究活动模型化为探究“七要素”。不同的国家和地区对探究活动建立的模型既有共同点也有差异。各国家和地区的课程标准都是学科专家、学科教育专家以及一线工作者集体协商的成果，它们既是“一批该领域专家心智活动模型的总结与经验的概括化与系统化”，又有学科教育专家和一线工作者的参与，使得标准中建立的模型“在一定程度上符合教学的经验”。并且，有一部分国家和地区的课程标准至今已经经历了多次修订，其探究部分对探究活动建立的模型亦通过教学反馈、专家修订等过程进行了修正，即经历了一定程度上的教学检验和修正。因此，可以分析世界各个国家和地区的最新的课程标准和课程文件中对科学探究过程建立的模型，对它们进一步概括化和系统化，建立“科学探究活动的模型”。这在一定程度上反映了相对广泛的专家群体的共识，也可以为我国课程标准的修订和通过课程发展学生的科学探究能力提供借鉴。

另外，由于心智技能的掌握需要原型操作、原型内化的过程，因此，在培养学生探究能力的过程中，要有目的、有计划地让学生经历一定的探究过程，进行实际操作，最终内化形成自己的探究图式和探究技能。

第四章　对科学探究能力要求的国际比较研究

通过科学课程发展学生的科学探究能力，已经成为国际科学教育界的共识，这在相应的课程文件中也得到体现。课程文件规定了各国家和地区的科学或物理课程的教学目标和教学内容。这些文件是由各国家和地区组织与科学课程制定相关的各方面专家（包括科学家、学科教育专家、一线教学专家以及其他相关专家）进行集体协商，并听取了大量的社会各方意见，经过仔细的讨论和调研而形成的。因此，课程文件是集体智慧的结晶，体现了制定文件的大量相关人员在已有知识水平内的协商结果。虽然已有研究对探究能力的培养和发展的了解仍不够充分，课程文件制定的过程也不是完全的科学研究过程，但已有课程文件都尽各自的努力排除了当前已知错误的或不可行的内容。这些课程文件是制定者、修订者已有知识和经验在商讨后的最佳总结，是我们在设计课程时值得参考的重要资料。

本章试图通过对各国家和地区课程文件的分析，找出已有的中学物理或科学课程中对学生探究能力的目标要求和内容要求。本章研究的基本假设是：

1. 课程文件中罗列了和文件制定相关的各方面专家共同确认的发展学生探究能力最重要的内容和目标。

2. 由于文件制定过程汲取了一线专家和教学实践者

的广泛意见，因此文件中提出的内容和目标要求具有一定的可行性。

3. 本章将各国家和地区的课程文件并列进行比较分析，原因是美国等国家的各个州的课程文件是独立制定的。

本章首先说明选取课程文件的标准；然后先从整体上比较不同国家和地区对学生科学探究能力的要求和表述上的不同，再深入比较各国家和地区对探究能力的具体目标或内容要求；最后精心选择对不同学段的探究能力有不同发展目标和内容的课程文件，分析科学探究能力的发展进阶。

第一节　课程文件的选取

首先从各个国家和地区的教育部网站上或通过其他渠道，搜集到共53个国家和地区的56份课程文件。其中美国国家层面的文件4份，由于是不同的机构组织编写的或不同年代编写的，因此都列入比较范围。然后，从这些文件中按以下两条标准进行筛选：

（1）文件对探究能力列出了详细的要求目标或内容，而不只是大致勾勒一些方面。

（2）一般是该国家或地区的最新的课程文件。

根据这两条标准，芬兰、日本、韩国，还有中国台湾以及美国和加拿大、澳大利亚的部分州或省的课程文件没有被列入比较范围，最终筛选出以下35份课程文件进行比较：《英国国家课程——科学》（2004）（GBR）、《法国普通高中物理－化学教学大纲》（2010）（FRA）、《美国K—12年级科学教育的框架：实践、共通概念和核心观念》（2011）（USA framework）、《美国大学理事会标准——科学》（2009）（USA college board）、《美国国家科学教育标准》（1996）（USA NSES）、《美国科学素养的基准》（1993）（USA benchmarks）、《香港物理课程和评价指导》（2007）（HK）、《加拿大安大略省课程——科学》（2008）（CAN ON）、《澳大利亚维多利亚州物理标准》（2008）（AUS VIC）、《澳大利亚新南威尔士州科学大纲》（2003）（AUS NSW）、《美国亚利桑那州学术内容标准——科学》（2004）（USA AZ）、《美国康涅狄格州核心科学课程框架》（USA CT）、《美国特拉华州科学标准1（K—12）——科学和技术的本质和应用》（USA DE）、《美国佛罗里达州科学标准》（2011）（USA FL）、《美国佐治亚州表现标准——物质科学》（2006）（USA GA）、《美国宾夕法尼亚州科学和技术学术标准》（2002）（USA PA）、《美国路易斯安那州科学内容标准、基准和年级期望》（2005）（USA LA）、《美国马萨诸塞州科学技术工程课程框架》（2006）（USA MA）、《美国俄亥俄州学术内容标准——K—12年级科学》（2002）（USA OH）、《美国加利福尼亚州公共学校科学内容标准——K—12 年级》(2009 年重新公布)(USA CA)、《美国纽约州核心课程——物理》(USA NY)、《美国缅因州科学与技术标准》(2007)(USA ME)、《美国密歇根州科学内容和表现标准——物理》(2010)(USA MI)、《美国北卡罗来纳州标准课程和年级能力水平——科学》(2004)(USA NC)、《美国北达科他州 K—12 年级科学内容和成就标准》(2006)(USA ND)、《美国新罕布什尔州 K—12 年级科学素养课程框架》(2006)(USA NH)、《美国新墨西哥州科学内容标准、基准和表现标准》(2003)(USA NM)、《美国南卡罗来纳州科学学术标准》(2005)(USA SC)、《美国田纳西州科学标准》(2011 修改)(USA TN)、《美国得克萨斯州科学重要知识和技能》(2010 修改)(USA TX)、《美国华盛顿州 K—12 年级科学学习标准》(2009)(USA WA)、《美国威斯康星州科学学术标准》(2009)(USA WA)、《美国怀俄明州科学内容和表现标准》(2003)(USA WY)、《美国爱荷华州核心课程——K—12 年级科学》(2009)(USA IA)、《美国明尼苏达州学术标准——K—12 年级科学》(2009)(USA MN)。为了分析比较我国的课程标准与世界上其他国家和地区的课程文件对科学探究能力要求的异同，将我国《普通高中物理课程标准(实验)》(CHN HS Phy.)、《义务教育全日制初中物理课程标准(实验)》(CHN MS Phy.)和《义务教育全日制初中科学(7~9 年级)课程标准(实验)》(CHN MS Sci.)也列入比较范围。所分析的国外课程文件的清单(包括编制部门和英文文件名)如表 4-1 所示。

表4-1 国外课程文件清单

编制部门	文件名	年代
美国NRC	National Science Education Standards	1996
美国NRC	A Framework for K-12 Science Education: Practices,Crosscutting Concepts, and Core Ideas	2011
美国AAAS	Benchmarks of Science Literacy	1993
美国College Board	College Board Standards for College Success—Science	2009
英国HMSO	The National Curriculum for England—Science	2004
加拿大Ontario省教育部	The Ontario Curriculum—Science	2008

续表

编制部门	文件名	年代
法国教育部	法国普通高中物理-化学教学大纲	2010
澳大利亚Victoria州教育部	Victorian Certificate of Education Study Design : Victorian Curriculum—Physics	2008
澳大利亚New South Wales州教育部	New South Wales Science：Years 7–10 Syllabus	2003
美国Arizona州教育部	Arizona Academic Content Standards — Science	2004
美国Connecticut州教育部	Connecticut Core Science Curriculum Framework	
美国Delaware州教育部	Delaware Science Standard One (K–12) — Nature and Application of Science and Technology	
美国Ohio州教育部	Ohio Academic Content Standards—Science K–12	2002
美国South Carolina州教育部	South Carolina Science Academic Standards	2005
美国Massachusetts州教育部	Massachusetts Science and Technology/Engineering Curriculum Framework	2006
美国New York州教育部	New York Core Curriculum—Physics	
美国Washington州教育部	Washington State K–12 Science Learning Standards	2009
美国Iowa州教育部	Iowa Core Curriculum：K–12 Science	2009
美国Minnesota州教育部	Minnesota Academic Standards—Science K–12	2009
美国California州教育部	Science Content Standards for California Public Schools—Kindergarten Through Grade Twelve	2009重新公布
美国Pennsylvania州教育部	Pennsylvania Academic Standards for Science and Technology	2002
美国Louisiana州教育部	Louisiana Content Standards, Benchmarks,and Grade Level Expectations for Science	2005
美国Maine州教育部	Maine Science and Technology Standards	2007
美国Michigan州教育部	Michigan' s K–7 Grade Level Content Expetations Michigan High School Science Content Standards and Expectations	2010
美国North Carolina州教育部	North Carolina Standard Course of Study and Grade Level Competencies—Science	2004
美国North Dakota州教育部	North Dakota Science Content and Achievement Standards K–12	2006

续表

编制部门	文件名	年代
美国New Mexico州教育部	New Mexico Science Content Standards, Benchmarks, and Performance Standards	2003
美国Tennessee州教育部	Tennessee Science Standards	2011修改
美国Texas州教育部	Texas Essential Knowledge and Skills for Science	2010修改
美国New Hampshire州教育部	K-12 Science Literacy—New Hampshire Curriculum Framework	2006
美国Wyoming州教育部	Wyoming Science Content and Performance Standards	2003
美国Georgia州教育部	Georgia Performance Standards—Physical Science	2006
美国Florida州教育部	Florida Science Standards （公布于网页）	2011
美国Wisconsin州教育部	Wisconsin’s Model Academic Standards for Science （公布于网页）	2009

第二节　对探究能力要求和表述的整体特点的国际比较

一、整体分析的维度和结果

从对科学探究能力要求的整体上来看，不同国家和地区要求的方面和表述有较大差异。从要求上来看，可以从下面三个方面进行分析：

1. 基本探究过程要素。基本探究过程要素指的是在实施科学探究的过程中可辨别的、主要涉及操作层面的要素。例如提出问题、猜想与假设、制订计划与设计实验、进行实验与收集证据、简单的分析与论证、简单的评估、交流与合作等。

2. 深层探究要素。深层探究要素指的是在探究过程中涉及的一些深层次思维，或在对科学探究过程的深层理解的指导下进行的探究要素。例如：用科学论证的方式进行论证（包含论点、支持论点的证据和将它们联系起来的逻辑，能够明确区分论点和证据）；建立科学模型，对同一现象能够灵活采用不同的表征模型，并能分析模型的局限性；意识到数据存在不确定性，知道数据和证据的差别，知道在得出结论的过程中哪些方面可能存在误差或偏见并进行评估；知道对同一现象可以有不同的解释，以及好的科学解释的标准，从而对竞争的解释进行评估；等等。

3. 对探究的理解。上面两个方面侧重于从行为表现上提出要求，对探究的理解则是课程文件明确要求学生理解的关于探究的一些知识。

从表述上来看，大致可以把各国家和地区对科学探究能力要求的组织表述分为三类：

1. 按探究要素组织，可能包括基本探究过程要素和深层探究要素。

2. 分块组织：将对基本探究过程要素、深层探究要素、对探究的理解的要求分别放在不同的区域进行集中陈述，提出要求。

3. 混合组织。将对学生的探究能力的各种相关要求放在同一个区域陈述，条理不明显。混合陈述的要求还可能包括一些探究中的数学技巧。

另外，有一部分国家和地区的文件含有对关于科学探究认识的知识的具体描述，其他国家和地区的文件则没有。表 4-2 和图 4-1 给出了从整体上按以上分类标准进行分析的结果。

表4-2 对探究能力要求的方面和表述方式

要求与表述 课程文件	要求的维度			表述方式			
	基本探究过程要素	深层探究要素	对探究的理解	按探究要素组织	分块组织	混合组织	有对探究的具体描述
CHN HS Phy.	√			√			
CHN MS Phy.	√			√			
CHN MS Sci.	√			√			
FRA	√		√		√		
HK	√	√			√		
GBR	√		√		√		
AUS NSW	√			√			
AUS VIC				√			
CAN ON	√			√			
USA benchmarks		√	√		√		√
USA NSES	√	√	√	√	√		√
USA college board	√	√	√	√			√
USA framework	√	√		√			√
USA AZ	√			√			
USA CT	√			√			
USA DE	√		√	√			√
USA FL	√	√	√		√		√
USA GA	√	√				√	
USA PA	√				√		
USA LA	√		√		√		
USA MA	√			√			
USA ME	√	√	√		√		
USA MI	√	√				√	√
USA NC	√	√		√			
USA ND	√		√		√		
USA NH	√	√	√		√		√

续表

要求与表述 课程文件	要求的维度			表述方式			
	基本探究过程要素	深层探究要素	对探究的理解	按探究要素组织	分块组织	混合组织	有对探究的具体描述
USA NM	√	√	√		√		
USA NY	√					√	
USA OH	√		√		√		
USA SC	√			√			
USA TN	√	√		√			
USA TX	√	√	√		√		√
USA WA	√	√	√	√			√
USA WI	√	√			√		
USA WY	√			√			
USA IA	√	√		√			√
USA MN	√	√	√		√		√
USA CA	√	√	√			√	

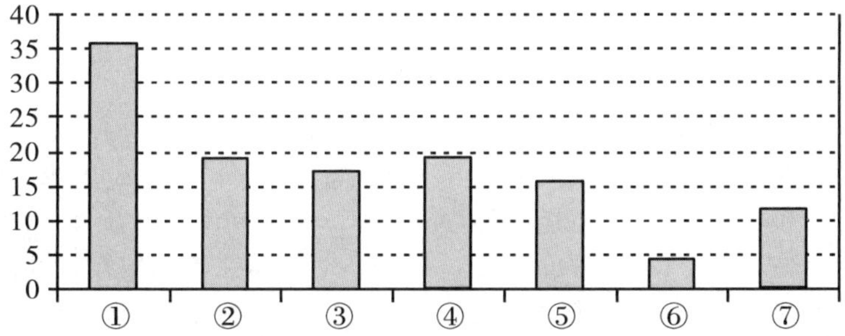

①—基本探究过程要素；②—深层探究要素；③—对探究的理解；④—按探究要素组织；⑤—分块组织；⑥—混合组织；⑦—有对探究的具体描述。

图 4-1 对探究能力要求的方面和表述方式统计

由图 4-1 可见，从对探究能力要求的方面来看，在总共 38 份课程文件中，有 36 份包含有基本探究过程要素，有 19 份包含深层探究要素，有 17 份对探究的理解明确提出了要求。从表述的方式上来看，有 12 份包含有对探究的具体描述，多数课程文件是按照探究要素组织（19 份）或分块组织（16 份），仅有少数是混合组织（4 份）。

我国的 3 份课程文件在对探究能力的要求上基本只涉及基本探究过

程要素方面，表述形式上都按照探究要素组织，没有对探究的具体描述。

下面选取具有典型代表性的不同特色的课程文件进行具体的分析。

二、不同特色课程文件的案例分析

（一）仅对基本探究过程要素提出要求

一些国家或地区的课程文件基本上仅从基本探究过程要素的方面提出对科学探究能力的要求，典型的有中国的初、高中物理课程标准和初中科学课程标准，《加拿大安大略省课程——科学》，《美国马萨诸塞州科学技术工程课程框架》等。然而，不同文件在将科学探究过程提取划分为哪些基本要素上又存在差异，以表 4-3 中罗列的 5 份课程文件为例。

表4-3 对探究基本过程要素表述的差异举例

课程文件	CHN MS&HS Phy.	CHN MS Sci.	CAN ON	USA MA	USA NH
探究基本过程要素的表述	提出问题 猜想与假设 制订计划与设计实验 进行实验与收集证据 分析与论证 评估 交流与合作	提出问题 提出猜想和假设 制订探究方案 获取事实与证据 解释、检验与评价 表达与交流	开始和计划 执行和记录 分析和解释 交流	观察、提出问题和形成假设 设计和进行科学研究 分析和解释科学研究的结果 交流和应用科学研究的结果	做出观察和提出问题 设计科学研究 进行科学研究 表征和理解研究的结果 评估科学解释

由表 4-3 比较可见，不同国家和地区的课程文件所提取表述的基本探究过程要素有所差异，例如：中国的初、高中物理课程标准将科学探究划分为“七要素”；中国初中科学课程标准则提取出“六要素”，实际上大致是把评估和分析论证合并为一个“解释、检验与评价”；美国新罕布什尔州把探究过程总结成“五要素”——做出观察和提出问题、设计科学研究、进行科学研究、表征和理解研究的结果、评估科学解释；加拿大安大略省课程标准则用四个要素（开始和计划、执行和记录、分析和解释、交流）来组织基本探究过程要素；美国马萨诸塞州虽然也用四

个要素来组织和表述，但是和加拿大安大略省的“四要素”又有所不同，分别是观察、提出问题和形成假设，设计和进行科学研究，分析和解释科学研究的结果，交流和应用科学研究的结果。

虽然不同的课程文件对基本探究过程要素的提取、组织和表述表面上有较大差异，但仔细分析发现，一般只是概括程度的不同。通过对加拿大安大略省和美国马萨诸塞州课程标准中对基本探究过程要素的每项具体条目的分析可以发现，虽然它们在概括的层面上只列出了“四要素”，实际上它们所列出的具体条目涉及了我国初、高中物理课程标准中的“七要素”的全部。

图 4-1 的统计表明，绝大多数国家和地区的课程文件都对基本探究过程要素提出了要求。这里给出的课程文件的例子仅包含对基本过程要素的要求。有相当一部分课程文件（占本章统计的课程文件数的一半）还对深层探究要素提出了要求。

（二）对深层探究要素提出要求

这里以代表美国新一轮的课程文件制定成果的《美国 K—12 年级科学教育的框架：实践、共通概念和核心观念》和《美国大学理事会标准——科学》为例。这 2 份美国国家层面的课程文件对科学探究能力提出的要求维度见表 4-4。

表4-4　美国2份最新国家课程文件对科学探究能力的要求维度

课程文件	USA framework	USA college board
对科学探究能力要求的维度	提出问题和定义问题 发展和使用模型 计划和开展研究 分析和解释数据 使用数学、信息和计算机技术以及计算思维 建构解释 基于证据参与论证 获得、评估并交流信息	科学问题和预测（科学问题，预言） 给出证据（数据收集，评估数据作为证据） 数据分析（分析数据中的规律） 基于证据的解释和模型（建构解释，模型和表征，评估解释） 定量方法的应用（变量间的比例，双变量关系的规律）

注：表中括号内为大标题下的二级标题。

这 2 份课程文件都对一些探究的深层要素提出了细致的要求，并把其中重要的单独提到标题的层面，如发展和使用模型、基于证据的解释和模型、评估数据作为证据等。但是，虽然都重视了探究的深层要素并提出了要求，但它们的要求和表述方式又有所差别。下面更加细致地比较它们之间的差别。

（三）对“理解科学探究”提出要求

《美国K—12年级科学教育的框架：实践、共通概念和核心观念》侧重于从行为表现的角度对探究能力提出要求；《美国大学理事会标准——科学》还明确指出“要对涉及科学实践（探究）的基本知识进行清晰的教学”，即明确要求学生理解关于科学探究的一些基本知识。以2份文件对“科学模型”的具体要求为例说明，见表4-5。

表4-5 美国2份最新国家课程文件对“科学模型”的要求的例子

课程文件	USA framework	USA college board
对探究能力中“科学模型”的要求的表述侧重点	通过图像或图表表征系统的事件…… 使用多种模型来代表和解释现象…… 讨论模型对系统、过程或设计的表征的精确性和局限性…… 使用计算机模型或其他简单的模拟工具作为手段来理解并研究一个系统的某方面…… （仅从行为表现的角度提出目标）	学生在适当的情境下或在提出自己的解释时，建构、使用、重新表达并修正对自然物体……的模型和表征（从行为表现的角度提出目标） 基本知识（要求明确教给学生） 模型在精确、全面地描绘现象方面有其局限性。模型在关键要素上和真实现象类似，在有些方面模型尚不够精确……（从关于探究的知识和理解方面明确提出目标和教学内容）

由表4-5的比较可见，2份课程文件都对探究的深层要素“科学模型”提出了具体细致的要求。《美国大学理事会标准——科学》还要求学生明确地掌握关于模型的基本知识，并具体地给出了这些基本知识。在对建立和修正模型的行为表现目标的要求上，它也提出了要求，但不如《美国K—12年级科学教育的框架：实践、共通概念和核心观念》具体。

以上通过对7份具有较为典型特色的课程文件的具体分析，说明了不同国家和地区的课程文件在对科学探究能力要求的三个方面上的差异。

下面举例说明不同课程文件在表述上的差异。

（四）按过程要素组织表述

这类课程文件的例子在上文中已经给出一部分，例如中国的初、高中物理课程标准和初中科学课程标准，《加拿大安大略省课程——科学》，《美国马萨诸塞州科学技术工程课程框架》，《美国K—12年级科学教育的框架：实践、共通概念和核心观念》和《美国大学理事会标准——科学》。除此之外，还有一些课程文件列出了具体详细的一条条过程要素要求，但没有概括提炼成更上位的“七要素”、“四要素”或几要素，例如《美国南卡罗来纳州科学学术标准》。有的课程文件既有对理解探究的要求，也有对“做探究”的过程要素的要求，但是整个要求基本按照“做探究”的过程要素的先后组织展开，把理解探究的要求与对应的过程要素的要求紧密联系放在一块，这样的课程文件也被认为是按过程要素组织表述，例如《美国特拉华州科学标准1（K—12）——科学和技术的本质和应用》、《美国华盛顿州K—12年级科学学习标准》。以《美国华盛顿州K—12年级科学学习标准》中9~12年级的表述为例，这也是一种值得借鉴的表述方式，见表4-6。

表4-6　美国华盛顿州科学学习标准中9~12年级的表述举例

	内容标准	表现标准
	学生知道：	学生能够：
A.问题	……	……
B.研究	……	……
C.解释	结论必须基于证据、符合逻辑，并且和已有的知识不矛盾	基于研究得到的证据和已有的科学知识做出结论 分析不同的竞争解释，看哪种解释最好地符合证据
D.清晰的交流	……	……
E.模型	……	……
……	……	……

（五）分块组织表述

分块组织表述的课程文件将对基本过程要素、深层过程要素、对探究的理解的要求分别放在不同的区域陈述，例如《美国国家科学教育标准》；或者以特殊的方式将对探究能力的要求进行分类和组织，例如《美国科学素养的基准》《香港物理课程和评价指导（2007）》。见表4-7。

表4-7 不同的分块组织方式

USA NSES	USA benchmarks	HK（按技能和过程分块）
进行科学探究所需要的能力 对科学探究的理解	科学的性质（科学事业、科学探索、科学世界观） 思维习惯（价值观和态度、计算和估算、操作与观察、交流能力、批判-反应能力） 注：没有明确聚焦于对科学探究能力的要求	科学地思考 科学研究 实践工作 …… 交流 合作 ……

（六）混合组织表述

有少数课程文件在表述对探究能力的要求时是混合组织表述的，例如《美国加利福尼亚州公共学校科学内容标准——K—12年级》等。这样的组织表述方式相对而言没有明显的主线，容易产生碎片式的感受和认识，不利于形成完整的探究图式。以《美国加利福尼亚州公共学校科学内容标准——K—12年级》中对8年级探究和实验能力提出的要求为例。

加州标准8年级 研究和实验

a. 通过设计并实施科学研究来检验一项假设。

b. 评估数据的精确性和可重复性。

c. 区分测试中的变量和受控参量。

d. 知道函数关系 $y=kx$ 的图象是斜率恒定的直线，并应用其解释根据数据画出的图象。

e. 根据数据画出合适的图象，并寻找对变量间的关系的定量描述。

……

（七）包含对探究的具体描述

在表述上，对于和科学探究相关的知识，有的课程文件对“理解探究”提出要求，同时给出相应的对探究的具体描述，例如《美国大学理事会标准——科学》；有的则只提出要求但不给出具体描述，例如《英国国家课程——科学》，以其关键阶段3（Key Stage 3）中对“理解探究”提出的要求为例；还有的没有对“理解探究”提出明确的目标要求，但给出了具体描述，例如《美国K—12年级科学教育的框架：实践、共通概念和核心观念》在能力目标的前面给出了对探究的具体描述。这些描述有助于教师以及其他标准使用者更好地理解科学探究。

《英国国家课程——科学》

关键阶段3——科学探究

科学中的想法和证据

1. 应当教给学生：

a. 使用历史上的和当代的科学中的样例，教给学生“根据经验提出问题、证据和科学解释间的相互影响”；

……

c. 科学家当今和过去工作的方式，包括实验、证据和创造性的思考在科学观点发展的过程中的角色。

《美国K—12年级科学教育的框架：实践、共通概念和核心观念》

科学实践2：建构和使用模型

科学家对自然现象建构心智模型和概念模型。心智模型是内部的、属于个人的、有特殊性的、不完全的、不稳定的，但是能发挥作用的。它们是对经验进行思考、理解和做出预言的工具。概念模型是对现象的外部表征，它在一些方面类似于现象。概念模型使科学家和工程师能更好地理解所研究的现象和想象现象的图景。……由于所有的模型都包含一些近似和假设，这限制了模型的应用范围和预言的效力，能够认识到模型的缺陷是十分重要的。

……

三、总结

不同国家和地区的课程文件中对科学探究能力的要求无论在目标、内容上还是在组织、表述上都有较大差异。在内容上，多数国家和地区对探究的基本过程要素都有所要求；有一半课程文件对探究的深层要素提出要求；有接近一半的课程文件对理解关于探究本身的知识提出明确的要求。而我国的无论初、高中物理课程标准还是初中科学课程标准，大体上都只涉及对基本过程要素的要求。在我国的课程标准中适当地加入对探究的深层要素的要求以及明确要求学生理解最重要的“关于探究本身的知识”，是本章通过分析不同国家和地区的课程文件后对我国课程标准的修订提出的建议。从表述上，我国的课程标准把探究的基本过程要素组织划分为“七要素”或“六要素”，划分得相对较为细致。

总之，从探究图式形成的角度来看，我国的课程标准尚缺乏完整的探究图式的一些重要方面，需要在借鉴其他国家和地区的课程文件对探究能力要求的基础上，补充对探究深层要素的要求以及对“理解科学探究”的要求。

第三节 对探究能力的具体要求的国际比较

上一节对不同国家和地区对科学探究能力要求的目标内容和表述形式在整体上做了比较。本节将针对各个课程文件中对探究能力的具体要求做更加细致的比较。比较分为探究要素及相应的对探究的理解、对探究的理解、重要的领域共通知识和技能三部分展开。其中前两部分内容对应KSMIA中探究的图式和技能，最后一部分内容对应KSMIA中探究中常用的多领域共通的知识和技能。之所以把探究要素和与其对应的对探究的理解放在一起，而不是把对探究的理解拎出来放到一块集中比较，是为了把紧密联系的知识和技能摆在一起从而呈现出更清晰有联系的图景。

一、科学探究的要素

这里把科学探究的基本过程要素和深层要素混合起来进行分析比较，因为它们本身是紧密联系、没有清晰界限的。由于我国初、高中物理课程标准将基本过程要素提取划分的“七要素”相对较为细致，故而这部分比较的内容将在“七要素”的基础上，一方面将一些和“七要素”紧密联系的深层要素添加到“七要素”中进行比较，另一方面再单独加上建构解释、建构模型这两个重要的深层要素。这样也便于与我国的标准比较并得出有借鉴价值的结论。另外，本小节的每个表的左边部分是课程文件中对技能的要求，表的右边部分是对理解探究的要求。对技能的要求实际上包含了理解相应的程序性知识的要求，并且进一步要求学生能够操作。

（一）提出问题

提出问题是科学探究的开始，勇于、乐于提问是良好的科学思维习惯。学生是否乐于提问，有一部分情感态度的因素，需要通过良好的环境和课堂氛围的培养。学生是否善于提问，或者说提出的科学问题的质量高不高，根据KSMIA，除了受到提问涉及领域的具体知识的影响，还受一些一般的提出问题的技能影响。首先是发现与物理学或科学内容相关的问题。其次要能够区分科学问题和非科学问题——科学问题是可以通过搜集证据回答的问题。然后要精炼、具体化问题使得可以对问题展开研究：提出在已有条件限制下可以解决的问题，把问题拆解、指向具体的研究对象，用科学的语言明确地表述问题。最后，学生在理解掌握了一些关于提出问题的一般知识技能后，可以据此评估自己以及他人提出的问题的质量。

解决不同类型的问题可能需要展开不同的研究。例如，“有空气阻力时，质量相同、横截面积不同的两个物体，哪个下落快？”可以通过观察解决（描述性问题）；如果问下落的速度、加速度和横截面积有何关系，则需要设计一系列控制变量的实验（机制性问题）。提出问题的意义在于：提出问题是科学探究的前提，探究过程是围绕着问题展开的，提出问题体现出了创造力[1]。

对各国家和地区的课程文件中关于“提出问题”的技能和知识的具体要求的统计见表 4-8 和图 4-2。

表4-8 对“提出问题”的技能和知识的要求

要求 / 课程文件	提出问题的技能				理解“科学提问”	
	发现与物理学或科学内容相关的问题	区分科学问题和非科学问题	精炼、具体化问题	评估问题的质量	提出问题的意义	问题和研究类型的关系
CHN HS Phy.	√		√		√	
CHN MS Phy.	√				√	
CHN MS Sci.	√	√			√	
FRA	√					
HK	√					
GBR	√	√				
AUS NSW	√					
AUS VIC	√					
CAN ON	√					
USA benchmarks						

[1] 物理课程标准研制组. 普通高中物理课程标准（实验）解读［M］. 武汉：湖北教育出版社，2006：47.

续表

要求 课程文件	提出问题的技能				理解“科学提问”	
	发现与物理学或科学内容相关的问题	区分科学问题和非科学问题	精炼、具体化问题	评估问题的质量	提出问题的意义	问题和研究类型的关系
USA NSES	√	√	√			√
USA college board	√	√	√		√	
USA framework	√	√	√			
USA AZ	√	√	√			
USA CT	√	√				
USA DE	√	√	√			√
USA FL	√	√				
USA GA						
USA PA	√	√	√	√		
USA LA	√					√
USA MA	√					
USA ME	√	√				√
USA MI	√	√				
USA NC	√		√			
USA ND	√					
USA NH	√	√	√			
USA NM	√		√			√
USA NY						
USA OH	√	√	√			
USA SC	√	√				
USA TN	√		√			
USA TX	√		√			
USA WA	√	√	√	√		√
USA WI	√		√			
USA WY	√					
USA IA	√	√	√			√
USA MN	√	√	√			
USA CA	√					

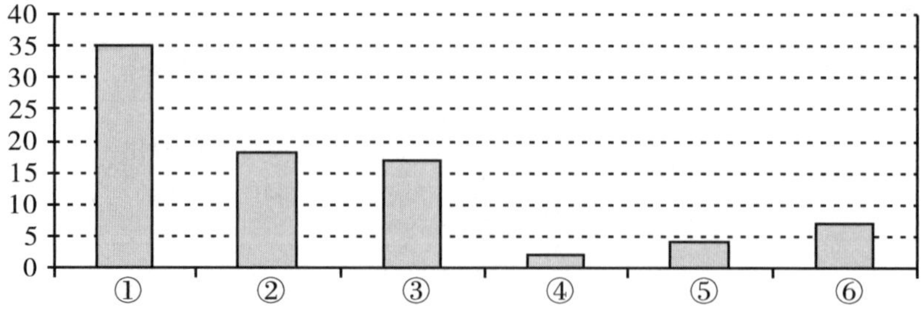

①—发现与物理学或科学内容相关的问题；②—区分科学问题和非科学问题；③—精炼、具体化问题；④—评估问题的质量；⑤—提出问题的意义；⑥—问题和研究类型的关系。

图 4-2 对"提出问题"的技能和知识的要求

由图 4-2 可见，各国家或地区的课程文件多侧重于对"发现与物理学或科学内容相关的问题""区分科学问题和非科学问题""精炼、具体化问题"的技能提出要求，而对"评估问题的质量"提出要求的很少。实际上，前三项技能的相关程序性知识，能作为评估问题质量的标准，这可能是很多课程文件不单独对其提出要求的原因。对理解"科学提问"提出要求的课程文件也较少。

我国的物理和科学课程标准都没有同时对"区分科学问题和非科学问题""精炼、具体化问题"提出要求；高中物理课程标准对"精炼、具体化问题"提出了要求；初中科学课程标准对"区分科学问题和非科学问题"提出了要求。对"提出问题的意义"，我国的物理和科学课程标准是少数提出了要求的课程文件。

（二）猜想与假设

针对问题提出猜想假设可以影响进一步的探究方向，使研究不会漫无目的地展开。一般情况下，猜想不是漫无目的的乱猜，学生应努力意识到并尽量明确地给出自己提出猜想的理由依据。科学的猜想假设不仅提出时有一定的依据，而且是可以通过搜集证据来检验猜想的正确与否，并经过证据或理论的发展得到进一步修正。一个较好的猜想应当能大致给出检验自身的思路。

提出一个猜想大致可能依据的方面有：对自然规律的直接观察或测量，基于他人已经收集的数据，基于已有知识或书本资料获得的知识，基于对事物建构的模型，基于个人经验等。一旦形成猜想则可能限制研究的方向方法，因为猜想可能影响到研究变量的选取和控制，以及实验参数的设置等。例如研究有空气存在时影响物体下落速度的因素，如果猜想物体质量是主要影响因素，则将使用不同质量的物体进行研究，控制其他各种变量；如果猜想物体横截面积是主要影响因素，则将改变横截面积而控制别的变量。猜想与假设的意义在于：猜想与假设帮助研究者明确研究的方向，为解决问题的方案做出预见性的思考[1]。

对各国家和地区的课程文件中关于“猜想与假设”的技能和知识的具体要求的统计见表4-9和图4-3。

表4-9　对“猜想与假设”的技能和知识的要求

要求 / 课程文件	猜想与假设的技能			理解“猜想与假设”		
	提出猜想	给出理由依据	给出检验思路	猜想的意义	猜想依据的来源	猜想和研究设计的关系
CHN HS Phy.	√			√		
CHN MS Phy.	√	√		√	√	
CHN MS Sci.	√	√		√		
FRA	√		√		√	
HK	√		√			
GBR	√		√		√	
AUS NSW	√					
AUS VIC	√		√			
CAN ON	√					
USA benchmarks						
USA NSES	√	√			√	√
USA college board	√		√	√	√	√
USA framework	√	√			√	
USA AZ	√	√	√	√	√	√
USA CT	√	√	√			√
USA DE	√		√			√
USA FL	√					
USA GA	√					

[1] 物理课程标准研制组. 普通高中物理课程标准（实验）解读［M］. 武汉：湖北教育出版社，2006：48.

续表

要求 / 课程文件	猜想与假设的技能			理解“猜想与假设”		
	提出猜想	给出理由依据	给出检验思路	猜想的意义	猜想依据的来源	猜想和研究设计的关系
USA PA						
USA LA						
USA MA	√		√		√	
USA ME	√					√
USA MI			√			
USA NC	√		√			
USA ND	√					
USA NH	√	√			√	√
USA NM	√	√				
USA NY	√		√			
USA OH	√		√			√
USA SC	√	√				
USA TN	√				√	
USA TX	√		√			
USA WA	√	√	√			
USA WI	√	√				
USA WY						
USA IA	√	√				
USA MN	√		√			
USA CA	√		√		√	

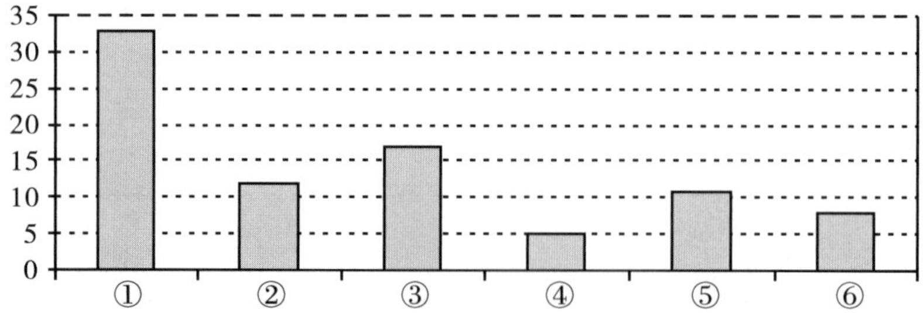

①—提出猜想；②—给出理由依据；③—给出检验思路；④—猜想的意义；⑤—猜想依据的来源；⑥—猜想和研究设计的关系。

图 4-3 对“猜想与假设”的技能和知识的要求

由图 4-3 可见，对猜想与假设的技能提出要求的课程文件数要多于理解猜想与假设的文件数。在对技能的要求中，除了“提出猜想”，对“给出检验思路”的要求的文件数多于“给出理由依据”。从科学哲学的角度来看，能够通过经验证据检验的猜想才是科学的猜想，因此检验对于猜想是必需的。然而，“猜想并不需要好的理由”，例如“凯库勒关于苯环的梦”[1]，在科学哲学上存在的争议可能是对此技能要求较少的原因之一。虽然我们需要让学生知道科学猜想不是乱猜，但过分强调这一点可能会损害学生的创新思维。

我国的三份课程文件都没有对“给出检验思路”提出明确的要求，这是值得加入的。三份课程文件都对“猜想的意义”提出了要求，对其提出要求的课程文件也是少数。

（三）制订计划与设计实验

制订计划与设计实验能使探究过程更加有序、顺利地展开，提高探究的效率。在制订计划与设计实验时，需要根据研究的目的、结合已有条件的限制设计出可行的方案。要考虑的方面有：实验涉及哪些变量，需要收集哪些数据、控制哪些变量；使用什么方法和仪器展开实验，如何记录数据；等等。

在设计实验的过程中，如何控制变量是关键的一个环节。学生首先应能够认识各种变量：独立变量、相关变量、被控变量等。制订计划与设计实验的意义在于：使猜想和假设落实到具体的操作上，使探究步骤更加有序、探究过程更加科学[2]。

对各国家和地区的课程文件中关于“制订计划与设计实验”的技能和知识的具体要求的统计见表 4-10 和图 4-4。

[1] KORDIG C R. 发现和辩护［J］. 金吾伦，译. 世界科学，1983（9）：46-49.

[2] 物理课程标准研制组. 普通高中物理课程标准（实验）解读［M］. 武汉：湖北教育出版社，2006：48.

表4-10 对“制订计划与设计实验”的技能和知识的要求

要求 / 课程文件	制订计划与设计实验的技能					理解计划和设计	
	根据研究目的和已有条件制订方案	涉及和需要收集的变量	选择合适的方法和器材	考虑控制变量	如何记录数据	设计和制订的意义	认识各种变量
CHN HS Phy.	√	√	√	√		√	
CHN MS Phy.	√	√	√	√		√	
CHN MS Sci.	√		√				
FRA	√						
HK			√				√
GBR		√	√	√			
AUS NSW	√		√	√			√
AUS VIC			√				
CAN ON			√	√			
USA benchmarks				√			
USA NSES	√	√	√	√			
USA college board				√			
USA framework		√	√	√	√		√
USA AZ		√	√	√	√		
USA CT	√			√			√
USA DE	√		√	√			
USA FL	√						√
USA GA				√			
USA PA	√			√			
USA LA	√						
USA MA	√	√	√	√	√		√
USA ME			√	√			
USA MI			√	√			
USA NC	√	√	√	√	√		√
USA ND	√		√	√			√
USA NH		√	√	√			
USA NM	√		√	√			
USA NY			√				

续表

要求 / 课程文件	制订计划与设计实验的技能					理解计划和设计	
	根据研究目的和已有条件制订方案	涉及和需要收集的变量	选择合适的方法和器材	考虑控制变量	如何记录数据	设计和制订的意义	认识各种变量
USA OH	√			√			√
USA SC				√			√
USA TN	√		√	√			√
USA TX	√		√				
USA WA	√		√	√			√
USA WI	√						
USA WY							
USA IA	√	√	√	√			
USA MN	√			√			
USA CA	√	√	√	√			√

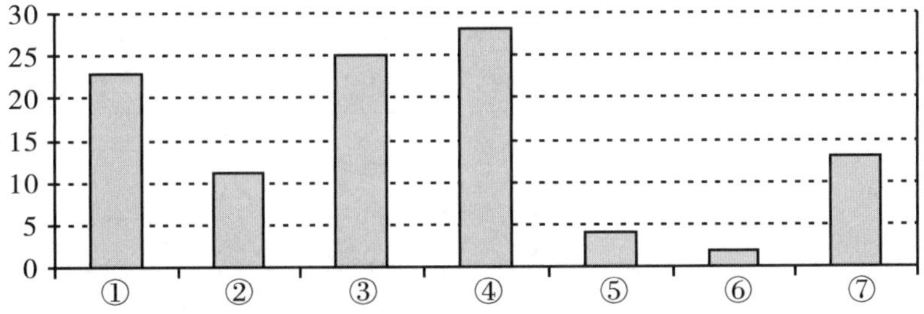

①—根据研究目的和已有条件制订方案；②—涉及和需要收集的变量；③—选择合适的方法和器材；④—考虑控制变量；⑤—如何记录数据；⑥—设计和制订的意义；⑦—认识各种变量。

图 4-4　对“制订计划与设计实验”的技能和知识的要求

由图 4-4 可见，对“如何记录数据”和“设计和制订的意义”做出要求的文件数较少。另外，在设计实验的过程中，先要考虑研究中涉及哪些变量，需要收集哪些数据，然后才能考虑控制变量。但在比较的课程文件中，绝大多数都有对控制变量的要求，而对涉及和需要收集的变量的要求相对较少，可见有的课程文件制订时认为可以把涉及的变量和控制变量的过程合并，不需展开要求。

我国的三份课程文件中都没有对“认识各种变量”提出明确的要求。

（四）进行实验与收集数据

进行实验与收集数据要求学生会使用基本的实验仪器和材料（KSMIA 中属于学科知识与技能），并且具有安全意识，能够安全操作。对于一些不复杂的仪器，能够通过阅读说明书学习使用。在进行实验和收集数据的过程中，严谨认真的习惯和实事求是的科学态度是非常重要的，要仔细准确地测量和认真地记录。

进行实验与收集数据的意义在于：获得的数据是检验科学结论的标准，因此获得的数据的正确性显得尤为重要。其中培养良好的科学态度和精神也是十分重要的[1]。

对各国家和地区的课程文件中关于“进行实验与收集数据”的技能和知识的具体要求的统计见表 4-11 和图 4-5。

表4-11 对“进行实验与收集数据”的技能和知识的要求

要求 / 课程文件	进行实验与收集数据的技能				理解探究中的实验和证据
	阅读说明书使用仪器	会使用基本的仪器	严谨的测量和记录	安全操作	进行实验与收集数据的意义
CHN HS Phy.		√	√	√	√
CHN MS Phy.	√	√	√	√	√
CHN MS Sci.		√		√	√
FRA		√	√	√	
HK	√	√	√	√	
GBR		√	√	√	
AUS NSW		√	√	√	
AUS VIC				√	
CAN ON		√	√	√	
USA benchmarks		√	√		√
USA NSES		√	√	√	√
USA college board		√	√		√
USA framework					√

[1] 物理课程标准研制组. 普通高中物理课程标准（实验）解读［M］. 武汉：湖北教育出版社，2006：49.

续表

要求 课程文件	进行实验与收集数据的技能				理解探究中的实验和证据
	阅读说明书使用仪器	会使用基本的仪器	严谨的测量和记录	安全操作	进行实验与收集数据的意义
USA AZ		√	√	√	
USA CT		√			
USA DE		√	√		
USA FL					
USA GA		√	√	√	
USA PA					
USA LA		√		√	
USA MA		√	√	√	
USA ME		√		√	
USA MI		√	√		
USA NC		√	√	√	
USA ND		√	√	√	
USA NH		√	√	√	
USA NM		√	√		
USA NY					
USA OH		√		√	
USA SC		√	√	√	
USA TN		√	√		
USA TX		√	√	√	
USA WA		√	√	√	
USA WI		√	√	√	
USA WY		√		√	
USA IA		√	√	√	
USA MN			√		√
USA CA		√	√		

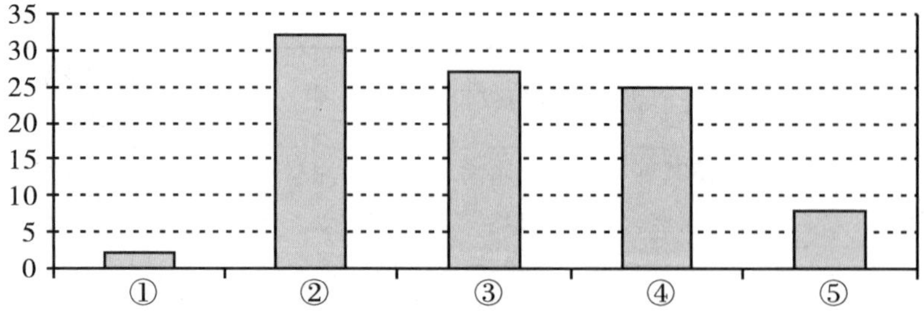

①—阅读说明书使用仪器；②—会使用基本的仪器；③—严谨的测量和记录；④—安全操作；⑤—进行实验与收集数据的意义。

图 4-5 对“进行实验与收集数据”的技能和知识的要求

由图 4-5 可见，对“阅读说明书使用仪器”和“进行实验与收集数据的意义”做出要求的文件数较少。

我国的三份课程文件都对理解“进行实验与收集数据的意义”提出了要求。

（五）分析与论证

通过探究得到的原始数据需要经过分析和论证找出其中的规律并作为支持结论的证据。首先应把收集到的数据以适当的形式组织和表征起来，从而使数据中的规律或模式更容易被发现识别。可以用哪些方式组织和表征数据将在本节“三、领域共通的知识和技能”的“(一）数据分析处理和表示”中具体分类比较。然后可以应用数学知识、计算机软件等，结合具体学科知识对数据进行分析处理，并应用科学论证的方法通过符合逻辑的表述说明数据如何支持得出的结论。

科学论证主要包含三部分：论点、与论点相关的证据、将证据和论点联系起来的推理。因此，科学论点是基于证据、符合逻辑的。但是，论点又不等于作为事实的证据，学生应当能够区分论点与支持论点的证据，不把它们混为一谈。分析与论证的意义在于：得到数据后，需要通过分析论证才能形成科学结论[1]。

对各国家和地区的课程文件中关于“分析与论证”的技能和知识的具体要求的统计见表 4-12 和图 4-6。

［1］物理课程标准研制组. 普通高中物理课程标准（实验）解读［M］. 武汉：湖北教育出版社，2006：50.

表4-12 对“分析与论证”的技能和知识的要求

要求 课程文件	分析与论证的技能			理解科学分析和论证		
	以适当形式表征和组织数据	对数据分析处理	总结规律、依据数据得出结论	分析与论证的意义	区分论点和证据	科学论证的构成
CHN HS Phy.		√	√	√		○[1]
CHN MS Phy.		√	√	√		
CHN MS Sci.		√				√
FRA	√	√	√			
HK		√	√			√
GBR	√	√	√			√
AUS NSW	√	√	√			
AUS VIC		√	√			
CAN ON		√	√			
USA benchmarks	√				√	√
USA NSES	√		√		√	
USA college board	√	√	√		√	√
USA framework	√	√	√			√
USA AZ		√	√		√	√
USA CT	√	√	√			√
USA DE	√	√	√			√
USA FL	√				√	√
USA GA	√	√	√			
USA PA		√	√		√	
USA LA		√	√			√
USA MA	√	√	√			
USA ME		√	√			√
USA MI	√	√	√			√

[1] “○”的含义是：这项知识或技能在我国初、高中物理课程标准或初中科学课程标准中提到或有所涉及，但没有在对科学探究能力要求中明确提出。例如，“科学论证的构成”在我国高中物理课程标准“实施建议”下的“教学建议”有所涉及，但没有明确在“内容标准”下的“科学探究及物理实验能力要求”中提出要求。

续表

要求 / 课程文件	分析与论证的技能			理解科学分析和论证		
	以适当形式表征和组织数据	对数据分析处理	总结规律、依据数据得出结论	分析与论证的意义	区分论点和证据	科学论证的构成
USA NC	√	√	√			√
USA ND	√	√	√			√
USA NH	√	√	√			√
USA NM	√	√	√			
USA NY	√	√				
USA OH	√	√	√			√
USA SC	√	√			√	
USA TN	√	√	√			
USA TX		√	√			√
USA WA	√	√	√	√	√	√
USA WI			√			
USA WY		√	√			
USA IA	√	√	√			√
USA MN	√	√	√		√	√
USA CA	√	√	√		√	√

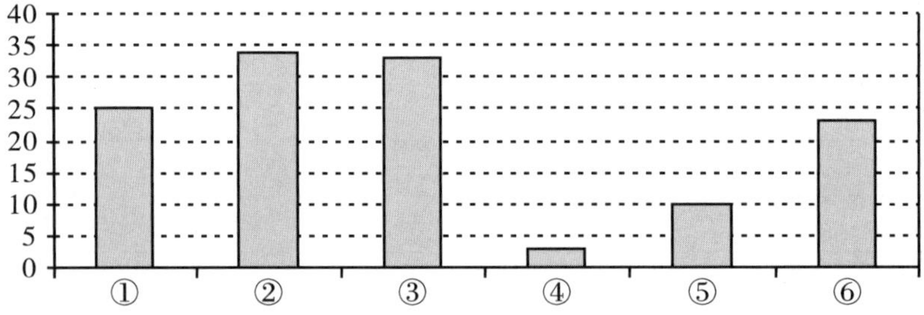

①—以适当形式表征和组织数据；②—对数据分析处理；③—总结规律、依据数据得出结论；④—分析与论证的意义；⑤—区分论点和证据；⑥—科学论证的构成。

图 4-6 对“分析与论证”的技能和知识的要求

由图 4-6 可见，对“分析与论证的意义”做出要求的课程文件较少。对“区分论点和证据”做出明确要求的课程文件也不多，虽然 Kuhn 的研究表明很多成人也无法区分理论和证据，常常把它们混为一谈。

我国的三份课程标准都没有对“以适当形式表征和组织数据”提出具体的要求。对“科学论证的构成”，我国初中科学课程标准在对探究能力的要求部分明确提出了要求；高中物理课程标准在对探究能力的要求部分没有明确提出要求，在“教学建议”中提到；初中物理课程标准则没有提出要求。我国初中科学课程标准没有对“总结规律、依据数据得出结论”提出要求。

（六）建构解释（与理论）

科学依据事实证据和已有的理论知识做出推论来建构解释，因此建构解释的过程和科学论证的过程是紧密联系的。学生应能够根据已有的认识对现象事实尝试提出解释，并依据证据和已有的理论支持、反驳某个解释或者对某个解释提出修改意见。对于解释中遇到的异常数据要仔细分析处理：有时可能是数据收集过程中产生了错误或大的误差，有时可能是解释存在缺陷。对同一现象可能可以提出多种不同的竞争解释，学生应能够考虑不同的解释，认真分析对待支持和不支持自己或他人解释的数据和已有理论。

学生一般不可能在基础教育阶段建构起一套理论，但可以对科学理论形成一定的理解。科学理论和科学解释有一些共同的特点：它们都以证据作为基础；都基于已有的理论认识，具有一定的创造性；都具有局限性，可能随着新证据的发现和理论认识的新发展得到改进和修改。科学解释和科学理论又是有区别的，科学解释是科学理论在具体的情境或现象中的体现，一般科学理论则建立在大量的知识和证据的基础上。

对各国家和地区的课程文件中关于“建构解释”的技能和知识的具体要求的统计见表 4-13 和图 4-7。

表4-13 对“建构解释”的技能和知识的要求

要求 课程文件	建构解释的技能				对科学解释的理解			
	提出解释	根据证据和理论支持、反驳、修改解释	分析异常数据	考虑不同解释	解释（理论）具有局限性，随新证据和新认识被修改	解释（理论）基于证据	解释（理论）基于已有认识，具有一定创造性	区分原理、定律、理论、假设、解释、模型
CHN HS Phy.	√					○		
CHN MS Phy.	√					○		
CHN MS Sci.			√	√		√		
FRA	√							
HK			√		√	√		√
GBR	√			√	√	√	√	
AUS NSW	√	√				√		
AUS VIC	√			√				
CAN ON	√					√		
USA benchmarks			√	√	√	√	√	
USA NSES	√	√		√	√	√	√	
USA college board	√	√	√	√	√	√		
USA framework	√			√	√	√		√
USA AZ		√			√	√		
USA CT	√					√		
USA DE	√			√	√	√		
USA FL	√			√	√	√	√	√
USA GA				√		√		
USA PA						√		
USA LA	√	√		√	√	√		
USA MA	√							
USA ME	√			√	√	√		
USA MI	√	√				√		√
USA NC	√	√		√		√		
USA ND	√	√		√		√		
USA NH	√	√		√	√	√		

续表

课程文件＼要求	建构解释的技能				对科学解释的理解			
	提出解释	根据证据和理论支持、反驳、修改解释	分析异常数据	考虑不同解释	解释（理论）具有局限性，随新证据和新认识被修改	解释（理论）基于证据	解释（理论）基于已有认识，具有一定创造性	区分原理、定律、理论、假设、解释、模型
USA NM	√	√		√	√	√		
USA NY	√					√		
USA OH	√	√				√		
USA SC								
USA TN	√			√	√	√		
USA TX				√	√			
USA WA	√	√		√	√	√		
USA WI	√							
USA WY								
USA IA	√	√	√	√	√	√		
USA MN	√	√		√		√		
USA CA	√		√		√	√		√

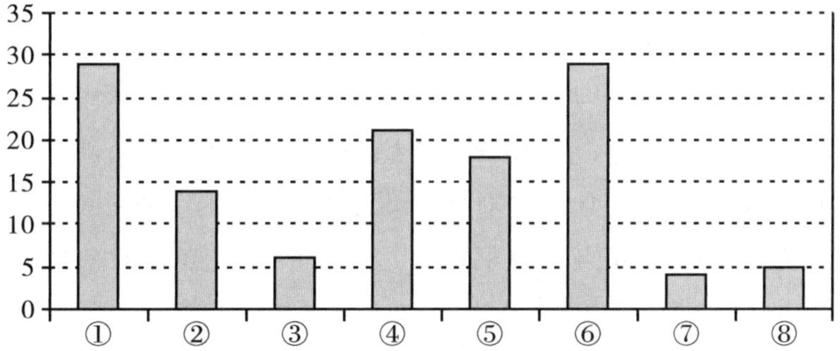

①—提出解释；②—根据证据和理论支持、反驳、修改解释；③—分析异常数据；④—考虑不同解释；⑤—解释（理论）具有局限性，随新证据和新认识被修改；⑥—解释（理论）基于证据；⑦—解释（理论）基于已有认识，具有一定创造性；⑧—区分原理、定律、理论、假设、解释、模型。

图 4-7　对“建构解释”的技能和知识的要求

由图 4-7 可见：在建构解释的技能的要求方面，对“分析异常数据”

提出明确要求的文件数相对较少；对理解建构解释的过程方面，较多课程文件对理解解释具有局限性和解释基于证据提出了要求，而对理解解释基于研究者已有认识、具有一定的个人创造性提出要求的文件数较少。这说明大多数国家和地区的科学课程中更为强调的是科学解释的客观性方面，重视事实证据。另外，对区分原理、定律、理论等概念提出要求的课程文件也较少。

我国初、高中物理课程标准对“提出解释”和理解“解释（理论）基于证据”提出了要求，这也是普遍受到重视的两项基本要求，但没有涉及一些深层的要素，比如“考虑不同解释”，“解释（理论）具有局限性”，依据新理论和新证据可以支持、反驳、修改解释。我国初中科学课程标准对“考虑不同解释”和“分析异常数据”的深层要素提出了要求，但没有明确地对“提出解释”做出基本要求。

（七）建立模型

学生能够通过建立模型来代表所要研究的事物或现象，并能够根据模型提出解释或猜想；能够根据研究的目的或侧重点不同对同一现象建构不同的模型，并在需要的时候灵活地在模型之间转换。

模型（例如质点、理想气体、原子结构模型等）代表了研究对象的某些重要方面，在探究中有重要作用，例如帮助提出问题、解释或交流、模拟过大过小或过快过慢的事或物。因为模型不完全等于真实现象，所以模型在精确描绘现象的所有方面时存在局限性。模型或表征在关键元素方面和真实现象类似，在有些方面模型和表征尚不够精确。模型可能是物质的、数学的或概念的。对同一现象可以建构多种不同的模型，这些模型间会有一些共同点，但根据表达的目的和要表达对象的侧重点不同它们之间又会有不同之处。

对各国家和地区的课程文件中关于“建立模型”的技能和知识的具体要求的统计见表 4-14 和图 4-8。

表4-14 对"建立模型"的技能和知识的要求

要求 / 课程文件	建立和应用模型的技能		对模型的理解			
	建构模型代表或解释现象	建构不同类型的模型并转换	模型概念	同一现象可建构多种模型	模型的局限性	模型的作用
CHN HS Phy.			○			
CHN MS Phy.						
CHN MS Sci.			○			
FRA	√		√		√	
HK			√		√	√
GBR	√		√			√
AUS NSW	√		√			
AUS VIC			√	√	√	√
CAN ON						
USA benchmarks			√			
USA NSES	√		√			√
USA college board	√	√	√	√	√	√
USA framework	√	√	√	√	√	√
USA AZ			√			
USA CT						
USA DE			√			
USA FL			√			√
USA GA						
USA PA						
USA LA	√		√	√		
USA MA	√		√			
USA ME	√		√	√		
USA MI			√			
USA NC	√		√			√
USA ND	√		√			
USA NH			√	√		√
USA NM						
USA NY	√		√		√	√
USA OH	√		√			

续表

要求 课程文件	建立和应用模型的技能		对模型的理解			
	建构模型代表或解释现象	建构不同类型的模型并转换	模型概念	同一现象可建构多种模型	模型的局限性	模型的作用
USA SC						
USA TN	√					
USA TX	√		√			
USA WA	√		√	√	√	√
USA WI			√			
USA WY			√			
USA IA	√		√	√		√
USA MN			√	√	√	
USA CA	√		√		√	√

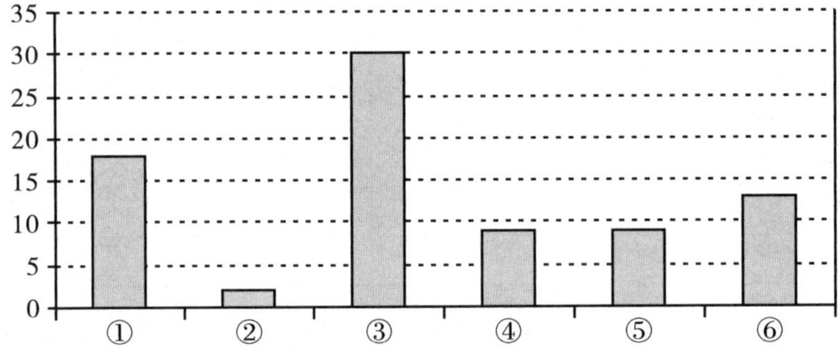

①—建构模型代表或解释现象；②—建构不同类型的模型并转换；③—模型概念；④—同一现象可建构多种模型；⑤—模型的局限性；⑥—模型的作用。

图 4–8 对“建立模型”的技能和知识的要求

由图 4–8 可见，有近一半国家或地区的课程文件明确地对建构模型的技能提出了要求，大多数课程文件都要求学生理解模型的概念，约三分之一的课程文件要求理解模型的作用。

我国的三份课程文件都没有对建构模型提出明确的要求。虽然初中科学课程标准和高中物理课程标准有涉及理解模型的概念，但都不强调，并且都没有在对探究能力的要求部分单独对模型提出要求，而是在后面“内容标准”部分结合具体的知识提到。我国的课程文件应当加强对科学模型和建模的重视程度。

（八）评估

科学探究活动是一个严谨的过程，要对整个探究过程进行反思和评估。学生被要求大致从几个方面对探究过程进行评估：研究中或实验中得到的数据存在着可能大或小的误差甚至错误，需要对数据及得出数据的过程进行评估；研究设计和方法直接影响所收集的数据的可靠性和质量（例如设计时是否做好了控制变量以及取样是否合理），因此需要对研究设计和方法进行评估；研究得到的数据能否充分支持结论或解释，需要从论证的逻辑上进行评估；还可以根据研究得到的结论来评估假设的合理性；最后，学生应该能够根据反思和评估对研究方案进行改进或指出进一步的研究方向。

评估的意义在于：评估能使实验得到优化，有可能引出新的发现，有利于养成学生严谨的科学态度，有利于发展学生的批判思维[1]。

对各国家和地区的课程文件中关于“评估”的技能和知识的具体要求的统计见表 4-15 和图 4-9。

表4-15 对“评估”的技能和知识的要求

要求 课程文件	评估的技能					理解评估
	数据	研究设计和方法	论证的逻辑	假设	根据评估改进方案或提出进一步的研究	评估的意义
CHN HS Phy.				√	√	√
CHN MS Phy.					√	√
CHN MS Sci.	√			√	√	
FRA	√			√		
HK	√	√	√		√	
GBR	√	√	√	√	√	
AUS NSW	√	√			√	
AUS VIC	√		√			

[1] 物理课程标准研制组. 普通高中物理课程标准（实验）解读［M］. 武汉：湖北教育出版社，2006：50.

续表

要求 课程文件	评估的技能					理解评估
	数据	研究设计和方法	论证的逻辑	假设	根据评估改进方案或提出进一步的研究	评估的意义
CAN ON	√	√	√	√	√	
USA benchmarks	√	√	√	√		√
USA NSES	√		√			
USA college board	√	√	√	√		√
USA framework	√	√	√	√		√
USA AZ	√	√	√		√	
USA CT	√	√				
USA DE					√	
USA FL						
USA GA	√	√				
USA PA	√				√	
USA LA						
USA MA	√	√		√	√	
USA ME						
USA MI	√	√	√	√		
USA NC	√	√	√			
USA NH	√	√		√	√	
USA ND						
USA NM	√	√	√	√	√	
USA NY	√			√	√	
USA OH	√			√		
USA SC	√	√			√	
USA TN	√					
USA TX	√					
USA WA	√	√	√	√		
USA WI	√	√		√		
USA WY						

续表

要求 / 课程文件	评估的技能					理解评估
	数据	研究设计和方法	论证的逻辑	假设	根据评估改进方案或提出进一步的研究	评估的意义
USA IA	√		√	√		
USA MN	√	√	√		√	
USA CA	√	√		√	√	

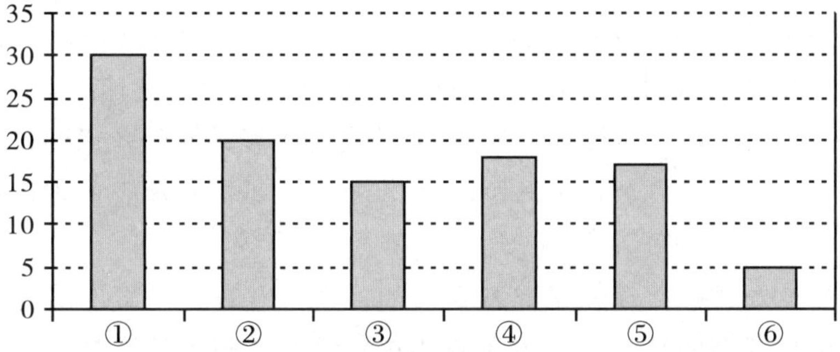

①—数据；②—研究设计和方法；③—论证的逻辑；④—假设；⑤—根据评估改进方案或提出进一步的研究；⑥—评估的意义。

图 4-9　对“评估”的技能和知识的要求

由图 4-9 可见，在对评估技能的要求中，对探究过程的各个方面的评估，包括数据、研究设计和方法、论证的逻辑、假设，都有较多的课程文件提出了要求；有近一半的课程文件要求能够根据评估改进方案或指出需要进一步的研究；而对理解评估的意义提出要求的课程文件数较少。

我国的初、高中物理课程标准对评估提出要求的表述方式较为宽泛，例如“有评估探究过程和探究结果的意识”，虽然“探究过程”涵盖了数据、研究设计和方法、论证的逻辑等，但都没有明确指出。宽泛的表述在指导性方面的效果相对较弱，没有传递出数据、研究设计和论证逻辑等方面可能存在的不确定性信息。我国初中科学课程标准明确指出了数据不可避免地存在误差，需要评估数据的可靠性，但没有对研究设计和论证的逻辑提出明确要求。本书认为，知道并能够评估数据、研究设计和方法、论证的逻辑存在不确定性，属于探究的深层要素，在这些方面我国的课程文件仍有待深入、明确。

（九）交流与合作

科学是一项全人类共同努力的事业，交流和合作在科学探究中有非常重要的地位。“阅读和写作（科学文献）是科学实践的基本工作，它至少占有科学家总共工作的一半时间。”[1] 从具体一项研究的展开上来看：科学探究的工作应该建立在已有研究的基础之上，通过阅读已有资料可以让研究更有深度、避免重复研究；在完成研究后能够按照科学规范写出研究报告，仔细描述自己的研究过程并接受他人的检验；在科学交流中应当运用各种手段以实现清晰准确的交流；在与他人交流时，既应遵循科学的论证方法，使用证据和已有理论有逻辑地为自己的论点辩护，同时也要接受他人对自己的理论的合理批判，并考虑其他可能的解释。具体的一些交流知识和技巧被 KSMIA 分类为领域共通的知识和技能，将在本节“三、领域共通的知识和技能”中的“（三）交流”中进行具体的比较。

同行审查对科学探究是非常重要的，同行审查可以帮助研究者发现研究中可能存在的缺陷。一项研究要得到科学共同体的承认，需要将研究的过程和结果诚实清楚地描述出来并接受同行审查。交流与合作的意义在于：合作有利于发挥每个人的特长，而交流有助于合作[2]。

对各国家和地区的课程文件中关于“交流与合作”的技能和知识的具体要求的统计见表 4–16 和图 4–10。

表4–16 对“交流与合作”的技能和知识的要求

要求 课程文件	交流与合作的技能					理解交流与合作	
	查阅已有资料	写出报告	清晰准确地交流	为自己的论点辩护	考虑批评意见和其他解释	交流与合作的意义	同行审查
CHN HS Phy.		√		√	√	√	
CHN MS Phy.			√	√	√	√	
CHN MS Sci.		√	√		√		
FRA	√	√					

[1] National Research Council. A framework for K–12 science education: Practices, crosscutting concepts, and core ideas [M]. Washington D.C.: National Academies Press, 2011: 3–19.

[2] 物理课程标准研制组. 普通高中物理课程标准（实验）解读 [M]. 武汉：湖北教育出版社，2006: 51.

续表

要求 课程文件	交流与合作的技能					理解交流与合作	
	查阅已有资料	写出报告	清晰准确地交流	为自己的论点辩护	考虑批评意见和其他解释	交流与合作的意义	同行审查
HK	√	√	√		√		
GBR	√		√				
AUS NSW	√	√	√				
AUS VIC			√				
CAN ON	√	√	√				
USA benchmarks	√	√	√	√	√	√	√
USA NSES		√	√	√	√	√	√
USA college board						√	√
USA framework	√	√	√	√	√	√	√
USA AZ		√	√	√			√
USA CT	√		√				
USA DE			√	√	√		
USA FL	√			√	√		
USA GA		√					√
USA PA							
USA LA				√	√		√
USA MA		√	√	√	√		
USA ME				√			
USA MI	√	√		√			√
USA NC	√	√	√	√	√		
USA ND	√	√		√			
USA NH		√	√				
USA NM	√	√	√		√	√	√
USA NY	√	√	√				√
USA OH		√	√				√
USA SC	√						
USA TN				√	√		
USA TX	√	√	√				√
USA WA	√	√	√		√		√

续表

要求 课程文件	交流与合作的技能					理解交流与合作	
	查阅已有资料	写出报告	清晰准确地交流	为自己的论点辩护	考虑批评意见和其他解释	交流与合作的意义	同行审查
USA WI	√			√			
USA WY	√		√				
USA IA	√	√	√	√	√		
USA MN							
USA CA		√					

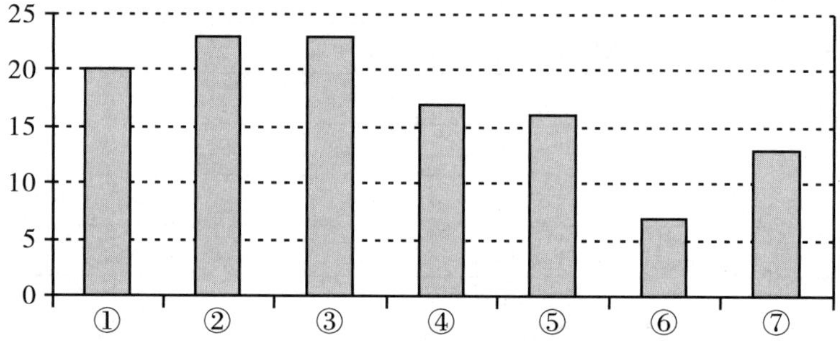

①—查阅已有资料；②—写出报告；③—清晰准确地交流；④—为自己的论点辩护；⑤—考虑批评意见和其他解释；⑥—交流与合作的意义；⑦—同行审查。

图 4-10 对“交流与合作”的技能和知识的要求

由图 4-10 可见，对于各项交流与合作的技能，都有相当部分的课程文件提出了相关要求。在理解方面，有三分之一的课程文件对理解同行审查对于探究的意义提出了要求。

我国的三份课程文件都没有明确提出对“查阅已有资料”的要求。查阅资料是真实探究过程中非常重要的一个环节，并且学生在未来遇到问题时也应当先查阅资料，而不是盲目地去探究，否则不仅效率低下而且重复劳动。建议我国的课程文件在修订时补充对培养学生查阅已有资料的技能的要求。

二、对探究的理解

在本节的“一、科学探究的要素”中比较了探究过程要素及与之紧密联系的对探究的理解，这里将比较各国家和地区的课程文件中对探究整体的理解的要求，其中“（一）探究的其他特征”中有一部分涉及技能，由于涉及的是探究的整体方面，故放在此部分进行比较。

（一）探究的其他特征

在本节的“一、科学探究的要素”中已经讨论了科学探究的一些重要特征，例如科学探究基于证据和逻辑等。这里再补充比较一些其他的特征，原因是，为了便于通过课程和教学培养学生的科学探究能力，需要把科学探究活动概括提取出一些要素，但这些要素的简单叠加并不等于真实的科学探究。如果学生不能从整体上理解探究的一些其他方面的特征，就容易对探究形成片面的认识。这些重要的其他特征有：（1）科学探究是往复和非线性的。例如，刚开始提出科学问题时由于缺乏对该领域具体知识的认识，只能提出一个大概的问题。随着研究的深入，对相关认识的了解越来越多，又不断地精炼问题，才能提出具体化可检验的科学问题。（2）科学的很多过程都是不断重复的[1]。（3）并不存在一种固定的或者是万能的科学研究方法，科学探究是相当灵活的。（4）科学探究活动是一项系统的活动，其内部各个过程是紧密联系的。这在前文中已经有所涉及，比如提出问题的不同影响到研究的类型，做出的猜想影响到研究的设计、变量选择与控制、实验参数的设置，等等。（5）科学并不能解决所有的问题，例如个人喜好的问题、伦理道德的问题等。

虽然不存在固定的科学方法，但基础教育阶段对实验探究的强调最多。有些国家和地区的课程文件还提到了其他的探究类型，例如观察与描述的研究、现场研究（Field Research），但总体来讲不如对实验研究强调得多且细致。

本部分比较的内容不全是出现在课程文件中对学生的要求部分，有的是出现在对探究的总的描述部分。

对各国家和地区的课程文件中关于理解“探究的其他特征”知识的具体要求的统计见表 4-17 和图 4-11。

[1] College Board. Science Standards for College Success [S/OL]. http:// professionals. College board.com/ profdownload/cbscs-science-standards-2009.pdf.

表4-17 对理解“探究的其他特征”的要求

要求 课程文件	探究的类型			探究的其他特征			
	实验探究	观察与描述研究	现场研究（Field Research）	科学探究是往复和非线性的	不存在固定的科学方法或过程	科学探究的内部联系、系统性	科学能解决的问题的范围
CHN HS Phy.	√						
CHN MS Phy.	√						
CHN MS Sci.	√				√		
FRA	√			√			
HK	√						
GBR	√	√	√			√	√
AUS NSW	√						
AUS VIC							
CAN ON	√						
USA benchmarks	√	√			√		√
USA NSES	√	√			√		√
USA college board	√			√		√	
USA framework	√		√	√	√	√	
USA AZ	√						
USA CT	√						
USA DE	√						
USA FL	√	√			√		√
USA GA	√						
USA PA	√						
USA LA							
USA MA	√						
USA ME	√						
USA MI	√		√			√	
USA NC	√		√				
USA ND	√						
USA NH	√						√
USA NM	√						

续表

要求 / 课程文件	探究的类型			探究的其他特征			
	实验探究	观察与描述研究	现场研究（Field Research）	科学探究是往复和非线性的	不存在固定的科学方法或过程	科学探究的内部联系、系统性	科学能解决的问题的范围
USA NY							
USA OH							
USA SC	√						
USA TN	√						
USA TX							√
USA WA	√	√	√				
USA WI	√						√
USA WY	√						
USA IA	√						
USA MN	√		√			√	
USA CA	√						

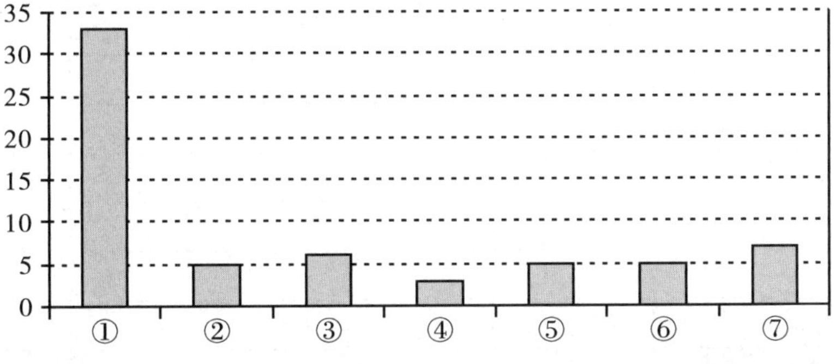

①—实验探究；②—观察与描述研究；③—现场研究；④—科学探究是往复和非线性的；⑤—不存在固定的科学方法或过程；⑥—科学探究的内部联系、系统性；⑦—科学能解决的问题的范围。

图 4-11　对理解“探究的其他特征”的要求

由图 4-11 可见，在各国家和地区的课程文件中，要求学生展开的探究类型主要为实验探究。有的国家和地区的课程文件对探究的类型和科学探究的其他特征有较为细致深入的描述，但总体而言这样的课程文件为数不多。

我国的三份课程文件都对实验探究提出了要求，没有提到其他探究的类型。

（二）好理论的特点

科学对什么样的理论是好理论有一定的判别标准：首先，好理论应当建立在已经被验证了的知识的基础之上，且自身内部是逻辑自洽的；其次，科学理论应当是可以被检验的，并得到证据的支持；再次，好的理论能够预测并指导未来的研究；最后，相比而言，越简洁的理论、解释范围越广的理论越好。

对各国家和地区的课程文件中关于理解“好理论的特点”知识的具体要求的统计见表 4-18 和图 4-12。

表4-18 对理解“好理论的特点”的要求

课程文件＼要求	与已有知识、自身内部逻辑一致	可检验、证据支持	能做出预言	简洁性	解释范围广
CHN HS Phy.					
CHN MS Phy.					
CHN MS Sci.					
FRA		√			
HK					
GBR		√	√		
AUS NSW					
AUS VIC					
CAN ON		√			
USA benchmarks	√	√	√		√
USA NSES	√	√			
USA college board		√			
USA framework	√	√	√	√	
USA AZ	√	√			
USA CT					
USA DE	√	√	√		
USA FL		√			
USA GA		√			
USA PA					

续表

课程文件＼要求	与已有知识、自身内部逻辑一致	可检验、证据支持	能做出预言	简洁性	解释范围广
USA LA	√	√			
USA MA					
USA ME					
USA MI					
USA NC					
USA ND					
USA NH	√	√	√		√
USA NM					
USA NY					
USA OH					
USA SC					
USA TN					
USA TX		√			
USA WA		√			
USA WI					
USA WY					
USA IA	√	√			
USA MN					
USA CA					

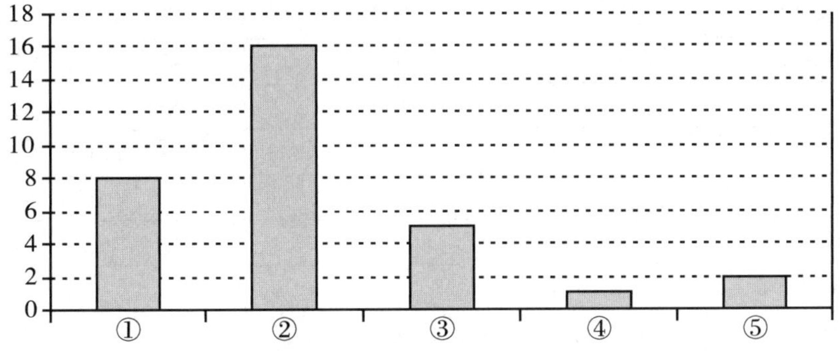

①—与已有知识、自身内部逻辑一致；②—可检验、证据支持；③—能做出预言；④—简洁性；⑤—解释范围广。

图 4-12　对理解“好理论的特点”的要求

由图 4-12 可见，各个课程文件对理解“好理论的特点”明确提出的要求不多。对理解好理论是“可检验、证据支持”提出要求的相对较多，有接近一半的课程文件。这再次说明在科学理论和科学探究的种种特征中，基于事实和证据的特征在基础教育课程中最受重视。

我国的三份课程标准对此都没有提出明确的要求。

（三）科学精神

对科学精神的理解也是探究图式的一部分。科学探究首先要有严谨诚实的精神，在研究过程中要尽力避免可能的误差，诚实地记录自己的研究过程，不能弄虚作假；科学探究要有批判怀疑的精神，批判的对象不仅应当是别人，更应当对自己的研究多做反思批判；科学探究中的批判是基于一定理由的；科学探究时应当对新观点、新理论持开放态度，容许研究中存在一些不确定因素，容许新的观点尚存在一些缺陷；科学探究时应当保持有好奇心，有研究和创造的热情；对有意义的研究能够持之以恒、勤奋地坚持做下去也是能够最终得出结果的非常重要的因素。

对各国家和地区的课程文件中关于理解“科学精神”知识的具体要求的统计见表 4-19 和图 4-13。

表4-19 对理解“科学精神”的要求

要求 课程文件	严谨诚实	批判怀疑	开放与容忍	好奇与创造	持之以恒
CHN HS Phy.	○			○	
CHN MS Phy.	○	○		○	○
CHN MS Sci.	○	○		○	○
FRA	√	√		√	√
HK	√	√	√	√	√
GBR					
AUS NSW		√		√	
AUS VIC					
CAN ON					
USA benchmarks	√	√	√	√	√
USA NSES	√	√	√		
USA college board	√	√			

续表

课程文件＼要求	严谨诚实	批判怀疑	开放与容忍	好奇与创造	持之以恒
USA framework		√		√	
USA AZ	√	√		√	
USA CT		√			
USA DE	√	√	√		
USA FL	√	√		√	
USA GA	√	√	√	√	
USA PA		√			
USA LA		√			
USA MA					
USA ME	√			√	
USA MI	√	√	√		
USA NC					
USA ND		√			
USA NH		√			
USA NM		√	√		
USA NY		√			
USA OH					
USA SC					
USA TN					
USA TX		√			
USA WA	√	√	√		
USA WI					
USA WY					
USA IA		√	√		
USA MN	√	√	√		
USA CA					

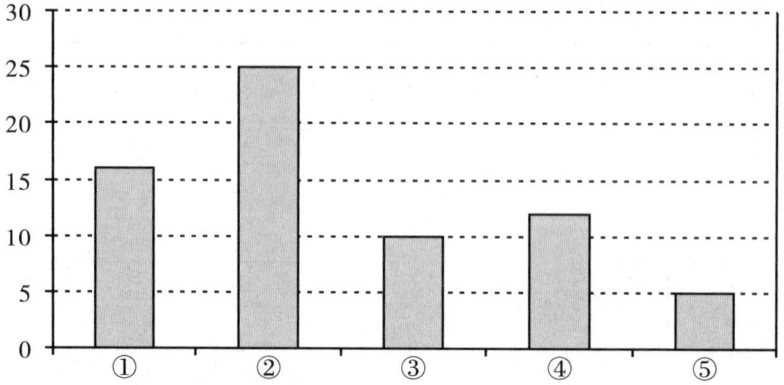

①—严谨诚实；②—批判怀疑；③—开放与容忍；④—好奇与创造；⑤—持之以恒。

图 4-13 对理解“科学精神”的要求

由图 4-13 可见，对理解科学的精神，各个课程文件要求最多的是批判怀疑的精神，约占三分之二，其次是严谨诚实的态度，超过三分之一。

相比而言，我国高中物理课程标准对批判怀疑的科学精神的要求显得不足。

三、领域共通的知识和技能

本节的“一、科学探究的要素”和“二、对探究的理解”统计比较了各国家和地区的课程文件中涉及的 KSMIA 中探究的图式和技能。以下内容将比较一些重要的 KSMIA 中的领域共通的知识和技能。

（一）数据分析处理和表示

在分析数据时，可以用表格、图表、图形等形式来组织和表征数据，帮助分析数据呈现的规律或模式；在处理数据时，应充分利用已有的数学知识以及计算机程序，例如电子表格、数据库等。

对通过探究得到的数据进行表示时，要根据测量精度等确定有效数字的位数，同时标注测量的误差限。

对各国家和地区的课程文件中关于“数据分析处理和表示”的知识和技能的具体要求的统计见表 4-20 和图 4-14。

表4-20 对"数据分析处理和表示"的知识和技能的要求

要求 / 课程文件	数据分析处理的技能				数据表示的知识	
	表格	图表、图形	数学	计算机程序（电子表格、其他软件）	误差表示	有效数字
CHN HS Phy.	○	○		○		○
CHN MS Phy.	○	○				
CHN MS Sci.						
FRA		√	√	√	√	√
HK				√		
GBR	√	√				
AUS NSW	√	√				
AUS VIC						
CAN ON			√	√	√	√
USA benchmarks	√	√	√	√	√	
USA NSES	√	√	√		√	
USA college board	√	√	√	√	√	
USA framework	√	√	√			
USA AZ			√		√	
USA CT			√			
USA DE	√	√				
USA FL	√	√	√	√		√
USA GA	√	√				
USA PA			√			
USA LA			√		√	
USA MA	√	√	√		√	√
USA ME						
USA MI	√	√	√			
USA NC	√	√	√			√
USA ND	√	√				√
USA NH	√	√	√		√	√
USA NM			√		√	
USA NY	√	√	√		√	√
USA OH			√			

续表

课程文件＼要求	数据分析处理的技能				数据表示的知识	
	表格	图表、图形	数学	计算机程序（电子表格、其他软件）	误差表示	有效数字
USA SC		√	√			
USA TN	√	√	√		√	
USA TX					√	√
USA WA	√	√		√	√	
USA WI						
USA WY			√	√		
USA IA						
USA MN			√		√	
USA CA		√			√	

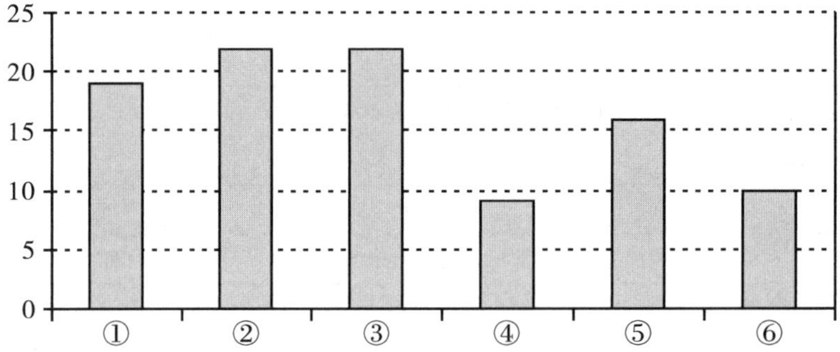

①—表格；②—图表、图形；③—数学；④—计算机程序（电子表格、其他软件）；⑤—误差表示；⑥—有效数字。

图 4-14 对“数据分析处理和表示”的知识和技能的要求

由图 4-14 可见，有相当一部分课程文件对数据分析处理和表示涉及的一些具体知识和技能提出了要求，其中，对应用数学、表格、图表、图形组织和处理数据的要求相对较多。

我国的三份课程标准都不涉及数学在数据分析处理中的应用。初中科学课程标准没有提到关于数据分析处理和表示的具体知识和技能。

（二）影响数据成为证据的因素和改进数据质量的办法

数据不等于证据，作为证据的数据首先应当是可信的。真实的探究中得到的数据存在或大或小的误差，通过重复测量、改进收集数据的方法和工具等办法可以减小测量的误差。影响数据质量的其他因素还有：研究者存在的偏见会影响研究的设计实施以及观察；环境中一些潜在变量的影响；取样是否合理，能否代表全体。

对各国家和地区的课程文件中关于“数据质量”的知识和技能的具体要求的统计见表 4-21 和图 4-15。

表4-21　对“数据质量”的知识和技能的要求

要求 / 课程文件	数据			影响数据质量的因素		
	数据存在误差	重复测量	改进收集数据的方法和工具	研究者的偏见	环境中其他变量的影响	取样
CHN HS Phy.	√	√				
CHN MS Phy.						
CHN MS Sci.	√					
FRA	√	√	√			
HK	√					
GBR	√	√	√			
AUS NSW						
AUS VIC	√					
CAN ON	√			√		
USA benchmarks	√	√	√	√	√	√
USA NSES			√			
USA college board	√	√	√	√	√	√
USA framework	√		√			√
USA AZ					√	√
USA CT			√			
USA DE						
USA FL		√	√			
USA GA				√		
USA PA						
USA LA						
USA MA	√				√	
USA ME						
USA MI	√					
USA NC		√				

续表

课程文件＼要求	数据			影响数据质量的因素		
	数据存在误差	重复测量	改进收集数据的方法和工具	研究者的偏见	环境中其他变量的影响	取样
USA ND				√		
USA NH	√		√			√
USA NM	√	√				√
USA NY	√					
USA OH	√					
USA SC		√				√
USA TN	√			√		
USA TX		√				
USA WA	√	√		√	√	
USA WI	√		√			√
USA WY						
USA IA						
USA MN	√	√	√	√	√	
USA CA	√	√	√		√	

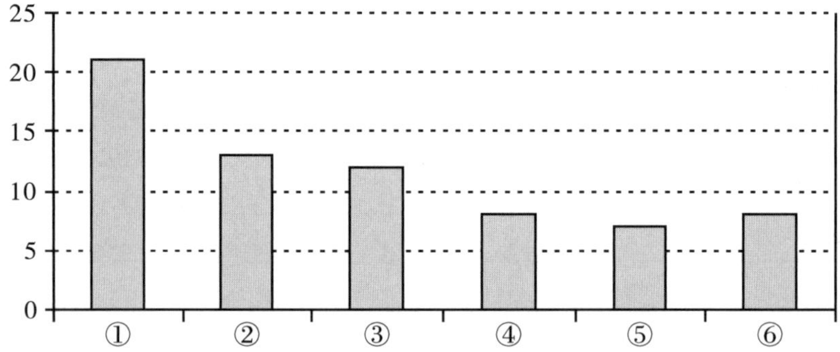

①—数据存在误差；②—重复测量；③—改进收集数据的方法和工具；④—研究者的偏见；⑤—环境中其他变量的影响；⑥—取样。

图 4-15 对“数据质量”的知识和技能的要求

由图 4-15 可见，对于数据质量相关的知识和技能，有超过一半的课程文件都明确要求学生知道数据存在误差或不确定性。约三分之一的文件要求掌握减小数据误差的技能——重复测量、改进收集数据的方法和工具。对影响数据质量的更深层次的因素，如研究者的偏见、取样、环境中其他隐藏的变量的影响，提出要求的课程文件数相对较少。

我国三份课程文件都不涉及影响数据质量的深层次因素（偏见、取样、隐藏变量的影响），多数其他国家和地区的课程文件也不涉及。初中物理课程标准对数据存在误差没有非常强调，而初中科学课程标准和高中物理课程标准则做出了明确的强调。

（三）交流

在探究时需要查阅已有资料，已有资料的来源可以是：图书馆、杂志、书报；网络、媒体；咨询他人、听取报告。在与他人交流时，要使用一些工具和技巧，使交流的内容更加清晰，便于他人理解。学生应当掌握的交流技巧有：使用计算机技术帮助交流；用表格组织数据和语言；用示意图、曲线等图形和图像帮助表达；在交流时使用术语、国际单位以及逻辑连词；等等。

对各国家和地区的课程文件中关于“交流”的知识和技能的具体要求的统计见表 4-22 和图 4-16。

表4-22　对“交流”的知识和技能的要求

要求 / 课程文件	查阅已有资料			交流的技巧			
	图书馆、杂志、书报	网络、媒体	咨询他人、听取报告	计算机技术	表格	示意图、曲线等图形和图像	术语、国际单位、逻辑连词
CHN HS Phy.							
CHN MS Phy.							
CHN MS Sci.					√	√	
FRA		√		√			
HK	√	√				√	
GBR		√		√	√	√	√
AUS NSW				√	√	√	√
AUS VIC							√
CAN ON	√	√	√			√	√
USA benchmarks	√	√	√		√	√	√
USA NSES				√	√	√	√
USA college board							

续表

要求 课程文件	查阅已有资料			交流的技巧			
	图书馆、杂志、书报	网络、媒体	咨询他人、听取报告	计算机技术	表格	示意图、曲线等图形和图像	术语、国际单位、逻辑连词
USA framework	√		√		√	√	
USA AZ						√	
USA CT							√
USA DE				√			
USA FL	√						
USA GA							
USA PA							
USA LA							
USA MA				√	√	√	√
USA ME							
USA MI							
USA NC	√			√			
USA ND	√	√					
USA NH				√		√	√
USA NM					√	√	√
USA NY				√	√	√	
USA OH				√	√	√	
USA SC							
USA TN							
USA TX	√	√				√	
USA WA					√	√	
USA WI	√	√		√			
USA WY							
USA IA					√	√	√
USA MN							
USA CA							

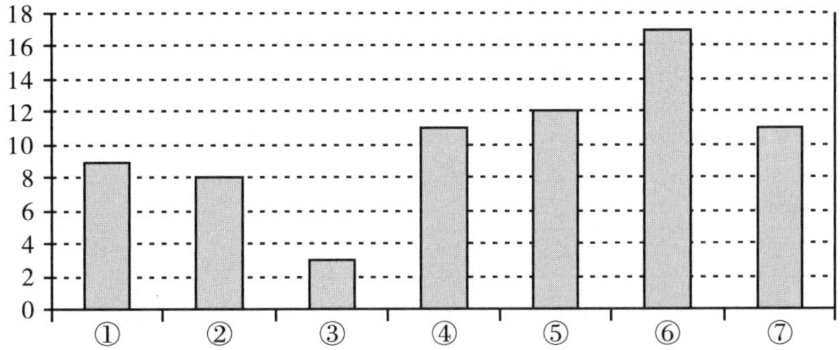

①—图书馆、杂志、书报；②—网络、媒体；③—咨询他人、听取报告；④—计算机技术；⑤—表格；⑥—示意图、曲线等图形和图像；⑦—术语、国际单位、逻辑连词。

图 4–16 对“交流”的知识和技能的要求

由图 4–16 可见，一些课程文件明确地列出了学生需要掌握的查阅文献和交流的技能。我国的初中科学课程标准对一些交流的技能做出了明确要求，例如使用表格和各种图。初、高中物理课程标准则没有对查阅文献和交流技巧给出明确具体的要求。

（四）数学知识的应用

这里侧重于要求学生在探究的过程中能够把数学当作一种精确的语言、一种工具，能够自觉地在探究中应用数学知识，而不是教给学生数学知识，因为那是数学课程需要做的工作。

对各国家和地区的课程文件中关于“数学知识的应用”的具体要求的统计见表 4–23 和图 4–17。

表4–23 对“数学知识的应用”的要求

要求 / 课程文件	比值、百分比	平均值和变异性	线性关系（函数和图象）	其他函数关系（二次函数等）	统计相关	估算
CHN HS Phy.						
CHN MS Phy.						
CHN MS Sci.						
FRA		√				
HK						
GBR						
AUS NSW						
AUS VIC						

续表

要求 课程文件	比值、百分比	平均值和变异性	线性关系（函数和图象）	其他函数关系（二次函数等）	统计相关	估算
CAN ON						
USA benchmarks	√	√				√
USA NSES						
USA college board	√	√	√	√		
USA framework					√	
USA AZ	√	√				
USA CT						
USA DE						
USA FL						
USA GA						√
USA PA						
USA LA						
USA MA	√	√				
USA ME						
USA MI						
USA NC						
USA ND		√				√
USA NH						
USA NM	√	√	√			√
USA NY		√				
USA OH		√	√			
USA SC			√			
USA TN	√	√	√	√	√	
USA TX		√			√	
USA WA						
USA WI						
USA WY						
USA IA						
USA MN						
USA CA	√		√	√		

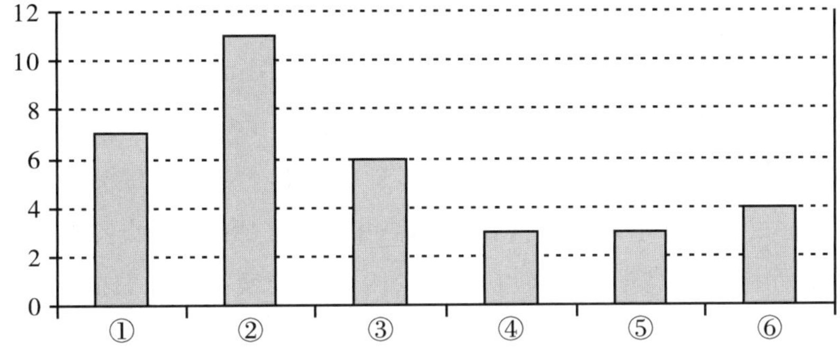

①—比值、百分比；②—平均值和变异性；③—线性关系（函数和图象）；④—其他函数关系（二次函数等）；⑤—统计相关；⑥—估算。

图 4–17　对“数学知识的应用”的要求

由图 4–17 可见，一些课程文件对在探究中经常应用的数学知识做出了要求，其中对“平均值和变异性”提出要求的课程文件数最多。这里不应理解为只要求在探究中能够应用表 4–23 中列出的数学知识，实际上学生应能够在探究中应用已经学习的各种数学知识。《美国大学理事会标准——科学》中指出：“不应当假设学生掌握了数学标准中的知识，同时就能够在科学中应用这些知识技能。”应当把科学课程文件中对数学的要求理解为：希望学生能够在科学的情境中练习和应用所学的数学知识，能够自觉主动地在探究中使用数学。因此，对这些具体的数学知识点的要求是作为在探究中应用数学的例子，而不是把全部数学知识点都罗列出来。但这些作为例子的数学知识又是在科学探究中最常用到的并且是较为基本的数学知识。

我国的三份课程文件都没有涉及对具体的数学知识应用的要求。

四、对探究能力具体要求的比较结果汇总

将本节“一、科学探究的要素”“二、对探究的理解”“三、领域共通的知识和技能”的比较统计结果汇总成图 4–18，可以清晰地比较对探究的各项知识和技能提出要求的课程文件数。

为了将我国初、高中物理课程标准中对探究的知识和技能的要求与国际上课程文件中的要求的汇总进行比较，在图 4–18 中，在我国的初、高中物理课程标准中明确提出要求的知识和技能的前面打上“√”；有的

知识或技能在我国初、高中物理课程标准对探究的能力要求部分没有提出要求，但在课程标准的其他部分有所涉及（例如“模型概念”在内容标准“质点”中提及），在这样的知识或技能前打上“○”。之所以比较初、高中物理课程标准，并把它们合起来进行比较，是因为在统计其他国家和地区的课程文件时涵盖了从初中到高中的对探究能力的要求。而我国的科学课程标准最高学段到初中为止，因此此处没有列入总的比较。

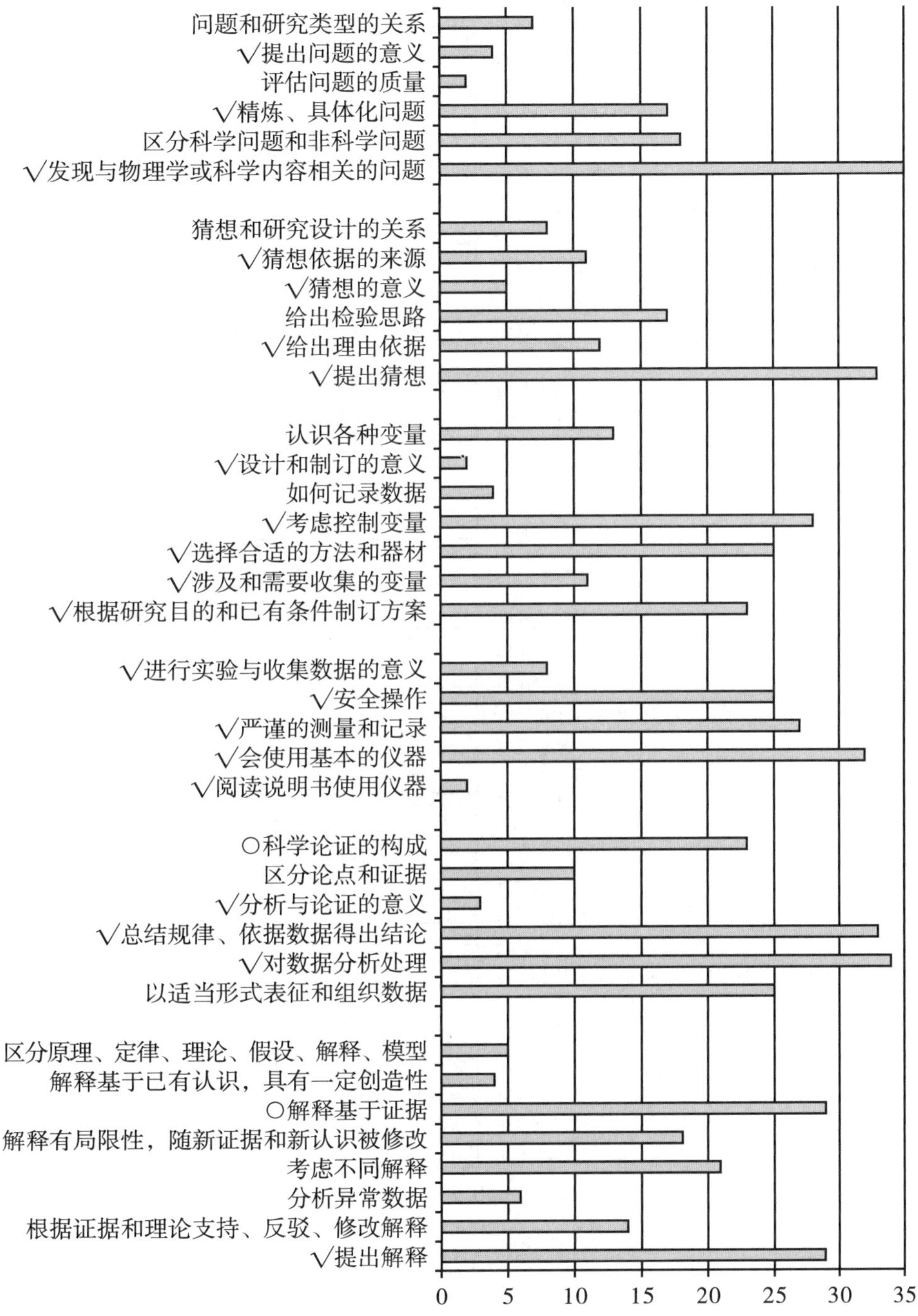
问题和研究类型的关系
√提出问题的意义
评估问题的质量
√精炼、具体化问题
区分科学问题和非科学问题
√发现与物理学或科学内容相关的问题
猜想和研究设计的关系
√猜想依据的来源
√猜想的意义
给出检验思路
√给出理由依据
√提出猜想
认识各种变量
√设计和制订的意义
如何记录数据
√考虑控制变量
√选择合适的方法和器材
√涉及和需要收集的变量
√根据研究目的和已有条件制订方案
√进行实验与收集数据的意义
√安全操作
√严谨的测量和记录
√会使用基本的仪器
√阅读说明书使用仪器
○科学论证的构成
区分论点和证据
√分析与论证的意义
√总结规律、依据数据得出结论
√对数据分析处理
以适当形式表征和组织数据
区分原理、定律、理论、假设、解释、模型
解释基于已有认识，具有一定创造性
○解释基于证据
解释有局限性，随新证据和新认识被修改
考虑不同解释
分析异常数据
根据证据和理论支持、反驳、修改解释
√提出解释
0
5
10
15
20
25
30
35

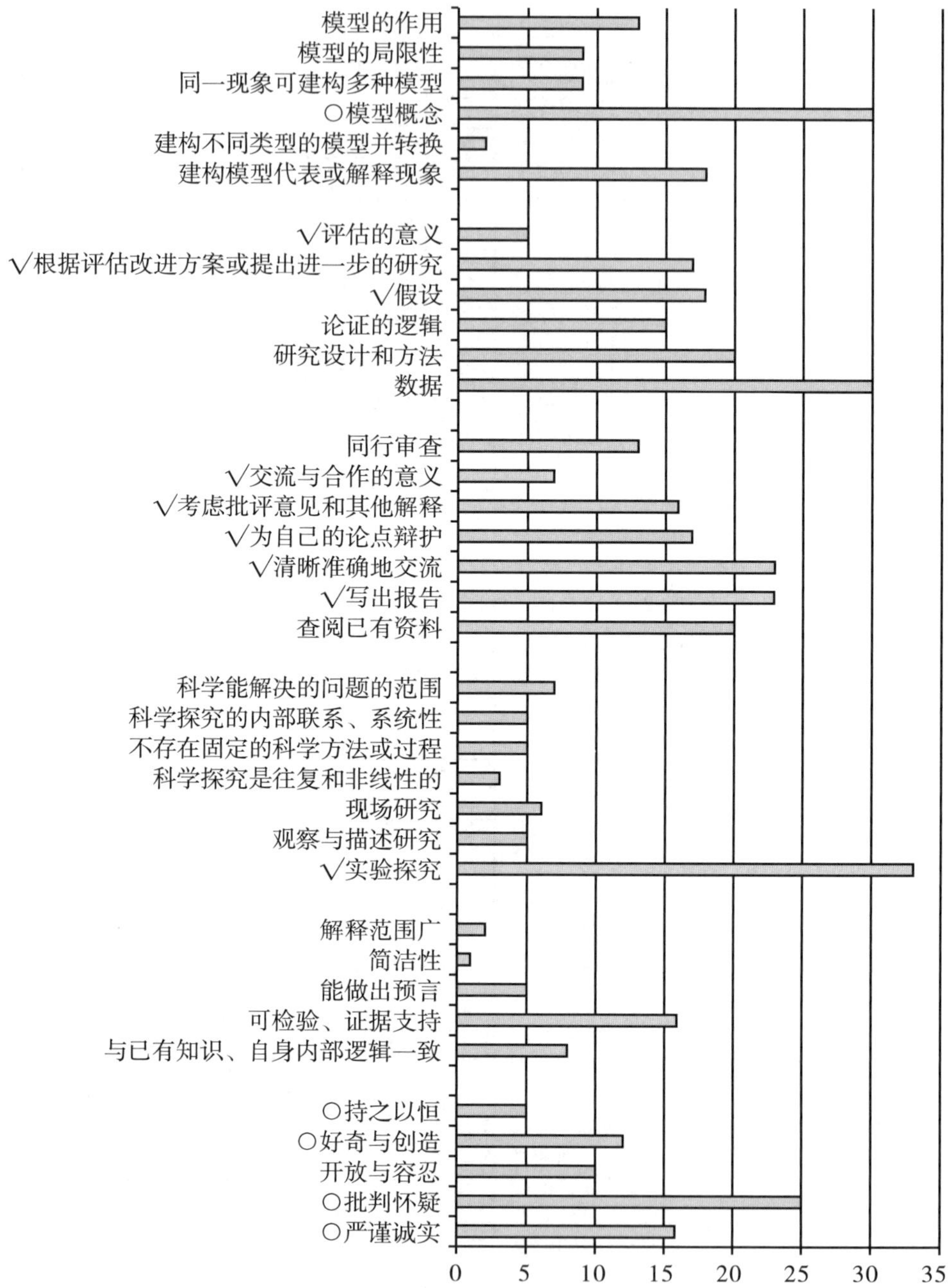
模型的作用
模型的局限性
同一现象可建构多种模型
○模型概念
建构不同类型的模型并转换
建构模型代表或解释现象
√评估的意义
√根据评估改进方案或提出进一步的研究
√假设
论证的逻辑
研究设计和方法
数据
同行审查
√交流与合作的意义
√考虑批评意见和其他解释
√为自己的论点辩护
√清晰准确地交流
√写出报告
查阅已有资料
科学能解决的问题的范围
科学探究的内部联系、系统性
不存在固定的科学方法或过程
科学探究是往复和非线性的
现场研究
观察与描述研究
√实验探究
解释范围广
简洁性
能做出预言
可检验、证据支持
与已有知识、自身内部逻辑一致
○持之以恒
○好奇与创造
开放与容忍
○批判怀疑
○严谨诚实
0
5
10
15
20
25
30
35

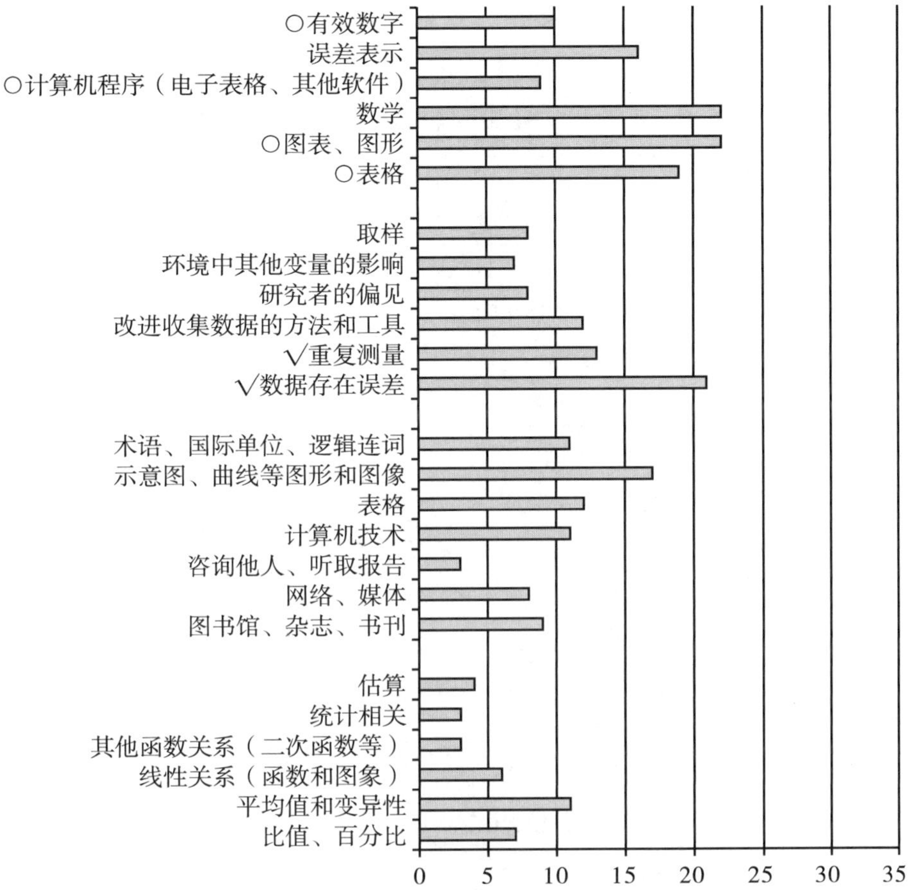

图 4-18　对探究能力具体要求的比较结果汇总

五、基础教育发展科学探究能力要求的重要知识、技能和外部表现

表 4-24 列出了为培养学生的科学探究能力，较多课程文件都提出要求的知识和技能，以及对学生的探究外部行为表现的要求。出现的文件数大于等于 10 份的都在表中列出，其中出现的文件数在 10~15 份之间的用斜体字标出，15 及 15 份以上的用正常字体标出。在我国的初、高中物理课程标准中，在对探究的要求部分明确提到的知识、技能和外部表现的前面打上“√”；在对探究的能力要求部分没有提出要求，但在其他部分有所涉及的前面打上“○”。由表 4-24 可以看出哪些知识、技能或外部表现在较多国家和地区的课程文件中有所要求，而在我国的初、高中

物理课程标准中尚没有提出要求，从而为我国课程标准的修订提供参考和借鉴。

表4-24 各课程文件出现较多的对探究能力的要求

要求的方面	具体要求	出现的文件数
提出问题	√发现与物理学或科学内容相关的问题	35
	区分科学问题和非科学问题	18
	√精炼、具体化问题	17
猜想与假设	√提出猜想	33
	给出检验思路	17
	√猜想依据的来源	11
	√给出理由依据	12
制订计划与设计实验	√根据研究目的和已有条件制订方案	23
	√选择合适的方法和器材	25
	√考虑控制变量	28
	√涉及和需要收集的变量	11
	认识各种变量	13
进行实验与收集证据	√会使用基本的仪器	32
	√严谨的测量和记录	27
	√安全操作	25
分析与论证	以适当形式表征和组织数据	25
	√对数据分析处理	34
	√总结规律、依据数据得出结论	33
	○科学论证的构成	23
	区分论点和证据	10
建构解释（与理论）	√提出解释	29
	考虑不同解释	21
	解释（理论）具有局限性，随新证据和新认识被修改	18
	○解释（理论）基于证据	29
	根据证据和理论支持、反驳、修改解释	14
建立模型	建构模型代表或解释现象	18
	○模型概念	30

续表

要求的方面	具体要求	出现的文件数
建立模型	*模型的作用*	13
评估	数据	30
	研究设计和方法	20
	论证的逻辑	15
	√假设	18
	√根据评估改进方案或提出进一步的研究	17
交流与合作	查阅已有资料	20
	√写出报告	23
	√清晰准确地交流	23
	√为自己的论点辩护	17
	√考虑批评意见和其他解释	16
	同行审查	13
探究的其他特征	√实验探究	33
好理论的特点	可检验、证据支持	16
科学精神	○批判怀疑	25
	○严谨诚实	16
	○好奇与创造	12
	开放与容忍	10
数据分析处理和表示	○表格	19
	○图表、图形	22
	数学	22
	误差表示	16
	有效数字	10
数据质量	√数据存在误差	21
	√重复测量	13
	改进收集数据的方法和工具	12
交流	示意图、曲线等图形和图像	17
	计算机技术	11
	表格	12
	术语、国际单位、逻辑连词	11
数学知识的应用	*平均值和变异性*	11

第四节 科学课程中探究能力的进阶发展的比较研究

通过对各国家和地区的课程文件的比较，筛选出了在各国课程中普遍受到重视的构成科学探究能力的知识和技能。这些是学生到了高中毕业时应当具有的科学探究能力。然而，任何能力都是随着教学和训练、随着知识和技能的积累逐步发展起来的。初期先掌握一些简单基本的知识和技能，后期更复杂熟练的知识和技能要建立在之前的能力的基础之上。也就是说学生探究能力的发展不是一蹴而就的，而是逐渐提高的。那么，在课程中如何逐步地发展学生的科学探究能力（科学探究能力的进阶问题）呢？本节通过对五份课程文件的深入比较研究来探讨这一问题。

一、“进阶”的分析方法及课程文件的选取

由于科学探究能力的发展进阶问题是一个复杂的涉及范围极广的大问题，目前已有的研究和实践积累仍然不够充分。美国的《K—12 年级科学教育的框架：实践、共通概念和核心观念》（以下简称《框架》）中大致给出了学生的探究能力逐渐深入的发展过程，但没有给出随不同学段的发展要求，它指出：“由于目前关于学生的探究能力的发展的研究证据十分有限，因此《框架》中大致给出的发展轨迹仅仅是制定委员会成员的判断。”在《框架》2010 年的草稿中则指出：“没有将探究能力的发展水平和具体的年级结合起来，其原因有二：第一，目前的经验证据有限；第二，似乎学生表现出的能够更好进行探究的能力和具体年级的联系不大，而是和学生对某一具体领域的熟悉程度以及之前参加过科学探究的经历息息相关。”[1]大量的研究也表明，学生的探究能力并没有和某些具体的年龄阶段联系起来。经过适当的教学，年纪小的儿童也可能在一定程度上发展出某些能力。没有经过专门系统的学习，即使成人在科学推理的过程中也常常犯错误（Zimmerman，2007）。

[1] National Research Council.A Framework for Science Education-Preliminary Public Draft [EB/OL]. [2010-07-12].http://www.aapt.org/Resources/uplood/Draft-Framewrok-Science-Education.pdf.

已有的文献资料表明，年龄阶段并非探究能力的水平和发展的原因，教学和经验对探究能力的发展有重要影响。KSMIA 假设：（1）探究能力的发展不是和年龄直接联系的，而是受到之前接受的关于探究的教育和经验的影响。（2）任何阶段给予学生的教育，都应建立在学生已有的基础之上，对探究能力的培养也不例外。在童年时期，探究活动的已有基础是儿童在生活中的各种活动的点点滴滴经验的积累，如果称之为前经验，那么对探究能力的培养应当基于彼时彼刻儿童的前经验。从这个角度来讲，儿童的探究能力及发展（尤其是早期），又是和年龄有一定关系的。一部分探究能力在生活中也时常用到，例如儿童常常探索遥控器或玩具的各个按键的作用等。因此，即使没有明确系统地教育训练，生活经验也能使儿童发展一定的生活中用到的探究能力，虽然此时儿童的认识和技能都是不明确、不系统且常常容易犯错的。在进行探究能力的培养时，初期应当尤其注意建立在学生已有的来自生活经验的前知识、前技能或前图式的基础之上。随着课程和教学提供的探究经验逐渐丰富，学生的探究图式和技能越来越朝向符合科学规范的探究发展，和日常生活中的零散的对探究的需要已经有较大不同。此时仍要注意，对探究能力的培养要有计划地给学生提供经验、教育和训练，使任何时刻对探究能力的培养都建立在已经发展起来的探究能力的基础之上。（3）探究能力的发展虽然不和年龄或年级有绝对的对应关系，但在不同的与探究相关的知识和技能、探究能力培养的先后顺序上，有一定的规律。前面的教育为后面的教育打下基础，后面的探究能力无法凭空发展起来，要基于前面的知识、技能、经验。

因此，本书认为，虽然课程文件中把关于探究的某些知识和技能放在某个学段或年级不应当是绝对的，但课程文件中对涉及探究的知识和技能的要求的先后序列是值得借鉴的。另外，在探究能力的系统培养初期，儿童的前经验主要来自生活而非教育，因此在义务教育初期学生能够发展探究能力的哪些初级方面也是有一定规律的，值得借鉴。

下面从各国家和地区的课程文件中选出五份对探究能力要求的描述较为细致，给出了学生随教育进阶发展并且各有特色的课程文件进行详细分析。这五份课程文件是：《美国国家科学教育标准》（分别对 K~4、5~8、9~12 年级提出要求）、《美国 K—12 年级科学教育的框架：实践、共通概念和核心观念》(给出了科学探究能力随着教育的发展进阶，但没有和具体的年级联系起来)、《英国国家课程——科学》(分别对1~2、3~6、7~9、10~11年级提出要求，没有涉及对K、12年级的要求)、《美国华盛顿州K—12年级科学学习标准》(分别对K~1、2~3、4~5、6~8、9~12年级提出要求)、《美国新罕布什尔州K—12年级科学素养课程框架》(分别对K~2、3~4、5~6、7~8、9~11、12年级提出要求)。

二、对探究要素的进阶的分析

(一)提出问题

对“提出问题”的进阶分析见表4-25。对探究能力中“提出问题”技能的不同要求用不同的数字编号进行分类：①提出问题；②提出可以通过科学研究回答的问题；③精炼、具体化问题。具体每个编号内部的要求在不同的年级也有差异，明显的差异用下划线标出。斜体字是课程文件中对理解“提出问题”的要求。需要说明的是，在本小节的进阶分析表中，空白代表该课程文件在该年级段对所比较的探究要素没有明确提出要求。例如，表4-25中的USA NSES在9~12年级、GBR在10~11年级、USA NH在3~4年级没有明确的对“提出问题”的要求的描述。其中，《英国国家课程——科学》中没有对K、12年级的要求，因此，表中K、12年级的对应位置以“N”表示。

由表4-25可见，虽然各个课程文件对“提出问题”的进阶的要求有较大差异，但在顺序上有以下规律：(1)先要求“①提出问题”，然后要求“②提出可以通过科学研究回答的问题”，然后才要求“③精炼、具体化问题”。虽然有的课程文件缺乏①②③中的某一个，但顺序都是如此。(2)对“①提出问题”的对象的要求的进阶规律是从对具体内容的提问发展到对抽象内容的提问，从对简单内容的提问发展到对复杂深刻内容的提问，从无意识的提问到有意识地去发现问题。例如，USA NH中要求“对身边事物提出问题➛对可观察事物间的关系提出问题➛对可观测的和不可观测的变量间的关系提出问题”；USA framework中要求“任何阶段的学生都应能对阅读的材料、现象、探究的结论等提出问题➛更熟练地对询问论点的证据、寻求对模型或解释的改进、挑战论点的前提等方面提出问题”。（3）在幼儿园及小学初期就可以对学生提出问题做出要求，虽然要求到何种程度还没有达成一致意见。一般到了初中以后才对“③精炼、具体化问题”提出要求。

表4–25　五份课程文件中对“提出问题”的要求进阶分析

年级＼课程文件	USA NSES	USA framework	GBR	USA WA	USA NH
K	②提出科学问题；*问题影响探究的类型和方法；科学家评估他人的研究并提出问题*	①任何阶段的学生都应能对阅读的材料、现象、探究的结论等提出问题 ③随年级的增加，学生的提问更中肯、更聚焦、更紧密	N	①对身边事物提出问题	①对身边事物提出问题
1			①提出问题		
2				①知道观察能促进提出问题	
3			②提出科学问题		
4				能识别一项研究中的起始问题	
5	③精炼问题（明确问题和探究对象）*问题影响探究的类型和方法*				①对可观察的事物间的关系提出问题 ②区分科学问题与非科学问题
6				②提出科学问题 ③限定或修订问题	
7		①更熟练地对询问论点的证据、寻求对模型或解释的改进、挑战论点的前提等方面提出问题	*知道问题、证据和科学解释间的相互影响*		③重新表述问题使其可被研究和检验
8					
9				①②③提出和评估问题	①对可观测的和不可观测的变量间的关系提出问题
10					
11					
12			N		③定义和限定问题以便于研究

在具体每个年级对学生的“提出问题”提出怎样的要求上，以及对要求的表述上，各课程文件又存在较大差异。例如 USA WA 和 USA NH 在幼儿园和小学初期都只要求“对身边事物提出问题”，而 USA framework 则对这个阶段的学生提出更高要求——“任何阶段的学生都应能对阅读的材料、现象、探究的结论等提出问题”；USA NSES 要求学生在 4 年级末就能“提出科学问题”，而 USA WA 在 6~8 年级才明确要求学生“提出科学问题”。

（二）猜想与假设

对“猜想与假设”的进阶分析见表 4–26。对探究能力中“猜想与假设”技能的不同要求进行分类：①提出猜想；②给出理由依据；③给出检验思路。每个编号内部的明显进阶差异用下划线标出。

表4-26 五份课程文件中对“猜想与假设”的要求进阶分析

<table>
<tr><th>课程文件 / 年级</th><th>USA NSES</th><th>USA framework</th><th>GBR</th><th>USA WA</th><th>USA NH</th></tr>
<tr><td>K</td><td rowspan="5"></td><td rowspan="5"></td><td>N</td><td rowspan="2"></td><td rowspan="3"></td></tr>
<tr><td>1</td><td rowspan="2"></td></tr>
<tr><td>2</td><td rowspan="2">①预测结果</td></tr>
<tr><td>3</td><td rowspan="4"></td><td rowspan="2"></td></tr>
<tr><td>4</td><td rowspan="2"></td></tr>
<tr><td>5</td><td rowspan="4">①将猜想明确化，并意识到猜想和科学知识的差别</td><td rowspan="6">①年长的学生应能够提出假设
②并解释假设的理由
③证明自己的假设</td><td rowspan="2"></td></tr>
<tr><td>6</td><td rowspan="3">①提出假设
②给出假设的理由
③解释设计的研究如何能检验假设</td></tr>
<tr><td>7</td><td rowspan="3">②需要的时候开展<u>预研究</u>并做出预测
③将想法变成可研究的形式，并给出适当的研究方式</td><td rowspan="2"></td></tr>
<tr><td>8</td></tr>
<tr><td>9</td><td rowspan="4">①提出假说
②说明假说的理由
③检验假说的研究设计间的关系</td><td rowspan="4"></td><td rowspan="3">②应用已有知识、基于证据和背景信息提出假设
③指出数据如何支持或否定假设</td></tr>
<tr><td>10</td><td rowspan="2"></td></tr>
<tr><td>11</td><td rowspan="2">②到高中阶段，所有假设都应<u>基于一个完善的模型或理论</u></td></tr>
<tr><td>12</td><td>N</td><td>②根据<u>研究的理论基础</u>做出假设</td></tr>
</table>

由表4-26可见，在各课程文件中，对“猜想与假设”提出要求的阶段都较晚，基本上都在初中阶段。对“猜想与假设”的要求一般是“①提出猜想”“②给出理由依据”“③给出检验思路”。同时提出，把科学猜想作为一个整体提出要求，而没有再把它拆分出来提出进阶的要求。USA framework 中提出，到高中阶段，学生提出的假设应基于完善的模型或理论；USA NH 中要求，在12年级，学生根据研究的理论基础做出假设。说明这两份课程文件希望学生最终应能够把假设和提出假设的理论基础系统地联系起来，而不是相对孤立地提出假设。其他三份课程文件没有在基础教育结束阶段提出类似的要求。

（三）制订计划与设计实验

对“制订计划与设计实验”的进阶分析见表4-27。对探究能力中“制订计划与设计实验”技能的不同要求大致分为三类分别进行进阶的分析：①控制变量；②笼统地设计实验，包括选择怎样的方法（除了控制变量）和器材收集数据、考虑的各个方面等；③收集哪些数据、取样。具体每个编号内部的明显进阶差异用下划线标出。

表4-27　五份课程文件中对“制订计划与设计实验”的要求进阶分析

<table>
<tr><th>课程文件／年级</th><th>USA NSES</th><th>USA framework</th><th>GBR</th><th>USA WA</th><th>USA NH</th></tr>
<tr><td>K</td><td rowspan="5">① 考虑“公平”的测试
② 设计简单的实验</td><td rowspan="13">①学生应有机会开展不同类型的研究……随着技能的精深，学生有机会……决定控制哪些变量……
学生能意识到并非总能控制住变量，控制不了变量时可以使用其他方法——寻找相关（理解相关关系和因果关系的差异）
②在小学阶段，学生应能设计研究的过程、学会如何记录信息，然后反复地修正计划；
随着发展，学生有机会决定收集什么数据、控制哪些变量、使用哪些仪器或工具、记录数据的形式、在分析数据时如何考虑测量误差等</td><td>N</td><td rowspan="2"></td><td rowspan="3">②选择工具和过程；提出计划、设计步骤；预测如果改变探究中的一步会导致什么结果</td></tr>
<tr><td>1</td><td rowspan="2">①能够识别“不公平”的测试或比较
②做之前思考可能发生什么；使用第一手数据或简单的信息源回答问题</td></tr>
<tr><td>2</td><td rowspan="2">②和他人一起计划并展开研究</td></tr>
<tr><td>3</td><td rowspan="4">①做出“公平”的测试或比较，一次只改变一个变量，观测结果
②做之前思考可能发生什么；使用第一手数据或其他信息源回答问题</td><td rowspan="2">①对简单的科学问题设计“平等的测试”
②计划一步步的步骤；选择一项活动并说明它是收集数据的有效手段</td></tr>
<tr><td>4</td><td rowspan="2">①展开控制的实验
②根据研究的问题计划适当的研究，包括观察、现场研究、实验研究、模型、开放研究</td></tr>
<tr><td>5</td><td rowspan="4">① 识别并控制变量
② 设计探究</td><td rowspan="2">①设计“平等的测试”
②设计简单的步骤；使用适当的技术；考虑提高实验质量的办法：例如控制和多次测量</td></tr>
<tr><td>6</td><td rowspan="3">①对控制变量策略的深入理解和使用
②根据研究的问题计划研究</td></tr>
<tr><td>7</td><td rowspan="3">①考虑关键因素，在不容易控制变量的情境中如何收集证据（实地调查等）
②将想法转化成可研究的形式，并选择合适的研究方法；使用第一手数据或其他信息源；考虑使用的仪器和材料
③考虑收集数据的范围和广度（取样）</td><td rowspan="2">①设计控制的实验，识别并控制主要的变量；识别设计中的缺陷</td></tr>
<tr><td>8</td></tr>
<tr><td>9</td><td rowspan="4">② 设计探究</td><td rowspan="4">②根据问题选择合适的研究方法</td><td rowspan="3"></td></tr>
<tr><td>10</td><td rowspan="2"></td></tr>
<tr><td>11</td></tr>
<tr><td>12</td><td>N</td><td>②选择合适的仪器
③设计适当的取样过程</td></tr>
</table>

由表4-27可见，对于“①控制变量”，在小学初期先让学生初步了解“公平”或“不公平”的测试，明确地对控制变量提出要求一般都在小学高年级和初中阶段；GBR在7~9年级（Key Stage 3）和USA framework还提出更高的进阶发展要求——在难以控制变量的情况下如何设计研究和收集证据。对于“③收集哪些数据、取样”的要求，GBR和USA NH分别在初中阶段和12年级提出要求，在较晚的阶段出现。对于“②笼统地设计实验，包括选择怎样的方法（除了控制变量）和器材收集数据、考虑的各个方面等”，没有具体的进阶规律，但整体上是从小学初期设计简单的研究、设计时考虑较少的因素和方面进阶发展到高中时能设计多种类型的研究、设计时考虑更多的因素和方面、选择更严谨的方法。例如USA framework提出的：“在小学阶段，……设计研究的过程、学会如何记录信息……；随着发展，学生有机会决定收集什么数据、控制哪些变量、使用哪些仪器或工具、记录数据的形式、在分析数据时如何考虑测量误差等。”在这个进阶发展的过程中，涉及方方面面的知识和技能的积累和发展，例如关于一些具体的实验仪器的知识和操作技能，关于实验误差的知识，作为实验设计的理论背景的具体领域知识和数学知识，等等。

控制变量在“制订计划与设计实验”中是各课程文件中进阶发展较为明显的一块，因为它在探究中是一个相对独立的重要策略。

（四）进行实验与收集证据

对“进行实验与收集证据”的进阶分析见表4-28，在体现出较明显的进阶差异的地方用下划线标出。

由表4-28可见，“进行实验与收集证据”在整体上的进阶发展规律为：从基本的观察到使用适当的工具和仪器帮助观测，然后逐步学习、训练一些观测方法，进行更加精确、系统的观测，最后形成符合科学规范的实验操作技能，能够注意实验中的误差并设法减小，并以适当的方式表达数据及其不确定度。USA NSES, GBR和USA WA都在小学后期明确提出了学生能够“多次重复测量”的要求。

表4-28　五份课程文件中对“进行实验与收集证据”的要求进阶分析

课程文件 / 年级	USA NSES	USA framework	GBR	USA WA	USA NH
K		与“制订计划与设计实验”中的②同：在K～12阶段，学生有机会开展各种不同类型的研究。在所有阶段，学生参与从教师指导下的探究到研究自己提出的问题；随着发展，学生有机会决定收集什么数据、控制哪些变量、使用哪些仪器或工具、记录数据的形式、在分析数据时如何考虑测量误差等	N	观察，使用图和表记录	根据自己的计划展开研究 遵循简单的过程展开研究
1	使用简单的仪器和技能，例如：观察、测量等；学习使用计算器和计算机		使用五种感官进行观察和测量		
2				准确地观察和描述、测量和记录数据 使用简单的工具观察和做出测量，使用图、表记录数据	
3			使用简单的仪器和材料 做出系统的观察和测量 重复观察和测量		遵循一系列过程；进行有指导的实验；使用适当的工具
4				合作展开控制的实验研究，选择适当的工具和仪器。注意变量的控制。使用合适的单位、表格、图记录数据 多次重复测量	
5	进行系统观察、精确测定 使用适当的工具（包括计算机）和技术收集数据 鼓励学生重复收集数据				遵循学生或教师提出的过程开展实验 在教师的指导下实验 使用合适的工具
6				合作开展各种类型的研究 强调控制变量	
7			使用各种仪器和材料 在一定的精度下做出观测 做出充分相关的观察以减少误差并获得可靠的证据		使用适当的工具和技术开展实验；在教师指导下实验
8					
9	适当的设备和技术			使用计算机和其他技术手段收集数据	选择适当的材料和仪器；有效并精确地使用仪器收集数据
10			收集第一手或第二手的数据 与人合作，精确地收集数据		
11					
12			N		控制变量，需要时能修改实验过程；执行适当的取样 识别误差来源，测量和记录时注意数据的不确定性

进行实验与收集证据的进阶发展也是大量关于实验误差、仪器读数和精度等领域共通的知识和技能，以及实验仪器等学科核心知识和技能的逐渐积累的结果，是一个复杂的综合过程，在一定量的积累后在整体上体现出进阶发展。

（五）分析与论证

对“分析与论证”的进阶分析见表4-29。对探究能力中“分析与论证”技能的不同要求大致分为两类分别进行进阶分析：①以适当形式表征和组织数据以利于分析；②对数据分析处理并总结规律。具体每个编号内部的明显进阶差异用下划线标出，斜体字是课程文件中对理解“分析与论证”的要求。

由表4-29可见，“分析与论证”在整体上的发展规律为：在“①以适当形式表征和组织数据以利于分析”方面，从简单的标签、图、表到更加复杂和具有专业特征的表征形式，例如 $x-y$ 散点图、交叉表等；在“②对数据分析处理并总结规律”方面，从通过简单的比较方式得出规律，到能够运用简单的数学知识分析处理数据，以至最终能够运用分析和处理数据的一系列标准化技术，例如使用相关的数学函数和统计知识，找出可能存在问题的数据，通过取平均值等处理方法减少误差等。“分析与论证”的进阶发展也是大量的相关知识和技能不断积累的结果。

表4-29　五份课程文件中对“分析与论证”的要求进阶分析

年级＼课程文件	USA NSES	USA framework	GBR	USA WA	USA NH
K		小学阶段，当学生参与一定的探究后，①能把数据用一定的形式表征以便于分析，例如图和表，还可以介绍计算机或其他数字化工具 初中阶段，学生学习展示、分析和解释数据的标准化技术。①②例如不同类型的图、挑出错误数据、通过平均的方法减少测量误差等。同时学生应知道为何需要这些技术 高中阶段，学生掌握更多组织和分析数据的技能，例如①②用 $x-y$ 散点图、交叉表来表达两个变量间的关系。他们用多种方式组织数据。使用数学和统计分析数据的特征，例如共变关系。学生有机会使用多样化的样本，并使用计算机等数字化工具帮助分析	N	①②使用标签、图、表分析数据的规律	①使用多种方式表征观察的信息并解释 ②识别并描述规律和关系
1			②做出简单的比较、识别简单的规律		
2				区分观察和简单的推论 ②根据研究证据得出结果	
3			②从自己的观测或别人的数据中进行比较并总结简单的规律 ②通过观测或其他人的数据得出结论		①用多种方式组织数据；选择适当的形式表征数据 ②给出可能的规律；分析数据，找出异常数据
4				①使用图、表组织数据，根据研究证据得出结论	
5	②对数据进行归纳总结并且对实验中的因果关系形成一个逻辑论点				①使用合适的工具组织数据；用多种方式组织数据 ②找出数据中的规律，形成基本解释；基于数据得出结论
6				①使用各种方式发现规律 ②使用统计过程分析数据和发现规律	
7			①使用各种图和表描述和找出数据中的规律或关系 ②使用观测或其他数据得出结论		①使用适当的工具组织数据 ②根据数据得出结论；找出实验误差的来源
8					
9	①组织和展示数据 ②确定数据的范围，数据的平均值和众数值，根据数据作图和寻找异常数据			②使用计算器、计算机和其他技术手段分析数据	①使用适当的单位组织和转化数据；用多种方式和形式组织数据
10					
11					
12			N		②解释数据中的规律和趋势，推测数据中的线性或非线性关系；比较理论值和经验值，并解释差异

（六）解释

对“解释”的进阶分析见表4-30。对探究能力中“解释”的不同要求大致分为三类分别进行进阶分析：①提出解释的基础和判断解释质量的准则（证据、已有理论模型、逻辑一致等），基于该准则可以从对同一现象的不同解释中进行选择；②对解释的理解认识；③提出解释的质量和抽象程度。具体每个编号内部的明显进阶差异用下划线标出，斜体字是课程文件中对理解“解释”的要求。

由表4-30可见，课程文件中对于“解释”在整体上大致给出的进阶发展规律为，对于“①提出解释的基础和判断解释质量的准则……进行选择”：从在小学早期学生就知道解释要有证据（或观察）的支持，到学生知道解释同时基于证据和已有知识，再到学生知道对同一现象可能提出不同的解释并能够用判断一项解释质量的科学准则来选择自己偏好的解释（主要在高中阶段，USA NSES初中就有所涉及）。对于“②对解释的理解认识”：USA NSES和USA WA在初中阶段要求学生区分解释和描述；USA WA还要求区分某研究的结论和由此得出的一般化推论。对于“③提出解释的质量和抽象程度”：随着年级的增长，在提出解释过程中应当考虑得更加严谨，并且可以涉及抽象的关系，例如通过控制变量的方法提出因果解释（USA framework），用数学和模型构造解释（USA framework、USA NSES）等。

对①的要求在初始阶段也存在着差异：有的课程文件在最初先让学生知道解释需要有证据支持，然后再让学生理解解释同时依赖于证据和已有知识；有的课程文件则在最初就同时列出了已有知识和证据共同作为提出解释的基础。

表4-30 五份课程文件中对"解释"的要求进阶分析

课程文件 年级	USA NSES	USA framework	GBR	USA WA	USA NH
K	学生①使用知识和所得到的证据来支持解释。依据知识、经验、他人的观察结果对解释进行检验 *解释基于证据和科学知识*	科学教育的早期，学生应能①根据观察提出解释，评估解释与证据的一致性。随着知识的发展，学生能够③通过控制变量的方法提出因果解释 到中学阶段，学生认识到一些①解释依赖于事物的模型或表征 到再后期的阶段，学生能够③使用数学或模拟建构对现象的解释	N	*①科学家使用观察结果（证据）提出解释*	
1			①比较实际现象和预期发生的现象，根据已有理论知识做出解释		
2				*①科学家使用观察（证据）和已有知识提出解释*	
3			①使用科学知识解释观察、测量、其他数据或结论		对数据的规律提出可能的解释 ①观测结果是否支持一项科学解释
4				*①科学解释强调证据、逻辑一致的论证和使用已有的知识*	
5	②区分解释和描述；根据两个或多个③变量之间的关系来陈述解释；考虑和倾听①不同的解释；③运用数学构造解释 *科学解释需要①证据、符合逻辑的论据、科学原理模型和理论。科学界接受并采用这些解释，直到被更好的解释取代为止*				①对数据的规律和关系提出基本的解释
6				②区分研究结果（证据）和推论（解释）；区分具体某研究的结果和由此得出的一般化结论	
7			使用科学知识解释观察、测量、其他数据或结论		
8					
9	通过①对当前科学理解水平的评估、对证据的权衡和对逻辑的检验，采用科学准则找出自己偏好的解释 *科学解释的判别标准：必须具有逻辑上的内在一致性，遵循证据法则，必须接受质疑和可能的修改，必须以历史的和当前的科学知识为基础*			分析①不同的解释并选择哪个最符合证据	
10			使用①科学理论、模型和观点提出对现象的解释 *通过创造性思维提出的对数据的解释，为检验想法和发展理论提供证据*		
11					
12			N		①通过解释的预言价值评估两种对同一现象的不同解释

（七）模型

对“模型”要求的进阶分析见表 4-31。在体现出较明显的进阶差异的地方用下划线标出，斜体字是课程文件中对理解“模型”的要求。

由表 4-31 可见，不同课程文件对于“模型”的要求进阶有所差异，但总体上大致的进阶发展规律为：从认识具体的模型（例如玩具）到理解抽象的模型（代表事件、过程、系统的模型，直至数学模型和计算机模型）；从认识和理解模型，到自己有意识地建构简单的模型并利用模型帮助理解事件、过程、系统，再到建构抽象的和复杂的模型并能够利用模型来做出探究和假设、预言。

在小学初期就有课程文件对认识具体的模型以及模型与其所代表的真实事物的相似与不同之处提出要求，对于明确地建构简单的模型也在小学中、后期有所要求，USA framework 则认为“入学初期就可以开始建模活动”。同时，USA framework 指出“模型的质量高度依赖于学生的前知识和技能以及学生对建立模型的对象系统的理解”，可见，单就某个模型的质量并不能作为进阶的标准，因为受到领域中的前知识和技能的影响。但随着年级的增加，学生对模型认识的深入以及建模技能的发展和知识与技能的不断积累，在熟悉的领域内学生建构高质量模型的概率应越来越大。

表4-31　五份课程文件中对“模型”的要求进阶分析

课程文件 / 年级	USA NSES	USA framework	GBR	USA WA	USA NH
K		在入学初期就可以开始建模活动。从具体的模型发展到抽象的表征相关关系的模型。能够用抽象的模型来说明自己的想法或发现并交流。学生提出的模型的质量高度依赖于学生的前知识和技能以及学生对建立模型的对象系统的理解，因此随着学生理解的深入，他们应能改进自己的模型	N	以玩具为例，解释玩具和它代表的真实物体的相似和不同之处	知道模型和真实事物不同，但模型可以帮助理解事物 利用类比描述事物
1					
2				使用简单的模型研究一个系统，解释如何使用模型来理解系统 *模型对理解过大、过小或危险的系统很有帮助*	
3			使用简单的模型解释事物		知道模型的条件变化导致结果的变化，真实事物可能是类似的 使用几何图形、数列、图表等作为科学模型
4				建构一个简单的模型来代表事件、系统或过程；使用模型帮助理解系统等；解释模型与其代表的事物间的相似和不同之处 *模型是事物等的简化表征，和真实的事物不完全一样*	
5	运用证据构建模型				*理解模型经常被用于思考过快、过慢、过大、过小或潜在危险的过程*
6				建构模型以代表物体或过程等；使用模型探索两个变量间的关系；指出模型和真实现象的相似和不同之处 *模型可以用来检验假设和更好地理解事物，但有局限性*	
7			使用模型解释现象和事件		演示数学模型在计算机上的运行，并修改模型观察结果；根据不同目的，可以使用不同模型代表同一事物；模型体现了直觉和创造性在科学中的作用
8					
9	运用逻辑和证据构造和修改模型；模型包括物理模型、概念模型和数学模型			基于模型提出假设 *建构能够提出预言的模型是科学探究的重要方面*	数学模型，可以很好地符合观测但没有直觉上的意义
10			使用模型提出对现象的解释		
11					
12			N		计算机模型，可以模拟复杂的过程；应用和评价不同的理论模型

（八）评估

对“评估”要求的进阶分析见表4-32。斜体字是课程文件中对理解“评估”的要求。

表4-32 五份课程文件中对“评估”的要求进阶分析

<table>
<tr><th>课程文件
年级</th><th>USA NSES</th><th>USA framework</th><th>GBR</th><th>USA WA</th><th>USA NH</th></tr>
<tr><td>K</td><td rowspan="5">科学家对他人探究的结果进行评估</td><td rowspan="13">无对评估的进阶的单独描述</td><td>N</td><td rowspan="2"></td><td rowspan="3"></td></tr>
<tr><td>1</td><td rowspan="2"></td></tr>
<tr><td>2</td><td rowspan="2"></td></tr>
<tr><td>3</td><td rowspan="4">评估研究工作的意义或局限性</td><td rowspan="2">注意数据的矛盾和偏差
观察和测量是否支持结论</td></tr>
<tr><td>4</td><td rowspan="2"></td></tr>
<tr><td>5</td><td rowspan="4">科学家在评估时检验证据、比较证据、找出错误推理、指出没有足够证据支持的观点、对同样的观测结果考虑不同的解释</td><td rowspan="2">实验结果是否支持假设</td></tr>
<tr><td>6</td><td rowspan="3">识别研究的缺点：未控制变量、将有限数据得出的结论过分一般化、实验者的偏见
反思和自我评估</td></tr>
<tr><td>7</td><td rowspan="3">考虑观测中的异常数据；得出结论的数据是否充分；对研究方法提出改进</td><td rowspan="2">识别简单的实验设计的缺陷；识别实验误差的来源
评估为回答问题还需要哪些额外信息；实验结果是否支持假设，收集到的信息能否评估一项假设</td></tr>
<tr><td>8</td></tr>
<tr><td>9</td><td rowspan="4"></td><td rowspan="4">评估一项研究：结果是否可信，研究能否有效地回答问题</td><td rowspan="3">实验结果是否支持假设</td></tr>
<tr><td>10</td><td rowspan="2">评估收集数据的方法、证据的信度和效度</td></tr>
<tr><td>11</td></tr>
<tr><td>12</td><td>N</td><td>识别误差来源、测量的不确定度；评估数据的相关性、可靠性和充分性以及数据收集方法；
比较理论和经验值并解释偏差；评估不同的解释</td></tr>
</table>

由表4-32可见，课程文件中要求小学高年级学生能够做些简单方面的评估，到了初中阶段则相对全面地涉及评估探究过程的各个方面。但初中以后的进阶规律单从对探究的要求这一块来看并不明显。这是由于评估活动受到跨领域共同知识技能和领域知识技能的重要影响，而其中独立于具体跨领域和领域知识的一般内容（例如评估可以从哪些方面展开）又不像控制变量策略那么明显。评估的水平也是一个涉及多方面知

识和技能的积累的结果，虽然课程文件中探究部分对评估要求的笼统描述在初中至高中阶段的进阶规律不明显，但实际上随着学生对更多相关知识和技能的掌握和熟练，在其熟悉领域评估的水平也在不断提高。

（九）交流与合作

对“交流与合作”要求的进阶分析见表 4-33。在体现出较明显的进阶差异的地方用不同的下划线标出。

由表 4-33 可见，各课程文件中对“交流与合作”的要求，基本上从小学低、中年级就开始要求能够用多种方式进行交流，并且在 K~12 年级中不断地培养清晰、准确、诚实的交流习惯并越来越熟练。由表 4-33 还能看出进阶发展的规律：随着不断的学习，学生知道科学的一般术语并能够用其进行交流，知道科学的写作规范并进行写作；一般要求在初、高中阶段学生能够根据科学规范进行交流并写出书面报告。

表4-33 五份课程文件中对“交流与合作”的要求进阶分析

<table>
<tr><th>课程文件
年级</th><th>USA NSES</th><th>USA framework</th><th>GBR</th><th>USA WA</th><th>USA NH</th></tr>
<tr><td>K</td><td rowspan="5">交流、批评和分析探究工作，采用口头、图示和书面方式</td><td rowspan="13">初始阶段，应鼓励学生参与交流，尤其是对亲身参与的观察和研究的交流
小学末期和初中阶段，明确地教学生阅读科学文本，包括表、图等。同时，学生应当学习一般术语的意思，例如分析、相关等。学生应能对自己的工作进行写作，知道科学写作的规范和用图、表等表达。同时，学生也应有机会做讨论和口头表达
到高中，学生应能阅读更复杂的、范围更广的文本。同时，学生应能用批判的眼光去阅读媒体材料，并阅读一些初级的科学文献</td><td>N</td><td rowspan="2">……对简单研究的观察结果进行报告
倾听并使用他人的观察</td><td rowspan="3">使用多种工具和形式交流思想和观察</td></tr>
<tr><td>1</td><td rowspan="2">用多种方式（包括ICT）交流他们的观察、总结和解释他们的工作</td></tr>
<tr><td>2</td><td rowspan="2">诚实地交流自己的研究，描述观察的步骤并总结结果</td></tr>
<tr><td>3</td><td rowspan="4">使用多种方法（图、表、ICT等）适当并系统地交流数据
总结自己和他人的工作，并描述其意义和局限性</td><td rowspan="2">使用多种工具和形式总结和交流观察的结果</td></tr>
<tr><td>4</td><td rowspan="2">使用各种手段精确有效地表述数据和研究的发现；交流研究的目的、过程、结果；开放地接受别人对自己研究的评论和质疑；讨论他人的研究发现和结论的差异</td></tr>
<tr><td>5</td><td rowspan="4">更好地交流实验方法……总结他人成果、向他人报告成果并做出解释</td><td rowspan="2"></td></tr>
<tr><td>6</td><td rowspan="3">按科学规范的要求和惯例写出研究报告</td></tr>
<tr><td>7</td><td rowspan="3">使用各种各样的方法表示和交流定量和定性的数据</td><td rowspan="2">使用多种工具及口头、书面、图像的形式共享观察和研究得到的信息和结果</td></tr>
<tr><td>8</td></tr>
<tr><td>9</td><td rowspan="4">准确而有效地交流。包括……解释统计分析结果……以及对批评性意见做出得当反应等</td><td rowspan="4">按科学规范的要求和惯例写出研究报告；描述一个科学理论的发展……</td><td rowspan="3"></td></tr>
<tr><td>10</td><td rowspan="2">……解释和质疑科学信息或观点
使用定量和定性的方法
使用科学、技术和数学的语言、科学规范和符号……呈现信息和进行论证</td></tr>
<tr><td>11</td></tr>
<tr><td>12</td><td>N</td><td>使用术语写出书面报告，使用多种媒体交流科学思想……</td></tr>
</table>

注：ICT即Information & Communication Technology，信息与交流技术

三、总结

通过对五份课程文件中科学探究能力在不同阶段的要求的发展研究可以得出：不同课程文件对探究要求的发展有一些共同的规律，例如发展的顺序，一些相对独立的知识或技能（例如控制变量、做出科学猜想等）出现的大致阶段等；不同的课程文件对发展的要求也有很多差异之处，例如对掌握一些知识、技能或达到某种行为表现所要求的具体年级可能有所不同，最后到高中毕业时要达到的要求也有所差异。对于一些综合性较强，通过多方面的知识和技能积累而得到发展的能力（例如进行实验、分析与论证等），从科学探究的角度对其发展的差异只能从整体上宏观地描述，很难分阶段具体地划分清楚发展水平。但是一些相关的具体知识或技能是可以在课程文件的具体课程内容部分按阶段划分的，例如在哪个学段掌握示波器的使用、用逐差法分析数据等。

将五份课程文件中对科学探究能力要求的发展进阶体现出的共同规律的要点总结如表 4-34 所示。

表4-34　对科学探究能力的要求的发展进阶规律总结

科学探究能力	规律
提出问题	（1）在入学初期就可以对提出问题做出要求，然后要求提出可通过科学研究回答的问题（大致在小学高年级可提出），再要求学生能够精炼、具体化问题（大致在初中阶段即可提出）。（2）随着年级的增加，学生能从对具体内容的提问发展到对抽象内容的提问，从对简单内容的提问发展到对复杂深刻内容的提问，从无意识的提问到有意识地去发现问题。（3）在具体每个年级对学生的“提出问题”提出怎样的要求上，以及对要求的表述上，各课程文件存在较大差异
猜想与假设	（1）对猜想与假设提出要求的阶段较晚，基本上都在初中阶段。（2）对科学猜想与假设的要求作为一个整体提出：同时要求学生能够提出猜想、给出理由依据、给出检验思路，而没有把它拆解出来并分阶段提出进阶的要求
制订计划与设计实验	（1）控制变量，在小学初期先让学生初步了解“公平”或“不公平”的测试，明确对控制变量提出要求一般在小学高年级和初中阶段。（2）对取样的要求，在初、高中阶段出现。（3）设计实验整体上的进阶规律：从小学初期设计简单的研究，设计时考虑较少的因素和方面，进阶发展到高中时能设计多种类型的研究，设计时考虑更多的因素和方面，选择更严谨的方法

续表

科学探究能力	规律
进行实验与收集证据	（1）在小学后期提出“多次重复测量”的要求。（2）进行实验与收集证据整体上的进阶规律为：从基本的观察到使用适当的工具和仪器帮助观测，然后逐步学习、训练一些观测方法进行更加精确、系统的观测，最后形成符合科学规范的实验操作技能，能够注意实验中的误差并设法减小，并以适当的方式表达数据及其不确定度
分析与论证	（1）表征和组织数据的技能的发展：从简单的标签、图、表到更加复杂和具有专业特征的表征形式，例如x-y散点图、交叉表等。（2）分析处理数据和总结规律的技能的发展：从通过简单比较的方式得出规律，到能够运用简单的数学知识分析处理数据，再到能运用分析和处理数据的一系列标准化技术——使用相关的数学函数和统计知识、找出问题数据、通过取平均值等数据处理方法减少误差等
解释	（1）提出解释和对判断解释质量的标准的认识的发展：从小学早期学生就知道解释要有证据（或观察）的支持，发展到学生知道解释同时基于证据和已有知识，再到中学阶段学生知道对同一现象可能提出不同的解释并能够用判断一项解释的质量的科学准则来选择自己偏好的解释。（2）对解释的理解：有的课程文件在初中阶段要求学生区分解释和描述，区分某研究的结论和由此得出的一般化推论。（3）提出解释过程的质量和抽象程度：随着年级的增加，在提出解释过程中应当考虑得更加严谨，并且可以涉及抽象的关系，例如通过控制变量的研究提出因果关系的解释，用数学和模型构造解释等
模型	（1）从认识具体的模型（例如玩具）逐渐过渡到理解抽象的模型（代表事件、过程、系统的模型，直至数学模型和计算机模型）。（2）从认识和理解模型，到自己有意识地建构简单的模型并利用模型帮助理解事件、过程、系统，再到能够建构抽象的和复杂的模型并能利用模型来做出假设、预言和探究。（3）在小学初期就有课程文件对认识具体的模型以及模型与其所代表的真实事物的相似与不同之处提出要求；对于明确地建构简单的模型，有的课程文件认为“入学初期就可以开始建模活动”，有的则在小学中、后期提出要求
评估	小学高年级学生能够做些简单方面的评估，到初中阶段则能相对全面地评估探究过程的各个方面
交流与合作	（1）从小学低、中年级就开始要求能用多种方式进行交流。在K~12年级中不断地培养学生清晰、准确、诚实的交流习惯和技能，并随年级发展越来越熟练。（2）随着学习的发展，学生知道科学的一般术语并能用其进行交流，知道科学的写作规范并进行写作。初、高中阶段学生应能根据科学规范进行交流并写出书面报告

第五章　专家与中学生的探究图式的比较研究

上一章对国际上的课程文件中对探究的知识和技能的要求进行了比较分析，分析的结果丰富具体化了KSMIA中探究的图式与技能、领域共通的知识与技能中的内容。本章通过访谈，实证探查专家与新手的探究图式（部分），并分析比较专家和新手的探究图式的特点。

第一节　研究的设计和实施

一、研究的设计

本章的目的是通过访谈探查个体头脑中的探究图式的特点。在介绍KSMIA时已经分析过：探究图式有一部分是可意识到的，可以通过研究探测到；还有一部分是难以意识到或难以准确检测到的；想探测到某人完整的探究图式虽不可能，但可以从某些角度、在一定的程度上探测头脑中的部分探究图式。

本章对北京市三帆中学（北京市示范初中）11名九年级学生（7男4女，作为新手组），北京师范大学物理学系、国家天文台的5名三年级博士生（4男1女，作为专家组）进行了访谈。每人阅读材料和访谈的时间为30~40分钟，但不限制最长时间。访谈在安静的教室中开展，研究者在被试中断叙述时鼓励其继续说下去，但不给予提示。访谈的材料和问题见下文。材料中第一题让被试根据自己的原有经验谈对探究的认识；后面的四道题则首先给被试阅读一段材料，然后根据材料对被试进行访谈，目的是引发被试的潜在认识。访谈时用录音笔录下访谈的全部内容，访谈结束后将录音笔中的内容转录为文本。然后根据访谈的文字记录，分析专家和新手在访谈中体现出的个人探究图式。

二、访谈的材料和问题

问题一：**请结合你过去的经验、阅读到的或听说的关于科学探究的知识，谈谈你对科学探究的认识。**[例如：你认为什么对科学探究最重要？科学探究的过程包含哪些要素（或步骤）？举出你认为最典型的科学探究的例子并说明你的认识。]

问题二：目前市场上存在各种保健茶产品，其真正的功效如何影响到每位消费者切身的利益。某公司针对这些产品的效果展开研究，以某品牌的常润茶和减肥茶为例。

2009 年，该公司委托北京某医院进行临床测试，让 120 名有排便困难的人喝两周常润茶。结果显示，常润茶能减轻便秘症状，且无严重副作用。

2003 年，该公司让 32 名轻微肥胖人士连续 30 天“每天饮用四包减肥茶”，发现这些人体重均有减轻，亦无出现明显健康损害。该公司认为临床研究结果充分，无须其他研究。

2007 年，某医学院的几名学生做了一项名为“某减肥茶减肥机理及副作用研究”的试验。试验内容：在 7 天内，向不同小鼠灌喂蒸馏水和该减肥茶，并分析对比最终结果。试验结果：与灌喂蒸馏水相比，灌喂该减肥茶的减肥效果并不显著；服用减肥茶会造成腹泻，但高、低剂量的减肥茶造成的腹泻情况并无显著差异。

问：请评价以上研究能否证明该减肥茶的效果。如果能，为什么？如果不能，哪里可能存在问题，进一步的研究应如何设计？

问题三：早在猿人的时候，我们的祖先就会“钻木（摩擦）取火”，这实际上是将动能转化为热能的过程。在之后的一段漫长岁月里，人们发明了利用畜力、水力等运转的机械。虽然祖先很早就开始利用能量的转化，但是长期以来并没有从理论上认识到这一问题。

问：请评论为什么我们的祖先很早就利用能量的转化，但却没意识到能量的转化问题？

问题四：处于思辨时期的古代哲学中就存在守恒的思想。和能量守恒定律相关的，有古希腊的朴素辩证法和唯物论思想家阿那克萨戈拉、赫拉克利特、德谟克利特提出的“运动不灭”的自然哲学思想。又如，1644 年，笛卡儿在《哲学原理》中指出：“……物质却有一个一定量的运动，这个量（编者注：类似于能量）从来不增加也从来不减少。”但是，这些想法只是设想，没有实验的支持。

问：一些早期的哲学家在思辨中模糊地显示出了守恒的想法，这些想法和科学上的“能量守恒定律”差距在哪？意义在哪？

问题五：物理学史——“热动说”和“热质说”的论战

“热质说”是 18 世纪广为流行的一种错误理论。它认为，热是一种没有重量、可以在物体中自由流动的物质。当时一大批支持“热质说”

的物理学家们，根据已有的实验现象构想关于“热质”的理论。例如：

（1）物体都有一定的温度，这是因为物体内部都渗透着一定量的热质。

（2）摩擦和碰撞常会产生大量的热，这是因为物体内部潜在的热质在激烈碰撞和摩擦时被挤压了出来。

（3）物体受热总要膨胀，这是因为热质是自相排斥的，所以物体吸收了它，体积就会增加。因而热也常由高温物体向着低温物体传播。

现在我们知道，热是分子的无规则运动（即“热动说”），并不存在想象中的“热质”。然而，在当时，“热质说”也能解释大量的实验现象。“热质说”和“热动说”的拥护者们展开了争论。举例如下：

（1）关于物体是否一定热胀冷缩的问题。按照“热质说”，物体的热胀冷缩是由热质自相排斥的特性所决定的。物体在吸热时，物体体内热质增多，体积一定膨胀；冷却时，体积一定缩小。然而，这种观念却遭到了事实的反驳。例如实验表明，在4℃以下的水是“热缩冷胀”的。这是什么原因呢？实验和“热质说”理论的矛盾尖锐地存在着。但是在当时的认识水平上，不论“热质说”或是“热动说”，对这个问题都不能做出合理的回答。于是乎“热质说”的拥护者们因此而心安理得。

（2）关于热质是否有重量的问题。直到18世纪末的整整一个世纪内，凡是主张“热质说”的人，都力图寻找热质有重量的证据，以证实热质的存在。但是他们做了许多实验，结果却常常互相矛盾。有人根据“同一个”物体热的时候比冷的时候重的事实，说实验证明热质有重量；有人根据同一物体在热的时候和冷的时候一样重的事实，说实验证明热质没有重量；有人宣称，实验证明热质的重量是“负”的。然而经过一些科学家的分析，在这些实验中所表现出来的“重量”变化，都不能确定是热质所造成的。这些重量变化，或是由于称量时天平的力臂膨胀了，或是由于被称量的物体在加热时氧化了，或是由于被称量的物体在变冷时有水汽凝结了上去。对于测量所谓“热质的重量”的分歧结论，“热动说”的支持者认为这恰恰说明了热质不存在。然而，拥护“热质说”的人们却不服输，他们找出种种理由来辩解。例如，有支持“热质说”的科学家辩解：热质太轻了，以至于要在实验上测出来十分困难。在当时，很多科学家根据实验事实将热质的重量假设为正的、无重甚至是负的，从而解释各种实验现象。况且当时人们相信无重的“光微粒”的存在，因此假设热质没有重量也尚可被科学家们理解。“热动说”和“热质说”在“热质是否有重量”的问题上的争论也没有得出什么结果。

（3）关于摩擦生热的问题。这个问题历来是“热质说”和“热动说”争论的焦点。根据“热质说”的支持者布莱克的理论，只要说摩擦产生的热是在摩擦过程中从物体内部挤压出来的“潜热”，就足以把“热动说”驳倒。但是，“热动说”也不是那么容易被驳倒的。在这个问题上，“热动说”的支持者伦福德和戴维以大量事实和实验为依据，同“热质说”展开了针锋相对的辩论。最终，科学界逐渐抛弃了“热质说”。

问：1. 阅读完上述“热动说”和“热质说”的争论，你产生的对科学探究最深刻的印象有哪些？

2. 在科学探究中，你认为实验的地位、影响和作用有哪些？（可以举阅读材料中的例子说明）

3. 在科学探究中，你认为理论和思考的地位、影响和作用有哪些？（可以举阅读材料中的例子说明）

4. 在科学探究中，你认为创造性、批判、质疑、信念的影响和作用有哪些？（可以举阅读材料中的例子说明）

第二节 专家-新手的探究图式分析

通过对访谈结果的分析，可以在一定程度上得到被试关于探究过程的部分图式以及对理论和实验的关系的认识。对理论和实验的关系的认识也是探究图式的一个组成部分。通过专家和新手进行对比，以及将专家、新手的部分探究图式和课程文件中的对探究图式的要求进行对比，一方面可以得到个体头脑中实际的探究图式的特点和不同个体（专家和新手）的图式的差异，另一方面可以为课程文件的修订提供参考和借鉴。本节用图的形式将对访谈的分析结果清楚地描述出来，分别列出了新手的部分探究图式和专家的部分探究图式。

为便于分析，首先对被试在访谈中提到的对理论和实验的关系的认识进行编码，见表 5-1。编码涵盖了所有被试提到的理论和实验关系的不同认识。在编码系统中，左边列是概括的认识，右边列是左边列的更具体细化的描述。表 5-1 左边有两组同类的不同观点：实验可以 / 不能证实理论分别被编码为 2Y/2N，实验可以 / 不能证伪理论分别被编码为 3Y/3N。右边列的编码首先以对应的左边列编码后面加上“. 数字”，后面的“+”代表右边具体陈述的质量比左边对应的陈述质量更好，“-”则代表右边的质量不如左边。表中斜体字代表的是不正确的认识。

表5-1 被试对理论和实验关系的认识的编码

对理论和实验关系的认识	细化的描述
1 理论需要实验的检验	1.1+理论做得越深应当离实验越近
	1.2+好的实验是检验两个理论不一样的预言
	1.3+检验理论时，可重复的实验才可信
2Y 实验可以证实理论	2.1Y+大量实验可证明一个理论
	2.2Y- 实验成功了，理论一定正确
2N 实验不能证实理论	2N+几个实验只能说在这几个实验上验证了这个理论

续表

对理论和实验关系的认识	细化的描述
3Y 实验可以证伪理论	3Y+实验往往只能证伪理论的某一部分，而不是整个理论
3N 实验不能证伪理论	3N+很多个实验能否定一个理论
4 实验可以启发提出新观点，引出新理论	4.1实验引发对已有理论的质疑
	4.2实验是发现的起因
	4.3实验结果可以修正理论模型
5 理论为实验提出启示、指导实验方向和展开	
6 理论帮助分析实验中可能存在的错误	
7 理论分析帮助抽象概括实验数据、形成解释	7-理论分析是实验后一个必需的东西
8 研究中应该综合考虑实验和已有理论	

一、新手的探究图式

对 11 名九年级学生的部分探究过程图式和对理论和实验间关系的认识的分析结果，大致按照访谈中体现出的图式的质量从低到高的顺序排列。在每幅图式中，上面的部分是被试的部分探究过程图式，下面的部分是被试对理论和实验关系的认识。将 11 名学生按学校的各科学业总成绩水平分为 A、B、C、D、E，并将学生的学业总成绩水平和性别标注在括号中。各图中的斜体字代表的是不正确的认识。

（1）学生一（D，男）

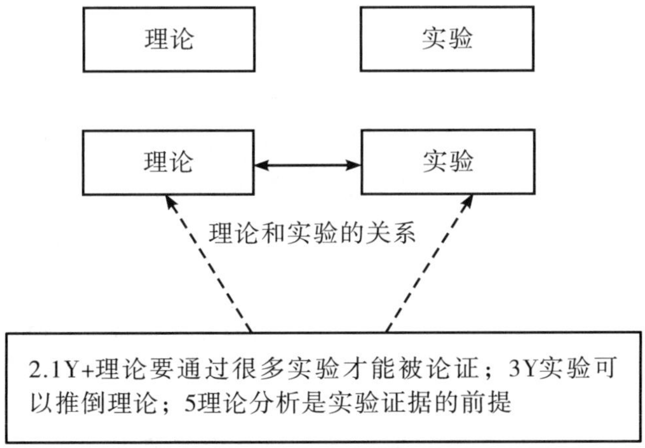

图 5-1　学生一的部分探究图式

（2）学生四（C，女）

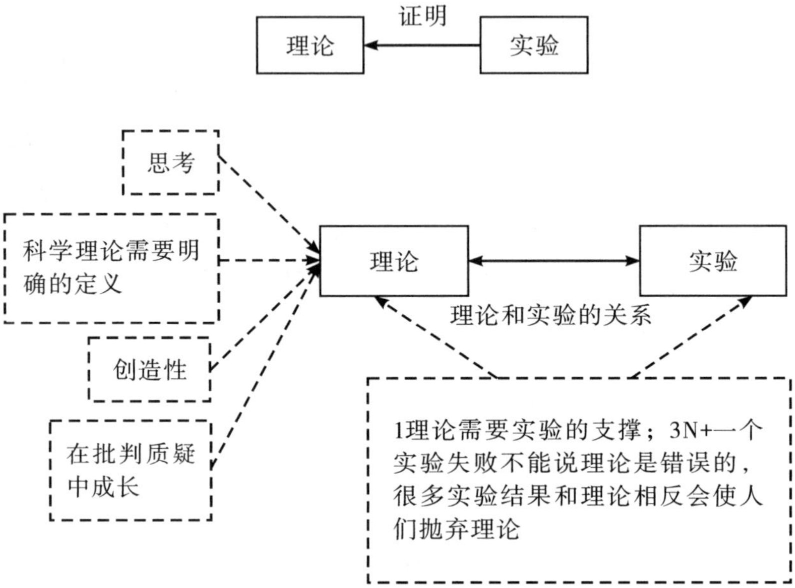

图 5-2 学生四的部分探究图式

（3）学生九（B，男）

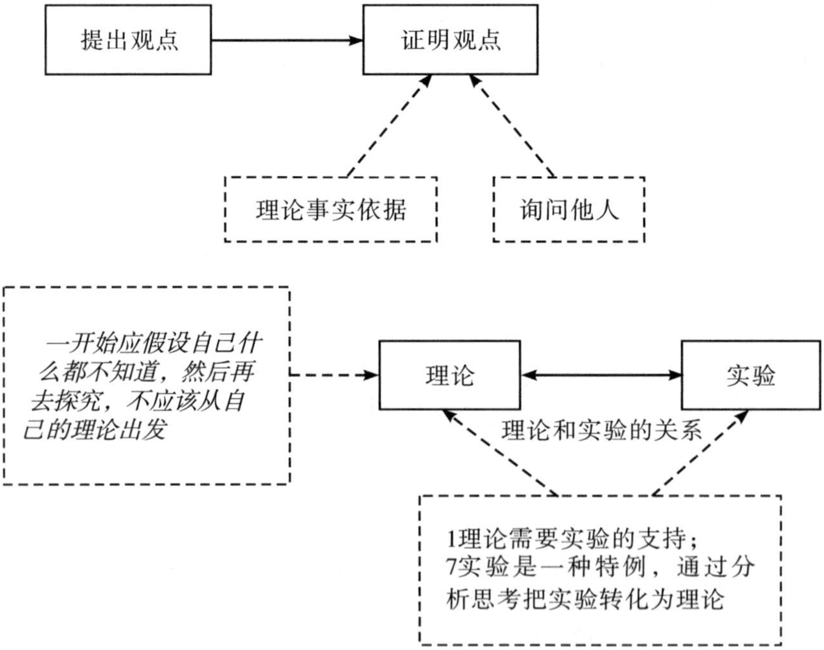

图 5-3 学生九的部分探究图式

（4）学生八（C，男）

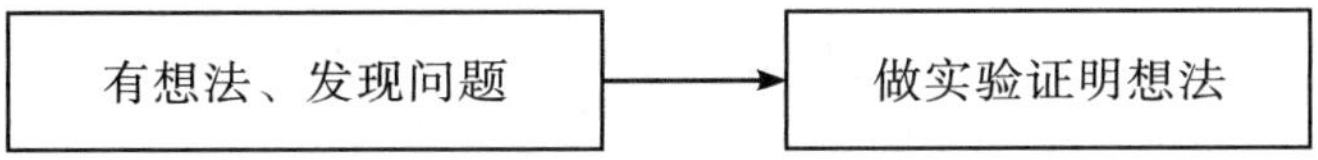

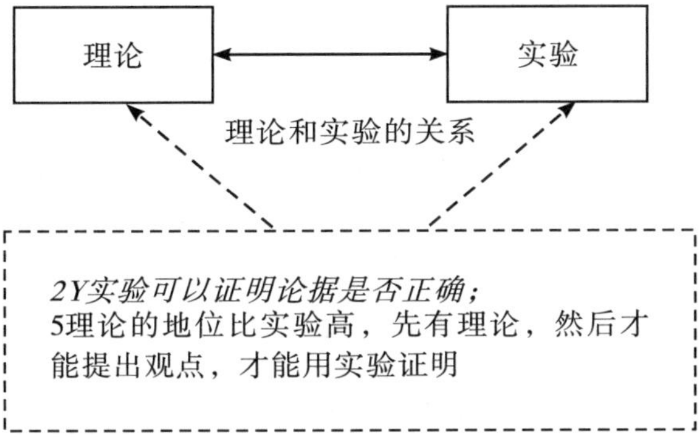

图 5-4　学生八的部分探究图式

（5）学生二（E，男）

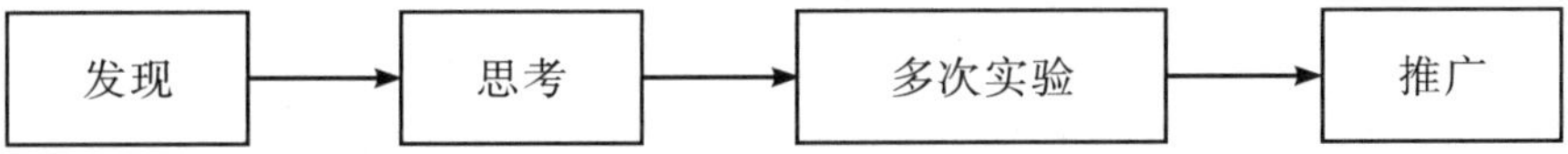

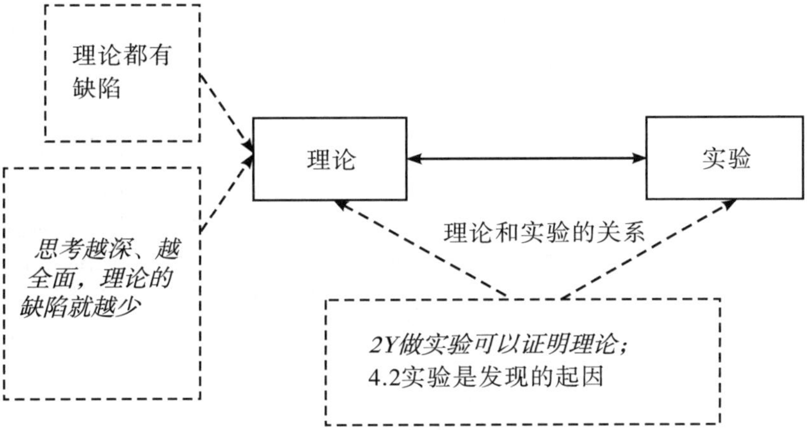

图 5-5　学生二的部分探究图式

（6）学生十一（A，男）

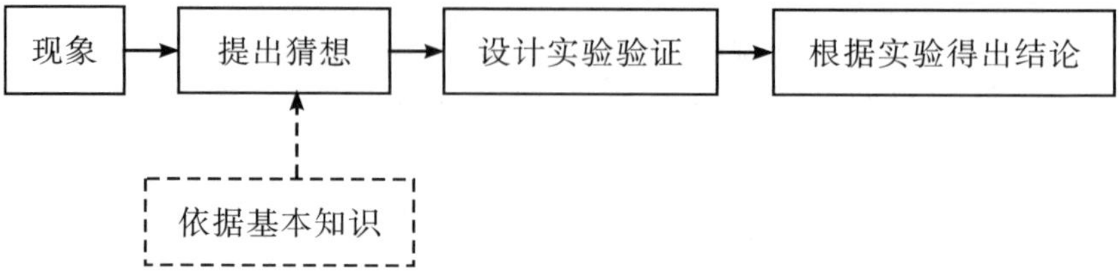

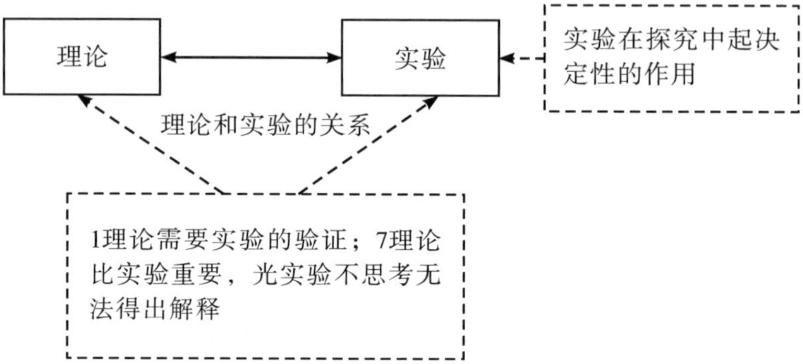

图 5-6 学生十一的部分探究图式

（7）学生三（A，女）

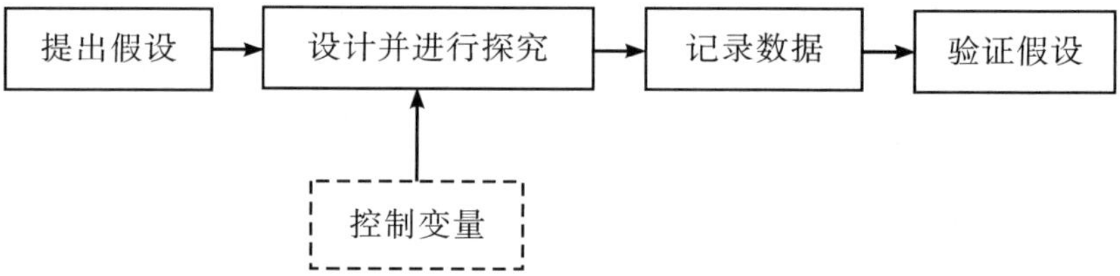

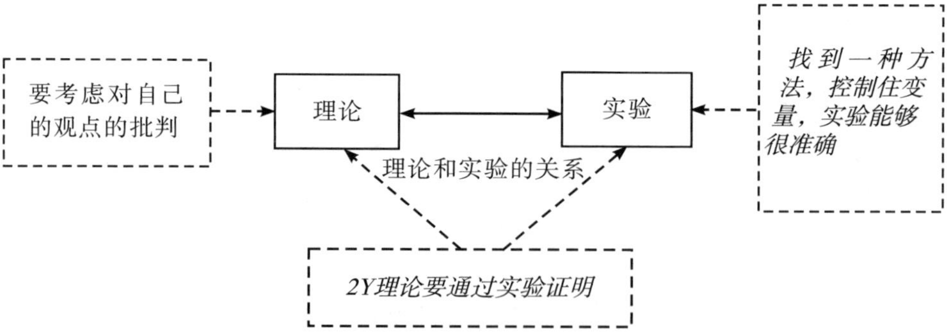

图 5-7 学生三的部分探究图式

（8）学生六（B，男）

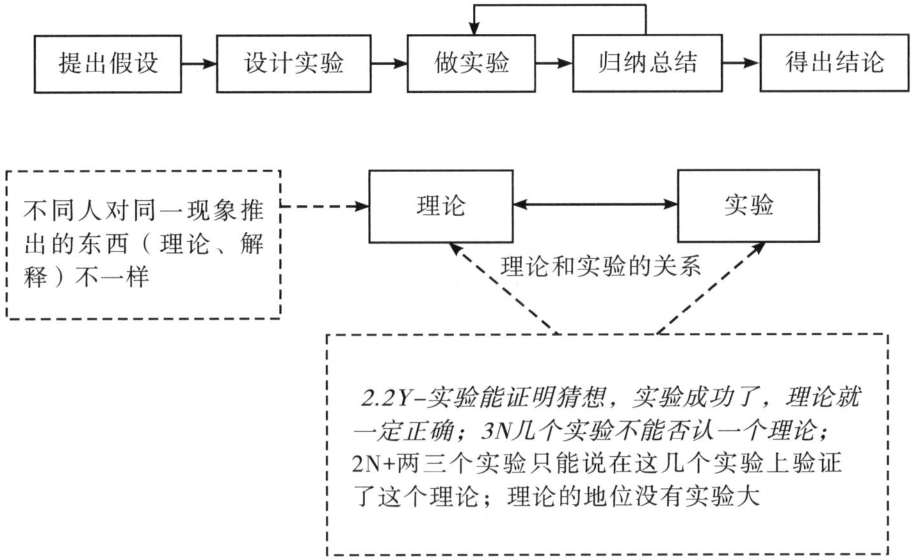

图 5-8 学生六的部分探究图式

（9）学生十（A，男）

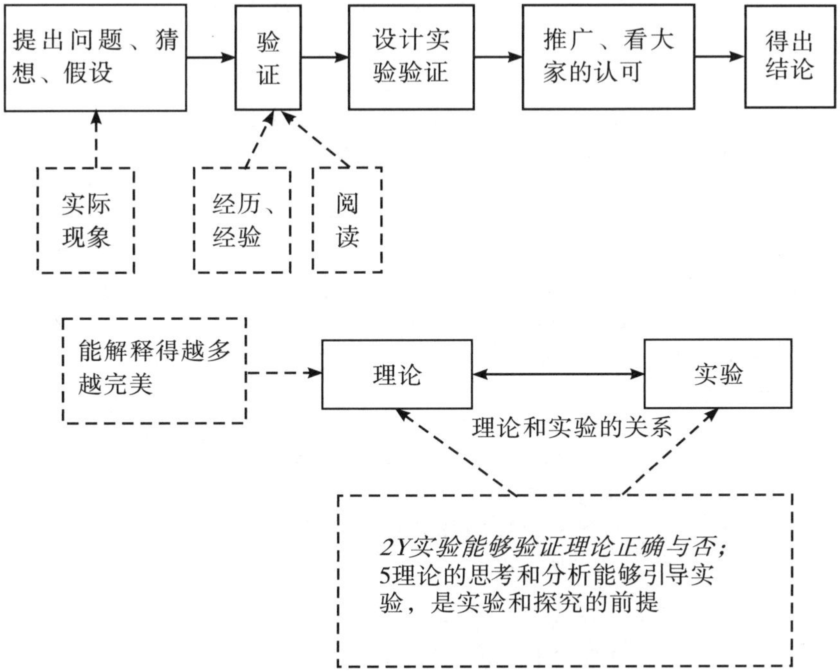

图 5-9 学生十的部分探究图式

（10）学生七（E，女）

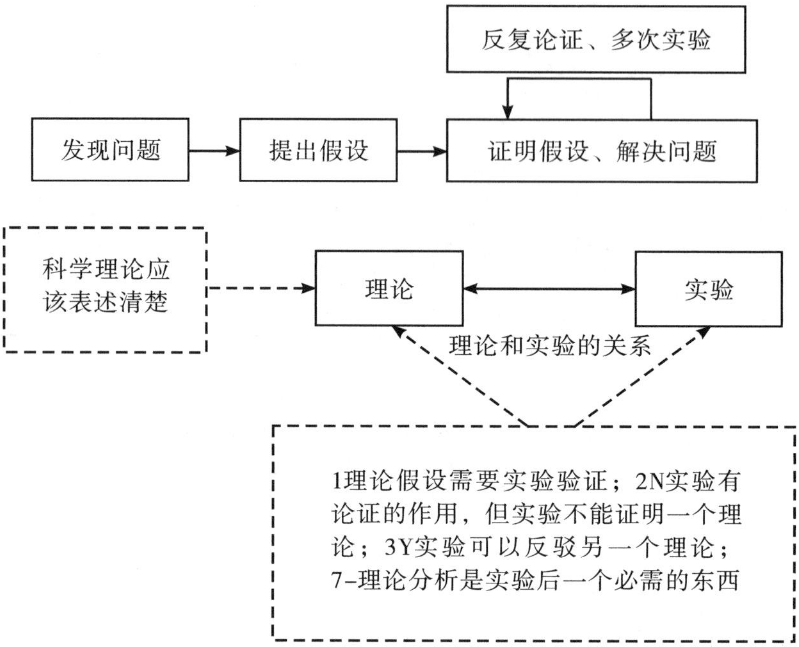

图 5-10 学生七的部分探究图式

（11）学生五（A，女）

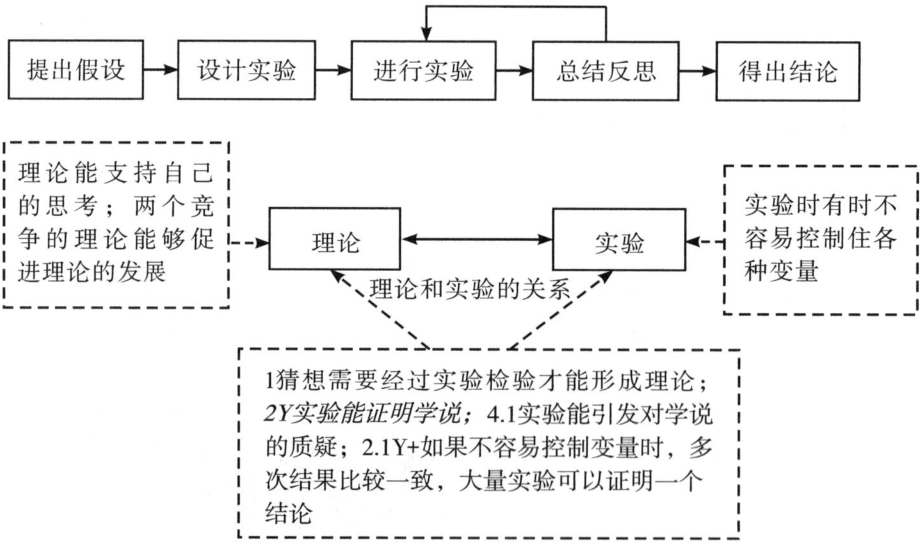

图 5-11 学生五的部分探究图式

二、专家的探究图式

对 5 位专家(三年级博士生)的访谈结果分析得到专家的探究图式(部分)，括号中标明了每位专家的学科方向和性别。

（1）专家一（理论物理学博士，男）

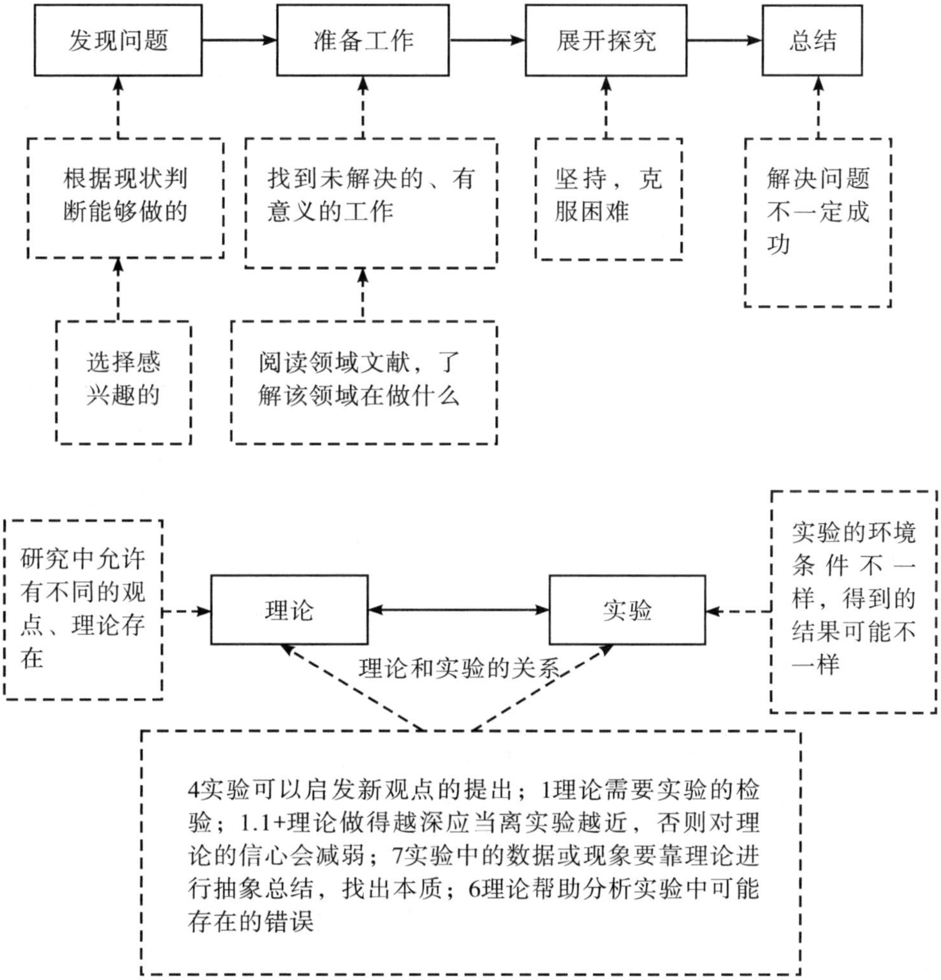

图 5-12　专家一的部分探究图式

（2）专家二（凝聚态物理学博士，男）

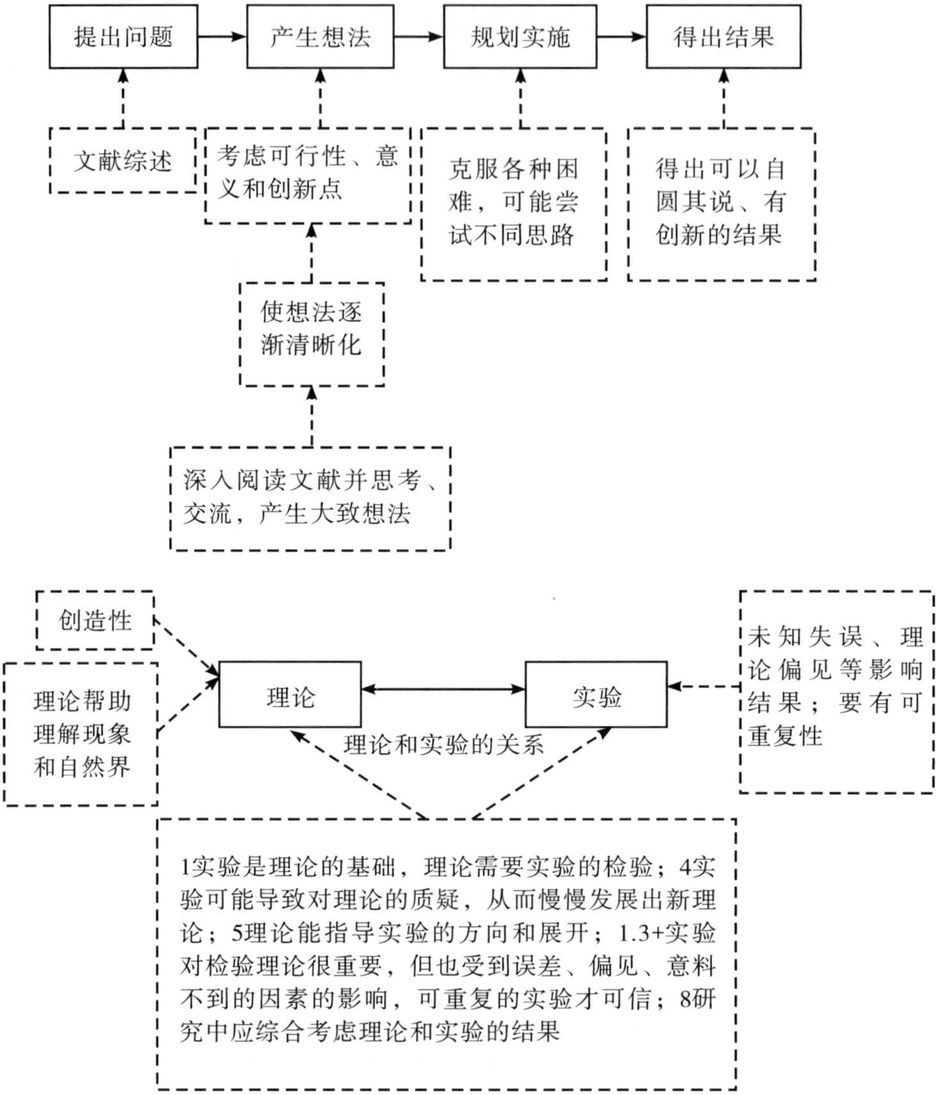

图 5-13　专家二的部分探究图式

（3）专家三（理论物理学博士，男）

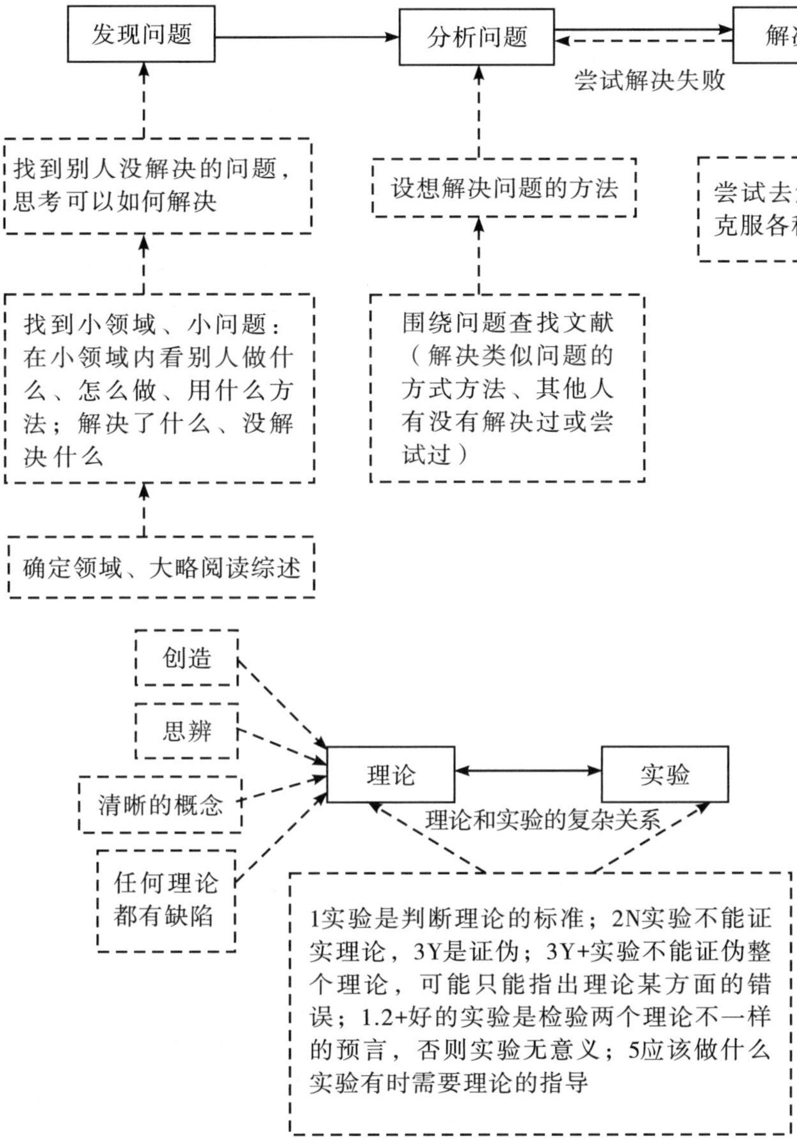

图 5-14　专家三的部分探究图式

（4）专家四（计算天文学博士，男）

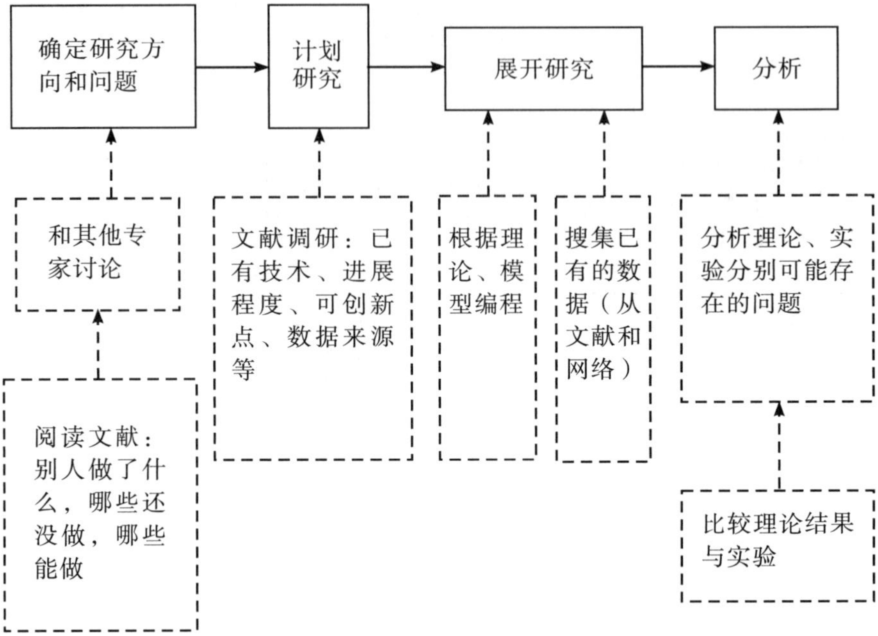

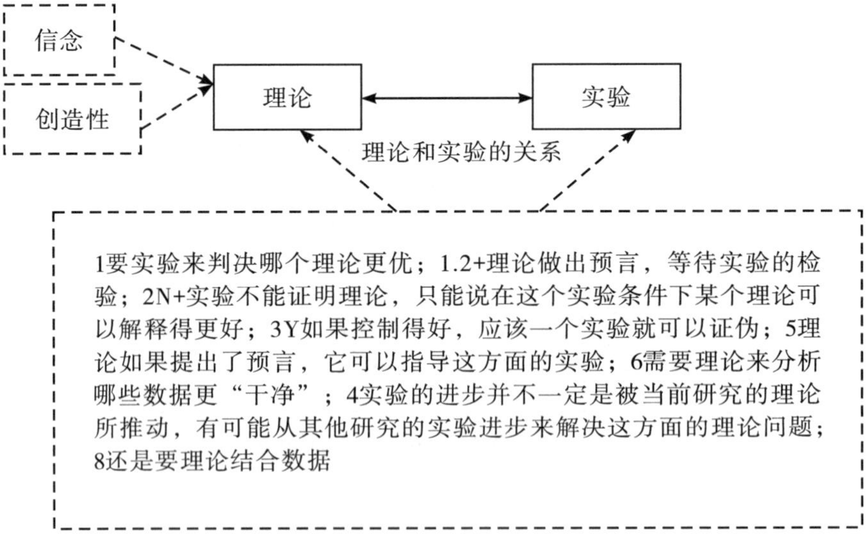

图 5-15 专家四的部分探究图式

（5）专家五（实验光学博士，女）

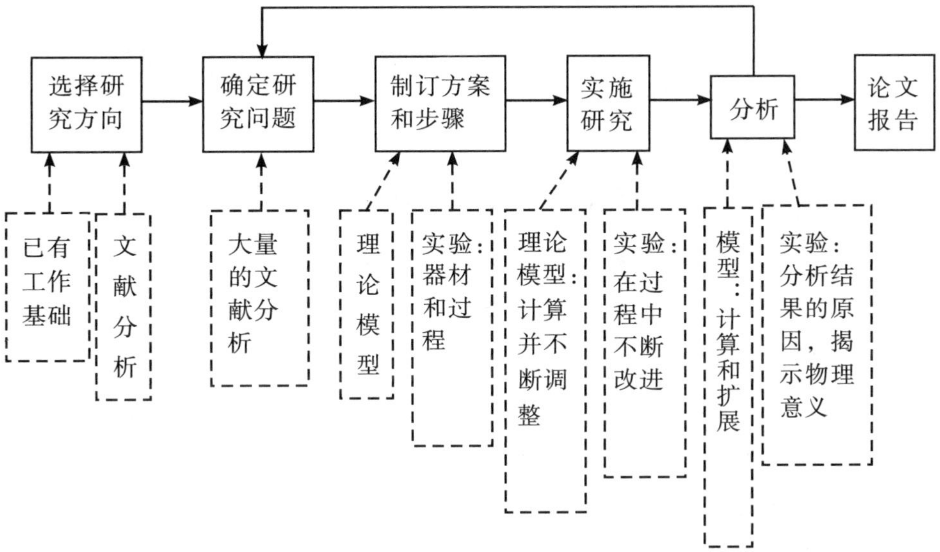

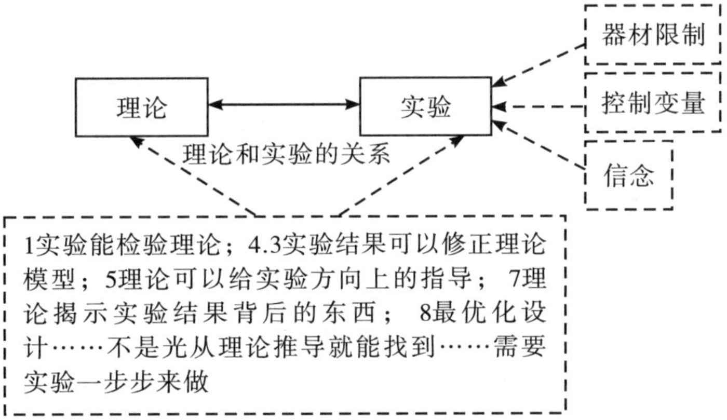

图 5–16　专家五的部分探究图式

第三节 专家、新手的探究图式的特点

一、探究过程图式的分析与比较

（一）专家的探究过程图式具有简缩性

由图 5-12、图 5-13、图 5-14、图 5-15、图 5-16 可见，访谈的 5 位三年级博士生的探究过程图式是简缩的、概括的。在他们第一反应的探究过程图式中，并没有展开得像“七要素”那么详细的过程。例如访谈中的 5 位专家都没有展开提到“猜想与假设”的要素；前 3 位专家都没有提到“分析与论证”，而是把它直接合并、简化到“展开探究”（专家一）、“规划实施”（专家二）、“解决问题”（专家三）中去。

（二）专家的探究过程图式具有包容性、灵活性

本章通过访谈得到的是访谈对象第一反应下对探究过程的描述，并没有让他们深入考虑后再详细说出。专家这种概括的“最外层”第一反应表达出来的探究图式的包容性、灵活性也相对较强。例如，在前 3 位专家的“解决问题”、“规划实施”或“展开探究”的部分，可以是展开理论研究，也可以是展开实验研究等，即包含多种研究方式；在专家四和专家五访谈中得到的探究过程图式中，实施或展开研究部分还进一步举出了理论和实验（或数据）两方面。因此，专家的探究过程图式是灵活的：“最外层”探究过程的“实施研究”部分是一个“插槽（Slot）”，可以插入“实验研究”、“理论研究”或“计算（物理）研究”等。这也启示我们：专家的探究图式是有不同层次的组织结构的，最外层较为粗略且灵活性、包容性强；下面的层次则更为细致但特殊性相对更强。专家探究图式的组织结构是值得深入研究的课题。

在 11 名九年级学生的探究过程图式中，有 10 名学生在“实施研究”对应的过程中仅仅提到“做实验”，没有提到其他可能的研究展开的方面，对探究的认识单一。与专家相比，其“最外层”探究过程图式显得具体且包容性小，灵活性不足。这与我国初中物理课程标准中描绘的“七要素”

反映的探究过程图式有一定关系。“七要素”中实施研究过程对应的仅有“进行实验与收集证据”，仅考虑了实验研究的方式，因此给出的是具体、单一的研究方式。本章专家、新手比较的结果给我们这样的启示：在课程标准对科学探究过程的描述中，是否可以与专家探究图式的组织结构类似，对探究过程进行不同层次上的描述。最外层给出包容性强的描述，留出“插槽”，例如“实施探究”；然后在下面一层留给学生几种不同的探究方式，例如“实验探究”“理论探究”“调查研究”等。

（三）专家注重文献查阅和产生问题（或想法）

比较专家和九年级学生的探究过程图式，一个明显的差异是5位专家都强调文献的查阅以及通过文献了解本领域的工作、产生问题或想法；而11名新手无一人提及文献查阅的工作。这与我国课程文件中对探究过程（或要素）的描述缺乏文献查阅有关。这是值得我们在课标修订时注意的地方。在国际科学课程文件的比较研究中也发现，有一半以上的课程文件都对查阅文献提出了明确的要求。

（四）专家和部分学生都认识到研究中的困难和复杂性，又有所不同

5位专家在具体实施探究的阶段，都简洁但明确地提到“可能会遇到各种问题、要克服各种困难”。部分新手也提到了研究的困难和反复性，见图5-8、图5-10和图5-11。但是专家对探究中可能遇到的困难的估计要大于新手。例如专家一指出“有时做着做着就做不下去了……可以换一换注意力，过一段时间再想想”，专家二提到“有时即使一个很小的、原先预想不到的细节问题也要花很长时间去解决”，专家五提到“可能做一两个月或者是很长时间都没有得到这个理想的（实验）结果”；而学生五提到“实验完了总结反思，看还有什么能改进的，什么地方是错的，然后再进行实验”，学生六提到“但是实验要不止做一次，要做很多很多次，然后平均啊、总结啊、归纳，然后基本上就可以得出你的结论”，学生七提到“应该还有反复地去论证吧，因为有的东西不可能一次实验或者一种实验就弄完的”。可见，专家由于过去的亲身经验，对探究困难有充分的估计，并有应对的策略；而新手缺乏探究的经验，对探究困难的认识也基本停留在半理解半想象的抽象层面，对探究的困难和复杂性的亲身

体验经历不足或缺乏。

（五）部分学生的过程图式受到课程影响，部分学生没有形成相对完整的图式

在访谈的学生中，较多学生提到了猜想或假设、进行实验等我国课程标准中提到的探究要素，而专家在访谈时则没有在第一反应中明确提到这些要素，说明我国的科学课程对学生认识科学探究产生了一定的影响。但也有学生（见图5-1、图5-2）尚未形成对探究过程相对完整的认识，这可能造成他们在开展探究时缺乏有效的内部指导和监控，不能独立地开展课程标准所要求水平的探究活动。

二、对理论和实验关系的认识的比较

将被试在访谈中对理论和实验的认识按照表5-1编码后的结果总结，见表5-2。

表5-2 专家和新手对理论和实验关系的认识

访谈对象	对理论和实验关系的认识
学生一	2.1Y+；3Y；5
学生四	1；3N+
学生九	1；7
学生八	*2Y*；5
学生二	*2Y*；4.2
学生十一	1；7
学生三	*2Y*
学生六	*2.2Y–*；2N+；*3N*
学生十	*2Y*；5
学生七	1；2N；3Y；7–
学生五	1；*2Y*；2.1Y+；4.1
专家一	1；1.1+；4；6；7
专家二	1；1.3+；4；5；8
专家三	1；1.2+；2N；3Y；3Y+；5
专家四	1；1.2+；2N+；3Y；4；5；6；8
专家五	1；4.3；5；7；8

由表 5-2 可见，从数量上来看，专家对理论和实验关系的认识更加丰富、全面。11 名学生的平均认识条数为 2.5 条，从最少只有 1 条到最多有 4 条。专家的平均认识条数为 5.8 条，从最少 5 条到最多 8 条。

从质量上来看，专家的认识更加准确、成熟。严格地讲“2Y 实验可以证实理论”“3N 实验不能证伪理论”都是不正确的，但考虑到中学生的阶段水平，“2.1Y+ 大量实验可证明一个理论”虽然仍有问题但比 2Y 要更好，同样 3N+ 比 3N 要更好。由表 5-2 可见，5 位专家的认识中都没有涉及 2Y 或 3N 的错误认识；而 11 名初中生中有 8 人提到 2Y 或 3N 的相关认识，说明初中生的认识还不够成熟，不像专家的认识那么准确。

三、图式中的样例的比较

（一）专家具有丰富的个人探究样例和科学史中的探究样例

对专家与学生所举例子的分析表明：专家所举的个人探究样例和科学史上的例子都多于学生。

表5-3 专家和新手对理论和实验关系的认识

	学生一	学生二	学生三	学生四	学生五	学生六	学生七	学生八	学生九	学生十	学生十一	专家一	专家二	专家三	专家四	专家五
个人经历	2	1	1	0	0	2	1	0	0	1	1	2	1	3	3	4
访谈材料的例子	2	0	3	1	2	1	2	0	1	2	0	0	2	2	1	1
科学或科学史的例子	0	0	0	0	1	0	1	0	1	0	0	3	1	1	1	1
总计	4	1	4	1	3	3	4	0	2	3	1	5	4	6	5	6

由表 5-3 可见，在访谈中，引用个人经历的例子，专家平均为 2.6 个，最多为 4 个，最少为 1 个；学生平均为 0.8 个，最多为 2 个，最少为 0 个。在引用科学或科学史的例子中，专家平均为 1.4 个，最多为 3 个，最少为 1 个；学生平均为 0.3 个，最多为 1 个，最少为 0 个。这说明专家有更丰富的个人探究样例以及科学和科学史中的样例。更重要的，专家拥有的样例的质量要远远高于九年级学生。虽然有的学生在访谈中举出了 2 个个人经历的样例，比最少的专家（只提到 1 个个人研究的样例）还多，但学生举出的样例的质量要远远低于专家举出的例子的质量。

（二）专家拥有的样例清晰、准确、内涵丰富，能帮助理解探究

这里把在访谈中提到2个亲身经历样例的学生一、学生六和只提到1个亲身经历样例的专家二举的例子进行比较，见表5-4。

表5-4 专家和新手访谈中提到的个人探究样例比较

	探究样例
学生一	（之前探究的经历）上课做了一些电学实验，研究性学习做了一点关于饮料的；（研究性学习让你对探究有了哪些认识？）我觉得让我更加深入地了解了我探究的那个东西
	（为说明理论分析是实验证据的前提）比如说我探究的关于饮料的那个实验，我们发现可口可乐对人体有很大的伤害，我们是先从这边的分析入手，然后才能慢慢地去证明这个“学说”
学生六	（对科学探究的认识）我只能从我的物理实验包括化学实验来理解一下。首先要熟悉相关实验的前人的理论，你现在的任务只是说你要用你手中的仪器验证前人的理论。而如果你的结论和前人的理论一样的话，就是能证明……这个理论是正确的。如果你要去做实验验证一个反例的话，那个实验如果失败了，也能证明原来的理论是正确的
	（之前探究的经历）参与过一个研究性学习：声学在音响中的应用
专家二	（举例说明对探究的认识）比如一个关于半导体的量子产额的研究。首先通过综述熟悉这个领域，理清脉络——公认的，有争议的，哪些重要的问题还没解决。然后通过小领域的深入阅读，经过积累产生想法。然后着手研究，先把理论推导清楚，把量子产额的计算式用可测量的量表达出来，进一步设计如何测量，一步步地解决问题。在具体测量中会遇到各种困难，有时即使是一个很小的问题也要花很长时间去解决，比如说信噪比问题，可能是原先预想不到的问题。有些问题解决了，有的问题还没法解决。最后把能解决的自圆其说了，说明你的工作对一种材料的量子产额的研究的贡献，就够了

通过表5-4的比较可见，专家的样例内容更为丰富，思路清晰，并且相对完整地体现了典型的探究过程。学生的样例相比则显得空泛，或者不够完整，有的和科学中的探究过程还有本质上的差异（学生六的第一个例子）。此处仅以比较2名学生和1位专家的个人探究样例作为例子，其他专家和学生的个人样例做比较也可得出同样的结论。

缺乏足够的探究经验和科学知识及科学史的积累是初中生没有较高质量探究样例的原因。而这些样例是形成科学探究图式的重要资源，也

是探究图式的一部分。合理的课程规划可以帮助学生逐步积累科学探究的样例。

四、总结

将通过访谈分析得到的专家与新手的探究图式的特征总结见表5-5，同时将我国课程文件中相关的要求列出，做参照比较。

表5-5　专家与新手的探究图式特征总结

	专家	新手（九年级学生）	我国物理课程标准
探究过程图式	具有简缩性，第一反应未提到我国物理课程标准中的部分要素；具有灵活性和较强的包容性	受到课程的影响，认识到探究的要素，但不如课程标准中要求的全面；部分学生没有形成较为完整的过程图式	展开的“七要素”，强调实验探究
文献查阅	很重视	没提到	不涉及
探究的困难和复杂性	理解探究过程的困难和复杂性，有亲身体验，有应对策略	部分学生能认识到探究的困难、非线性，但亲身体验和理解都不如专家深刻	涉及探究的复杂性、非线性，但没有强调
理论和实验的关系	认识相对丰富、全面、准确	认识比专家贫乏，有不成熟的认识甚至错误的认识	明确涉及的不多
探究的样例	有丰富的个人探究样例和科学史样例；样例清晰、准确、内容丰富	个人探究样例和科学史样例都积累得较少；样例内容空泛、不完整，包含错误的认识	对经历科学探究过程和物理学史提出了要求

第四节　对KSMIA和我国科学课程与教学的启示

通过访谈法对专家和新手的部分探究图式的探测，在一定程度上揭示了他们的探究图式的特征。表 5-5 总结的结果也为 KSMIA 和科学课程提供了启示。

（1）对 KSMIA 的启示。对专家和新手的比较揭示了专家和新手的探究图式的特点差异。首先，专家的探究图式有分层次的组织结构，图式的外层部分可以留有“插槽”。例如对探究过程的认识，专家第一反应（图式的最外层）将“实施探究”作为一大部分，留出“插槽”；“插槽”中可以放入“实验探究”“理论探究”“计算探究”等具体的子探究图式。这样分层次的组织结构使得专家对探究的理解认识更广泛，其探究图式更具包容性和灵活性。其次，专家的探究图式中包含更丰富的知识（数量），对知识的认识更为精确（质量），各种知识间的联系更加紧密（质量），并且有更丰富且高质量的个人探究经历或物理学史上的探究样例。这种差异使得专家的探究图式能够更有效地指导和监控探究活动，也是专家拥有更强的科学探究能力的原因之一。最后，访谈结果揭示出了探究样例和探究图式的密切联系：拥有高质量探究图式的专家同时也拥有丰富的好样例，新手的探究图式质量低且头脑中的探究样例也相对贫乏。实际上，探究图式是很多探究样例的抽象、概括和组织，探究样例和探究图式的形成关系是值得进一步研究的课题。

（2）对我国科学课程和教学的启示。第一，在我国科学课程标准中提出的科学探究要素对学生认识科学探究起到了一定的效果。第二，在专家的探究图式中重视文献查阅的作用，国际课程文件中也有半数以上的课程文件对文献查阅做出要求。而所访谈初中生的探究过程图式中几乎未涉及文献查阅，这和我国科学课程文件没有对其做出要求有关。建议我国的课程标准在对探究的要求中加入文献查阅。第三，专家有丰富的探究样例，而新手的样例贫乏且相对空洞。这启示在培养学生的科学探究能力时，不应当是空洞地教关于探究的知识，而是应当让学生去经历探究的过程，在探究的过程中同时增进对探究的理解，发展技能。另外，课程中安排适宜的科学史教学有助于发展学生对探究的认识。第四，在课程标准对科学探究过程的描述中，建议参考专家的探究图式的组织结构，对探究过程进行不同层次的描述。最外层给出包容性强的描述，留出“插槽”，例如“实施探究”；然后在下面一层留给学生几种不同的探究方式，例如“实验探究”“理论探究”“调查研究”等。这样可以避免学生只知道“实验探究”，对探究形成单一的认识。第五，在对理论和实验的关系、探究过程的困难和复杂性的理解上，专家的理解都更加全面且深刻。我们希望通过课程和教学，学生最终能够达到或尽可能接近专家水平。但是，在基础教育阶段，对学生提出什么程度的要求较为合适，仍需要进一步深入研究。例如对理论和实验的关系的认识，在基础教育阶段，学生在多大程度上能够或需要理解“实验不能证实理论，而应当起到证伪的作用”？从进阶发展的角度来看，这样的认识安排在基础教育阶段是否合适？第六，关于对探究过程的困难和复杂性的认识，在少数其他国家和地区的课程文件中已经有所涉及，而在我国的课程文件中没有涉及。但访谈表明即使没有明确的要求，部分学生也能认识到探究的困难、非线性，虽然其亲身体验和理解都不如专家深刻。可见，在基础教育阶段，可以在适当的水平上对“认识探究的困难、复杂性（非线性）”提出要求。

第六章 科学探究能力结构研究的结论和讨论

本书研究关注的问题是：科学探究能力的构成和结构是什么？如何通过科学课程和教学培养学生的探究能力？本书首先在对已有关于科学探究能力的理论观点进行继承和反思的基础上，从课程与教学的角度提出基于知识和技能的科学探究能力的结构模型（KSMIA），并提出探究图式的概念。KSMIA 为如何理解、培养、评价学生的科学探究能力提供了理论框架，可以用来指导课程与教学的设计。然后，通过分析比较不同国家和地区的 38 份基础教育科学课程文件中对科学探究能力的要求及其随学段增高的进阶发展，为基础教育阶段学生的探究能力（探究图式和多领域共通的知识和技能）应当发展到什么水平、如何进阶发展提供了具体的内容。国际上课程文件的分析比较工作丰富、充实了 KSMIA 的具体内容，也可以为我国的科学课程设计提供参考和借鉴。最后，通过访谈探测 11 名九年级学生和 5 名物理学、天文学等专业的三年级博士生的部分探究图式，分析比较新手和专家的探究图式的不同特征，并把它们和我国现行初、高中物理课程标准对探究的要求进行联系比较。在 KSMIA 中，探究图式是构成科学探究能力的核心部分。通过实证研究探测专家和学生的探究图式，并分析比较他们的图式的不同特征，可以丰富 KSMIA，增加我们对探究图式的认识，并为如何培养学生使他们逐渐接近专家水平提供参考。将专家与学生的探究图式的分析比较结果和我国现行的初、高中物理课程标准联系起来，一方面可以从访谈结果分析我国现行课程对学生的探究图式的影响，另一方面可以为科学课程的修订和设计提供参考。

第一节 研究的结论和启示

一、科学探究能力的结构和培养

本书提出的基于知识和技能的科学探究能力结构模型（KSMIA）认为，知识和技能是科学探究能力的重要基础。但是，构成科学探究能力的知识和技能按照它们在探究活动中的不同作用和可迁移性，可以分为不同类型的知识和技能，在科学探究能力的结构中有不同的地位。科学探究能力结构模型将相关的知识和技能分为：探究的图式和技能、多领域共通的知识和技能、学科核心知识和技能、学科内的特殊知识和技能。其中探究的图式是将探究活动和探究本质的知识有结构地组织起来的知识结构，探究技能是对探究活动的程序性知识的具体操作。探究的图式和技能在科学探究能力的结构中处于最核心的地位，具有指导探究活动的展开、监控探究过程、帮助理解他人的探究的作用，在科学探究中有最广泛的迁移性。多领域共通的知识和技能指的是一些虽然不是关于探究活动或探究的本质等关于探究本身的认识，但在各学科、各领域的探究活动中都常常涉及的知识和技能，例如数学与统计知识、关于实验误差的一般知识、交流的一般技能等。这些知识和技能不局限于具体的学科领域，具有广泛的迁移性。KSMIA 将探究的图式和技能与多领域共通的知识和技能一起视为探究能力结构的核心。但是，对于探究活动的顺利展开，只拥有这两方面的知识是不充分的。对于一项涉及具体领域的探究活动，学科的知识和技能起到至关重要的作用。学科的知识和技能又分为学科核心知识和技能、学科内的特殊知识和技能。学科核心知识和技能在学科内部具有较强的可迁移性、应用范围广；学科内的特殊知识和技能的应用范围小，在探究活动中甚至可以现学现用。

KSMIA 将科学探究能力的内部构成和外部表现明确地区分开来。在一项具体的探究活动中，缺乏任何一种探究任务所涉及的探究图式和技能、多领域共通的知识和技能、学科核心知识和技能、学科内特殊知识和技能都会妨碍探究的顺利进行，也就是影响到探究活动的外部表现。

因此，科学探究能力是一种极其复杂的综合能力。如果探究者具有良好的探究能力结构的核心知识和技能，即拥有高质量的探究图式和技能以及丰富的多领域共通知识和技能，那么在他熟悉的学科领域的探究任务中，他能做出高质量的外部表现；但在他不熟悉的学科领域的探究任务中，他可能无法表现出自己具有很好的探究能力结构的核心知识技能。也就是说，具体某项探究任务的外部表现不能跟一个人的科学探究能力完全画等号，虽然它们有着密切的联系。但是，如果探究者的探究能力结构中的核心知识和技能缺乏或水平较差，那么他在绝大多数探究活动中都很难取得较好的外部表现。KSMIA 的这些认识也为科学探究能力的评价提供了启示。

KSMIA 将科学探究能力视为在探究图式的统领下，一系列在探究活动中有不同功能和地位的知识和技能的集合。因此，要发展学生的科学探究能力，就应提高集合中的知识和技能的数量和质量，并在探究图式的统领下形成良好的知识结构。由于不同的知识和技能的地位和重要性不同，首先应当通过精心的课程设计培养最重要的知识和技能。在课程文件中学科核心知识和技能是单独列出做要求的，因此在对探究的要求中，应精心地对最重要的探究的图式和技能、多领域共通的知识和技能提出要求。在具体的教学中，也应当有意识地培养学生理解和掌握探究图式和技能、多领域共通知识和技能。已有研究表明：缺乏有目的、有意识的培养，仅仅让学生“做探究”的教学对培养科学探究能力也是低效的。

二、基础教育阶段课程文件对探究能力的要求及为我国提供的借鉴

本书分析比较了 99 个关于探究的核心知识与技能在 38 份不同国家和地区的课程文件中是否有所要求（比较结果总结见图 4-18）。以此为基础，提取出在基础教育阶段较多国家和地区的课程文件都提出要求的知识和技能作为该阶段学生应当发展的探究核心知识和技能（表 4-24），也就是根据 KSMIA 高中毕业生的探究能力结构中探究的图式和技能、多领域共通的知识与技能部分应当掌握的内容。表 6-1 罗列了国际上其他

国家和地区的课程文件中提出要求较多的（≥15个课程文件）而我国的初、高中物理课程标准中没有或未明确、系统地提出要求的知识与技能，以及其他国家和地区的课程文件中较少提出要求（≤5个课程文件，包括我国的课程文件），但我国初、高中物理课程标准提出了要求的知识和技能。

表6-1 我国课程标准与其他课程文件对探究能力的要求比较

分类	探究能力的要求
较多的其他国家和地区课程文件中提出要求（≥15个），而我国初、高中物理课程标准没有或未明确、系统提出要求的知识和技能	提出问题：区分科学问题和非科学问题 猜想与假设：给出检验思路 分析与论证：以适当形式表征和组织数据；*○科学论证的构成* 数据分析处理和表示：应用数学知识；误差表示；○用表格、图表、图形处理数据 建构解释：考虑不同解释；*解释（理论）基于证据；解释（理论）具有局限性，随新证据和新认识被修改* *好理论的特点：可检验、证据支持* 建立模型：建构模型代表或解释现象；*○模型的概念* 评估：数据；研究设计和方法；论证的逻辑 交流与合作：查阅已有资料 交流的技巧：示意图、曲线等图形和图像 *科学精神：○批判怀疑的精神；○严谨诚实*
较少的其他国家和地区课程文件中提出要求（≤5个），但我国初、高中物理课程标准提出了要求的知识和技能	*提出问题的意义* *猜想与假设的意义* *设计实验和制订计划的意义* 能够通过阅读说明书使用仪器 *分析与论证的意义* *○持之以恒的精神*

注：表中斜体字代表“对探究的理解”；前方加“○”说明该知识或技能在我国初、高中物理课程标准中有所涉及，但没有在探究部分明确、系统地提出要求

表6-1可以为我国初、高中的物理课程设计提供借鉴和参考。需要说明的是，KSMIA认为图式或图式中的重要部分的清晰化、明确化对探究图式的质量有重要影响。例如表6-1中列出我国没有明确要求从“数据、研究设计和方法、论证的逻辑”这些方面来对研究进行评估。虽然

我国初中物理课程标准提出要求“有评估探究过程和探究结果的意识”，这里“探究过程”包含了“数据、研究设计和方法、论证的逻辑”，但是不清晰明确。清晰的图式在探究活动中能起到更有效的指导和监控作用，能让学生有意识地反思自己的行为。而粗略的图式指导性相对较弱，具有较大的随机性。因此，探究图式的清晰度、精确度不同，会影响到学生的科学探究能力。反映到课程中，通过课程规划培养探究能力时，提出粗略含糊的要求与提出相对清晰具体的要求，它们的效果是不同的。

表 6-1 比较的是关于高中毕业时学生通过基础教育课程的学习应具有的探究图式和技能、部分多领域共通的知识与技能方面，我国物理课程标准与其他课程文件的差异。除此之外，还有一个重要的问题：探究能力在基础教育的不同阶段如何进阶发展。学生的探究图式与技能是一步步发展起来的，随着在课程中的学习不断丰富、全面，探究图式与技能更加准确和深刻。在课程设计中如何在不同学段合理地安排进阶水平，也是我国在设计物理课程时需要考虑的问题。本书通过对精心挑选的 5 份较好地体现了不同学段进阶发展的课程文件的深入分析与比较，总结出了学生在基础教育阶段科学探究能力的进阶发展的大致规律。这也可以为我国初、高中物理课程设计时对探究能力要求的衔接和进阶提供参考借鉴。

三、专家-新手的探究图式的特点及对探究能力培养的启示

本书通过对 5 名三年级博士生和 11 名九年级学生的访谈，实证探测和比较科学探究方面的专家和新手的探究图式的不同特点。研究结果提示我们，专家的探究图式优于新手，不仅表现在探究图式包含的知识更丰富、深刻，知识之间的联系更加紧密，而且专家储存有更多的个人探究的样例、经验和科学史的案例。还有，专家的探究图式有合理的组织结构。例如，专家关于探究过程的图式的最外层是包容性、灵活性更强的表述，留有可代入不同具体子图式的“插槽”。在专家的“实施研究”的插槽中，可以具体代入“实验研究”“理论研究”“计算研究”等具体详细的子图式。访谈发现九年级学生的探究过程图式的最外层部分具体到实验探究，包容性和灵活性不如专家的图式对探究的认识。这提示我们，

要促进学生的探究图式通过课程和教学向专家的探究图式发展，不仅需要知识数量的积累和理解深度的增加，还要注意帮助学生在知识间形成联系和良好的组织结构。本书通过国际上课程文件比较的结果提取出了基础教育阶段发展学生科学探究能力需要培养的知识和技能，并通过访谈和专家－新手对比的研究结果初步揭示了专家与新手的探究图式组织结构的差异。但应当帮助学生如何组织这些知识和技能从而形成相对合理的联系和组织结构，仍有很多工作有待进一步深入研究。

专家－新手比较的结果还提示我们，在通过教学培养学生的探究能力时，要有目标、有计划地让学生经历实际探究的过程。学生的探究经历（样例）有助于加深对探究图式中的知识的理解，将关于探究的各种认识组织协调起来，形成结构更好的探究图式。问题解决领域的研究也表明，样例学习有助于问题图式的获得[1]。此外，科学史的教育也有助于探究图式的形成和发展。

四、总结论——对本书提出的问题的回答

对于第一个问题：科学探究能力的构成和结构是怎样的？本书从课程和教学的角度（考虑通过教育能够明显促进发展的能力构成，不考虑一般智力的因素）出发，认为科学探究能力由关于探究本身的探究图式和技能、探究中常用的领域共通的知识和技能、具体学科领域的知识和技能（包括核心的和特殊的）共同构成。这些知识和技能在科学探究能力的结构中又处于不同的地位，起到不同的作用。其中，探究的图式和技能处于科学探究能力的最核心；而常用的领域共通的知识和技能相对而言可以在多学科领域得到应用，也对探究活动的外部表现的好坏起到重要的影响；在进行具体学科领域内的探究时，该学科的知识和技能（尤其是核心知识）也是不可或缺的。

对于第二个和第三个问题：在基础教育科学课程中，应当培养科学探究能力中的哪些重要构成成分？这些成分应形成怎样的组织结构（探

[1] 邓铸，姜子云. 问题图式获得理论及其在教学中的应用［J］. 南京师大学报（社会科学版），2006（4）：111-115.

究图式的结构）？根据本书提出的科学探究能力的结构模型，将科学探究能力的构成视为一系列在探究活动中有不同角色和作用的知识和技能。由此得出的推论就是：通过这些知识和技能的教学和训练能够促进科学探究能力的发展。在基础教育阶段，国际上各国家和地区的课程文件对学生的知识、技能、能力提出了要求。通过对这些课程文件的分析，本书提出在基础教育课程中，培养科学探究能力时应注重的重要知识和技能（主要是探究图式和技能方面和部分多领域共通的知识和技能，具体学科领域的知识和技能不是本书关注的核心）。我国初、高中物理课程标准相比而言没有对一些科学探究能力的重要构成提出明确而具体的要求，例如建构模型、建构科学解释、科学论证。本书认为探究图式是科学探究能力的核心。探究图式是将探究活动和探究本质的知识有结构地组织起来的抽象知识结构。因此，探究图式不单是一系列关于科学探究本身的知识的集合，还包括对这些知识间建构起的联系及形成的组织结构。通过专家－新手对比的研究，发现专家不仅仅在对探究的认识的数量和质量上优于新手，而具有更丰富的具体案例。在探究图式的结构上，专家对探究的各种认识形成更紧密的联系，并且专家对探究的认识是分层次的，其中最外层是包容性、灵活性很强的认识，可以代入不同的具体的子图式。

对于第四个问题：随着年级的增加，学生的科学探究能力应是如何逐步发展提高的？通过对 5 份课程文件的深入分析表明：在不同的学段，对学生的科学探究能力应提出相应的不同水平的要求。科学探究能力的发展要求有一些共同的规律，例如：发展的顺序是由简单到复杂、由具体到抽象，逐渐发展起更丰富深刻的认识和更娴熟的技能；一些相对独立的知识或技能出现的大致阶段有很强的一致性，例如“猜想与假设”一般在初中以后才提出。另外，不同的课程文件对发展的要求也有很多差异之处，说明关于科学探究能力的发展进阶问题还需要进一步深入的研究。

第二节　研究的价值和局限性

一、研究的创新点和意义

本书在批判继承已有关于科学探究能力的观点和认识的基础上，从课程与教学的角度，提出基于知识和技能的科学探究能力的结构模型（KSMIA），并在模型中提出“探究图式”的概念来描述学生对科学探究认识的结构化整体表征。KSMIA 还明确区分了探究活动的外部表现和影响外部表现的各种内部因素，并把这些内部因素按照在各种探究活动中的不同角色和作用分为不同类型的知识和技能。在理论方面，KSMIA 加深了从知识和技能角度对科学探究能力的认识，是一个创新的模型。在实践方面，KSMIA 对科学探究能力的培养和评价给出了与已有的其他模型不完全相同的指导和建议。由于在建构 KSMIA 时着重分析了“可教性”方面，因此 KSMIA 能够直接明确地对学生科学探究能力的培养提出指导性建议。

对国际上最新科学课程文件（《美国国家科学教育标准》和美国《科学素养的基准》除外）中关于科学探究能力要求的内容分析，一方面是对 KSMIA 的丰富补充，另一方面比较的结果对我国科学课程的设计有借鉴价值。从科学探究能力的角度对最新课程文件的分析，国内尚缺乏系统的比较研究，这项工作对我国课程标准修订有着实践上的意义。

通过访谈的方法来探测专家和新手的探究图式并比较分析其不同特点，一方面对探究图式的实证探查是对本书新提出的“探究图式”概念的丰富，另一方面专家－新手比较的结果为通过课程和教学使学生的探究图式向专家的图式发展提供了借鉴价值，具有理论和实践两方面的意义。

二、研究的局限性和展望

本书虽然提出了基于知识和技能的科学探究能力的结构模型（KSMIA），但对 KSMIA 的研究仍有很多工作值得进一步深入展开。例如，虽然讨论了如何通过实证研究检验 KSMIA，但这些工作本书没有深入展开，是值得进一步研究的内容。在 KSMIA 指导下的科学探究能力的评价工作也是值得进一步深入研究的内容。

在进行国际科学课程文件的比较工作时，有的课程文件对某项知识或技能提出的要求可能是概略、模糊的，这给分析工作带来了一定的困难和主观性。本书根据国际课程文件比较得出的“基础教育课程培养学生科学探究能力需要发展的重要的知识和技能”仍需要接受教学实践和研究的进一步检验修正。

本书通过访谈法探查专家和新手的部分探究图式并进行比较分析。所探查到的仅仅是探究图式的一部分，对专家和新手的探究图式结构的探查也不够深入。未来的研究可以进一步深入摸索探查探究图式的其他方法，更加全面地探查探究图式的各个方面，并更加深入地研究专家和新手的探究图式的不同结构。

根据 KSMIA 开展科学探究能力培养的教学实践和评价工作，与其他模型相比，教学和评价的指导性和有效性是检验 KSMIA 的最有说服力的方法。

第七章　通过探究教学培养科学探究能力

探究教学是我国第八次基础教育课程改革倡导的一种教学方式，意在改变学生被动接受知识的学习方式，主张学生通过主动探究开展学习，增强探究能力和创新意识。在科学教学中，探究教学的重要性更加凸显，这是因为：(1)具有基本的科学探究能力是学生通过中学学习后应当具备的科学素养，是中学课程的目标。而要实现这样的目标，学生必须经历科学探究的过程，这就需要探究式的教学。(2)在科学课中通过探究进行学习，是科学的世界观和方法论的要求——科学知识是通过对自然界的探究过程获取的，而不是由权威人物传递下来的。(3)研究表明，在教师的精心设计和指导下，探究教学符合学生的心理认知规律，更加有助于学生建构科学知识。[1]

[1] 郭玉英. 探究—建构式教学初探——科学教学中探究与知识建构的统一途径的探索[J]. 课程·教材·教法，2004，24(1)：52-55.

第一节　中学科学探究教学概述

一、科学探究教学的特征

(一)探究教学——作为教学方式的科学探究

“科学探究”这个词包含多种含义，最常见的有三种不同理解：①科学家进行研究时做的工作；②在科学课程中，要求学生学习的目标；③教师教学、学生学习科学的一种方式。这三种含义彼此之间有密切的联系，但又有不同的内涵。例如，第②种含义以第①种含义为基础，学生要掌握基本的科学探究技能，而这些作为课程目标的技能的提出要参考科学家的研究过程，同时还要考虑中学生的认知水平等实际情况。科学家的研究过程没有固定的模式，因此，要从中提炼出中学生需要掌握的基本探究技能，除了考虑学生的认知水平外，还要对科学研究过程“建立抽象模型”，这难以和科学家真实的研究过程做到完全相同。又例如，第③种含义和第②种含义有密切的关系，通过探究教学的方式，可以培养学生的探究能力。但是两者又不是完全对应的，一方面探究式教学不仅能培养探究技能，对学生建构知识也有效；另一方面培养学生的探究能力不仅可以通过课堂探究教学，还可以通过研究性学习、参加科研实践活动等方式。本章主要探讨第③种含义，即作为一种教学方式的科学探究。

(二)科学探究教学的特征

探究教学是当前教育工作中热议的话题，然而不同人对探究教学的理解又各有不同。在物理教学中，提到探究教学，最先想到的往往是物理课程标准中提出的探究“七要素”：提出问题、猜想与假设、设计实验与制订计划、进行实验与收集证据、分析与论证、评估、交流与合作。仔细阅读物理课程标准，可以发现它其实是从七个要素具体地对学生的科学探究能力提出要求，而不是对探究式教学的界定。然而课标中的“七要素”与探究教学又有密切的关系，关于物理探究教学，在初中物理课程标准的“教学建议”中写道：“探究式教学的设计，要循序渐进，既要整体考虑学生科学探究能力目标的逐步达成，又要分别考虑每次探究的侧重点。由于课时所限，不可能在每次探究中各个要素都面面俱到。一次科学探究活动可以侧重某些探究要素，通过一系列的探究活动，使所有要素对应的探究能力都得到了培养，这不仅有利于在有限的课堂时间内完成科学探究任务，而且能使所侧重的探究过程更加深入、具体，这有利于提高学生的科学探究能力。”[1]

美国 NRC 描述的课堂探究教学的重要特征如下（NRC，2000）：（1）学生通过科学导向的问题参与到学习中；（2）学生重视证据，基于证据对科学导向的问题提出解释并进行评估；（3）学生基于证据对科学导向的问题提出解释；（4）学生评估他们的解释，比较不同的解释尤其是那些体现了科学理解的解释；（5）学生交流他们所提出的解释并为自己的解释辩护。可见，NRC 也是从科学探究的一些核心要素的角度来描述探究教学的特征。

根据我国课程标准和 NRC 对探究教学的描述，比较容易识别凸显“让学生经历科学探究过程、培养科学探究能力”的教学目标的探究式教学。在实践中，这样的探究教学只是一部分，还有很多课堂教学似乎体现了一些探究的要素，但又不明显。例如，在一节课中，经历了提出问题、猜想与假设、设计实验、进行实验、分析论证的过程，但问题、猜想、实验设计方案几乎都是教师提出的，学生只是动手实验、采集数据，分析论证也是在教师的主导下完成的。这样更重视学生掌握知识的效率的教学是否属于探究式教学，仍然很难判断。

对于这些实践中遇到的问题，有学者提出探究教学可以分为不同的类型：发现式科学探究教学、接受式科学探究教学、建构式科学探究教学。但又同时指出，上述三种不同类型的探究教学方式在实际教学过程中虽然呈现出不同程度的探究水平，但它们也具有一些共同的特征：培养学生的科学态度和科学精神，提高学生的科学探究能力和创新能力，提高学生的科学素质，促使学生理解科学本质（丁邦平，2010）。有学者指出，探究式科学教学不是一种统一模式的教学方式，而是一种开放的教育思

[1] 中华人民共和国教育部. 义务教育物理课程标准（2011年版）[S]. 北京：北京师范大学出版社，2012：26.

想，探究式教学应避免走入形式化的误区。探究式科学教学的本质特征是：让学生通过科学课的学习，了解科学过程的特征和本质，发展学生的逻辑思维和批判性思维能力，培养学生对科学知识或理论的开放态度、创新精神以及严谨的科学实证精神（李华，2003）。在课程文件、研究机构和学者们对探究式科学教学的特征的描述中，虽然有所差异，说明探究式教学的具体形式可能是丰富多样的，但均有一个共识：探究式科学教学应体现出对学生科学探究能力的培养。这个共识是探究式科学教学的重要特征。

实际上，实践中的探究式科学教学与其他教学方式很难找到一个绝对明晰的界限，它们是一个连续体——有的教学更加偏向于探究式教学，有的教学更加偏向于其他形式的教学，有的则处于中间位置较难辨别。对此，美国国家科学基金会资助展开的"探究综述项目"中对探究式科学教学提出的操作性定义，可以为我们理解科学探究教学的特征提供启发。"探究综述项目"在综述2006年之前30年的文献、咨询各方意见、集体讨论和反复修改的基础上提出科学探究教学的操作性定义（Minner et al.，2006）。

分析科学探究教学的框架见表7-1。该框架由3部分组成。I判断教学的内容是否属于科学领域：如果教学内容不在I所列内，则不是科学探究教学。II判断学生参与的方式：学生至少要以表中所列的一种方式参与到学习中去。但只有参与还不够，在参与的过程中，必须体现学生参与探究的元素。Minner等将学生对学习的责任、学生主动思考、学生的动机称为学生参与探究的元素。III判断教学中体现探究的活动以及在每部分活动中学生参与探究的元素的体现程度。Minner等将学生参与探究的元素的体现程度分为"不重视""重视""很重视"三个层次。[1]

[1] MINNER D D，LEVY A J，CENTURY J. Inquiry-based science instruction—what is it and does it matter? Results from a research synthesis years 1984 to 2002［J］. Journal of Research in Science Teaching，2010，47（4）：474-496.

表7-1 科学探究教学的分析框架

组成部分		内容		
I 科学内容		“科学探究”作为教学内容 生命科学 物理学 地球和空间科学		
II 学生参与的类型		学生使用、操控实验材料 学生观察科学现象（包括教学演示） 学生利用第二手资源（阅读材料、因特网、他人的数据等）		
III体现探究的活动		学生参与探究的元素		
		学生对学习的责任	学生的主动思考	学生的动机
	问题	不重视/重视/很重视	不重视/重视/很重视	不重视
	设计	不重视/重视/很重视	不重视/重视/很重视	
	数据	不重视/重视/很重视	不重视/重视/很重视	重视
	结论	不重视/重视/很重视	不重视/重视/很重视	
	交流	不重视/重视/很重视	不重视/重视/很重视	很重视

Minner 等还详细描述了什么是“学生对学习的责任”“学生主动思考”“学生的动机”，“问题、设计、数据、结论、交流”五个体现探究的活动的特征是什么，教学中什么样的表现被分为“不重视”“重视”“很重视”等，使应用该框架分析教学的操作性更强，便于编码。表 7-2 给出的是 Minner 等对学生参与探究的元素的具体描述。

表7-2 Minner等提出的学生参与探究的元素

学生参与探究的元素		
学生对学习的责任感	学生的主动思考	学生的动机
学生做决定，辨别他们需要帮助的地方和感到困惑的地方，帮助别人学习，对集体知识的促进做出贡献	学生进行脑力思考，提出观点，敢于大胆思考，运用逻辑，进行推理演绎，将观点具体化，集思广益，积极质疑，联系各种观点，利用先前的知识	学生展现/表达出兴趣、沉迷、好奇、热情、坚持不懈、渴望、关注、专注、自豪

从一堂课体现探究的多少上看，教学中探究的体现是一个数轴上的连续体。在表 7–1 的框架中，如果一节课包含了“问题、设计、数据、结论、交流”五部分，且每部分中对每个学生参与探究的元素的强调都是“很重视”，那这节课就处于探究体现程度高的一端；如果一节课只包含五部分中的一个或几个部分（例如多数常态课），并且在这些部分中对探究元素的强调可能是“重视”，有些甚至“不重视”，那该课处于探究体现程度低的一端。要定义科学探究教学，就要在数轴上找一“分界点”。“探究综述项目”中选取的分界点是：如果教学内容是 I 中的内容，学生以 II 中的至少一种方式参与到学习中，教学至少包含“问题、设计、数据、结论、交流”中的一部分，并且在其中至少“重视”一个探究的元素，就被认为属于科学探究教学。

“探究综述项目”对科学探究教学的操作性定义给予我们启示：在探究教学中，不仅要有体现科学探究的活动（类似于我国课程标准中的科学探究要素），还要重视学生是否积极主动地参与到这些活动中。只有学生自主参与到一些探究活动中，对他们而言探究式学习才真正发生，否则容易走向“形式化”的探究教学。因此，调动学生积极主动地参与到探究活动中也是探究式科学教学的特征之一。

二、科学探究教学的实施策略

在科学探究教学的实践中，有很多有针对性的实施策略，下面介绍其中一些具有一定普遍性的策略。

（1）营造有利于探究展开的课堂氛围

宽松、民主的课堂氛围是学生能够积极参与到探究中的基础。在这样的氛围中，学生具有安全感，敢于发表自己的观点和交流探究过程，不用担心自己的想法受到嘲笑或批评。教师需要真诚对待学生，建立良好的师生关系，能够认真倾听学生的发言并容纳不同的观点，鼓励学生展开探究和进行批判性思考，给学生交流和发言的机会，对学生有见解的想法和好的探究过程进行积极的反馈。

（2）根据教学内容和实际情况，灵活地设计探究教学的形式

探究式教学的具体形式可以是多种多样的。例如，探究的开放程度

可以有所不同。如果学生对所探究的内容有一定的经验或较扎实的基础，可以采用开放度较大的探究；如果所探究的内容对学生而言难度较大，教师可以更多地给学生以帮助指导，在教学中探究的开放度也可相应减小。又例如，在探究教学中，学生获得数据的方式可以是每人独立通过实验收集数据、小组合作收集数据、观看教师的演示实验收集数据等，教师可以根据学校的实验条件和班级学生的具体情况选择最适合的方式。

需要注意的是，在探究教学中，并非事事都要学生通过探究得出结论，也可由教师向学生直接传授知识。一方面，对于概念、规律，可以让学生根据生活经验或实验展开探究，而对于一些必备的定义、实验器材的使用方法和规范等，则可以由教师直接告诉学生。另一方面，在进行探究时学生需要大量知识的支持，在探究核心的问题时，与之相关的一些支持性知识，学生可以通过教师的讲授学习。总之，在探究教学中应当发挥各种教学方法的优势，提高探究教学的效率和效果。

（3）根据学生的兴趣和认知特点设计探究活动

探究教学中的学生活动和真实的科学家探究活动的一个区别在于，探究教学的目的是教学，教学要充分考虑学生的心理特点，包括学生的兴趣和认知特点。例如，在提出探究的问题时，可以给学生创设情境。中学生往往对来自生活的问题、社会热点问题比较感兴趣。对于理论性较强的问题，若直接提出，学生往往很难产生兴趣，如果教师通过精心设计情境引发学生的认知冲突，则能产生较好的效果。

（4）从课程的层面整体规划探究教学

学生对科学探究的认识及其探究能力的发展是一个逐步提升的过程。教师在设计探究教学时，可以从初中、高中课程的整体考虑做出规划，使每次重要的探究活动的安排呈现出一定的梯度。探究的内容大体上由易到难，探究活动从部分探究逐步过渡到较完整的探究过程。教师还可以根据课程中能开展探究的具体内容，有针对性地设计这些内容的探究式教学来重点培养学生相应的探究能力。

（5）通过合理的评价不断提升学生的科学探究水平

评价对学生的学习有重要的反馈和导向作用。探究式科学教学的目标包括培养学生的探究能力、创新精神、科学态度，让学生经历探究的过程，主动建构知识。因此，在对学生的探究活动进行评价时，在内容上不仅要关注科学知识的建构，更要关注学生的科学态度、创新的表现和探究能力的发展；在形式上要重视形成性评价的运用，通过形成性评价鼓励和促进学生探究水平在原有基础上的不断提升。在对学生的探究活动进行评价时，一般不宜过于强调最后得到的结论，不能忽视学生的探究过程和体验。

第二节　通过探究教学培养学生的科学探究能力

一、通过探究教学培养科学探究能力的实践策略

结合我国当前探究教学的实际,从物理课程标准提出的探究“七要素”的角度，阐述通过探究教学培养学生的科学探究能力的一些实践策略。

（1）提出问题

在探究教学中，教师要精心设计引发问题的情境，引导学生自己提出问题。尽量避免由教师直接抛出问题，或者让学生直接阅读教材中列出的探究问题。在引导学生提出问题时，一方面教师要鼓励学生提出自己的想法,认真对待学生的问题,营造平等交流、富有安全感的课堂氛围;另一方面，教师要引导学生通过讨论将初步提出的问题进一步转化为能够展开探究的科学问题。教师对学生提出的合理问题要及时肯定、表扬；对不合理的问题，如果学生表现出独立思考的态度也应予以肯定，并鼓励学生间交流、研讨，进一步深入反思和修改提出的问题。

（2）猜想与假设

在针对所探究的问题提出猜想与假设时，教师可以引导学生联系已经学过的物理知识或生活经验，提出自己的假设。对于学生提出的猜想，一方面教师要耐心地倾听,鼓励学生在自由思考的同时说出猜想背后的理由;另一方面，教师也可以组织学生进行讨论，在现有的知识水平下反思每一条猜想背后的理由是否可靠、是否能自圆其说。通过讨论，让学生主动排除一些明显不合理的猜想，培养学生的批判思维，同时让学生体验到科学猜想不是胡猜乱猜，需要有一定的依据，并需要进一步接受检验。

（3）设计实验与制订计划

设计实验往往是课堂探究教学中的重头戏。在设计实验时，教师既要鼓励学生发散思维，提出不同的方案，又应给学生以方法上的引导。例如：提示学生明确探究的目的和问题；引导学生设计控制变量的实验，帮助学生明确所探究的问题涉及的自变量、因变量和需要控制的变量，并设计方案改变自变量，测量因变量，同时保持其他变量不变；引导学生分析现有的实验条

件和器材，考虑实验方案的可行性，以及如何尽可能提高实验的精确度；等等。

（4）进行实验与收集证据

这是培养学生的实践动手能力的重要过程。在课前，教师需要做好充分的准备工作，为学生提供各种可能用到且数量充足的实验器材和材料，为学生设计富有个性化的实验方案并能够实际开展探究提供充分的物质支持。需要注意的是，教师在准备器材时，不应代劳，不应为了追求课堂效率而预先帮助学生组装并调试好器材，因为克服实验中遇到的各种意想不到的困难对学生而言是重要的探究经验。在实验过程中，教师应鼓励学生利用各种器材自主进行实验探究，鼓励学生合作和交流，要求学生以严肃认真、精益求精的态度对待实验操作和数据收集，要求学生随时记录好数据。在学生进行实验的过程中，教师可以在各小组之间巡回指导，为学生的探究提供帮助和支持，对学生的实验操作技能给予反馈指导，但同时注意避免对学生的探究过程进行人为的控制或过多的干预。

（5）分析与论证

在分析论证时，教师要引导学生对实验的结果和收集到的证据进行分析与概括，并结合已有的知识和经验，得出结论。教师可以引导学生利用各种图、表、常用计算机程序来处理和分析实验数据，并组织学生展开讨论。教师要善于倾听学生的结论和得出结论的逻辑思维过程，并允许学生用自己的语言表达结论。在分析和论证的过程中，教师应引导学生用比较清晰的逻辑和规范的语言进行交流和回答问题，逐步培养学生的表达能力和科学论证能力。

（6）评估

评估与反思、批判的思维习惯紧密联系在一起，教师培养学生的评估能力，首先要鼓励学生对探究活动进行反思、精益求精。在探究教学中，教师可以引导学生对以下一些方面进行反思和评估：探究方案是否合理，是否考虑到可能影响实验结果的各种因素？实验中所选择的器材及操作过程，是否有利于减小误差？收集到的数据中是否存在异常数据，如果有，可能的原因是什么？实验数据能否有力地支持所得出的结论？如果再次开展探究，可以在哪些方面进行改进？

（7）交流与合作

交流与合作渗透在探究的全过程中。要促进交流合作，首先教师要营造安全、平等的课堂氛围，鼓励学生表达自己的想法。教师要引导学生学会倾听，营造师生和同学间能认真地倾听他人的发言，真诚地对他人的看法进行质疑或赞扬的氛围。通过交流与合作，让学生在此过程中得到启发，获得成就感，学会在团队中与人沟通合作，并通过交流合作的过程完成知识的自主建构。

二、课堂教学中的探究和真实科学探究的差异

课堂中的探究教学和真实的科学家探究过程有明显的差异。这是因为，从根本上，课堂探究教学的目的和科学家的探究不同。科学家开展研究是为了发现新知识，而探究教学是为了帮助学生建构知识和发展科学探究能力。教学毕竟还是要考虑效率的问题，不能完全让学生在实践中自己慢慢摸索总结。同时，课堂探究教学还受到学生认知水平、上课时间、实验资源、师生数量比、评价压力等方方面面的影响。然而，要发展学生的科学探究能力，在探究教学中模拟（更多时候是部分模拟）真实的探究过程是有必要的，也是科学教育研究的一项追求。首先我们需要知道当前课堂探究教学实践中的探究和科学家进行的探究活动存在哪些差异，然后才能在教学中加以创新和改进。Chinn 等对学校课堂中的探究和科学家的探究进行了对比，结果如表 7-3 和表 7-4 所示[1]。

表7-3　课堂教学中的探究和真实的探究在认知过程方面的差异

认知过程		推理任务的类型			
		真实的探究	简单实验	简单观察	简单说明
提出问题		科学家自己形成研究问题	研究问题是提供给学生的	研究问题是提供给学生的	研究问题是提供给学生的
设计研究	选择变量	科学家自己选择（甚至创造）变量进行研究。存在着很多可能的变量	学生研究1或2个提供给他们的变量	学生观察预先告知的特征	学生使用提供给他们的变量

[1] CHINN C A，MALHOTRA B A. Epistemologically authentic inquiry in schools: A theoretical framework for evaluating inquiry tasks［J］. Science Education，2002，86（2）: 175–218.

续表

认知过程		推理任务的类型			
		真实的探究	简单实验	简单观察	简单说明
设计研究	计划过程	科学家针对感兴趣的问题设计复杂的研究过程 科学家针对研究问题设计类比模型	学生遵循简单的关于如何实施一系列程序的指导 有时会使用类比模型，但学生不会反思模型是否合理	学生遵循简单的关于观察什么的指导 一般不涉及类比的过程	学生遵循简单的关于如何实施一系列程序的指导 有时会使用类比模型，但学生不会反思模型是否合理
	控制变量	经常进行多方面的控制 判断哪些变量应当被控制或如何控制可能是困难的	只控制一组变量 学生经常被告知控制哪些变量和/或如何在实验中控制变量	不涉及控制变量的问题	一般不涉及控制变量的问题
	计划测量	科学家经常采用多种方式测量自变量、中间变量和因变量	学生被告知测量什么，并且常常是一个单变量	学生被告知观察什么	学生被告知测量什么，并且常常是一个单变量
	做出观察	科学家使用专业的手段避免观察者的偏见	虽然使用了尺子等测量工具，但是没有明确地意识到和避免观察者的偏见	虽然使用了尺子等测量工具，但是没有明确地意识到和避免观察者的偏见	虽然使用了尺子等测量工具，但是没有明确地意识到和避免观察者的偏见
解释结果	转换数据	观察经常被转换的数据形式	观察很少被转换的数据形式，除非可能直接转换成图象	观察很少被转换的数据形式，除非可能画图	观察很少被转换的数据形式，除非可能直接转换成图象

续表

认知过程		推理任务的类型			
		真实的探究	简单实验	简单观察	简单说明
解释结果	反思缺陷	科学家经常质疑自己或他人的研究结果是否正确，反思是否是由于实验缺陷造成的假象	实验中的缺陷不明显	实验中的缺陷不明显	如果学生没有得到预期的结果，他们常常断定是在实验中操作错误
	间接的推理	观察和研究的问题通过复杂的推理链条联系起来 观察的变量和想要研究的理论变量不完全相同	观察和研究的问题有直接联系 观察的变量就是想要研究的变量	观察和研究的问题有直接联系 观察的变量就是想要研究的变量	观察和研究的问题有直接联系 观察的变量和要研究的理论变量不同，但能通过很直接的解释将两者联系起来
	推广、一般化	科学家必须判断能否将实验情境中得出的结论推广到在某些方面与实验情境不同的情境中去	学生常常只将结论推广到严格相似的情境中	学生常常只将结论推广到严格相似的情境中	学生常常只将结论推广到严格相似的情境中
	推理的类型	科学家使用多种方式（多方面）的论证	学生使用简单的对比推理	学生使用简单的归纳推理	学生使用简单的演绎推理
发展理论	理论的水平	科学家建构的理论涉及假设的深层机制，包含观察不到的实体（变量）	学生一般探究经验的规律，而不探讨理论机制	学生探究经验的规律	学生通过做实验来说明理论机制，但他们不发展或研究理论

续表

认知过程		推理任务的类型			
		真实的探究	简单实验	简单观察	简单说明
发展理论	分析、寻求与多项研究结果的协调一致	科学家协调来自多项研究的结果 来自不同研究的结果可能存在部分方面的冲突，需要使用一些策略来解决这些不一致性 研究的类型存在不同，包括机制层面的研究和观察规律层面的研究	学生只做一个实验	学生只在某一时间做一系列特定的观察	学生只做一次演示
学习交流		科学家为了多种目的学习、研究其他科学家的研究报告	学生不阅读研究报告	学生不阅读研究报告	学生不阅读研究报告

表7-4　课堂教学中的探究和真实的探究在认识论维度方面的差异

认识论的维度	推理任务的类型			
	真实的探究	简单实验	简单观察	简单说明
研究的目的	科学家用无法直接观察的机制构建和修改理论模型	学生揭示简单的、表面水平的规律	学生观察对象的结构	学生理解已经证明了的理论
协调理论和数据	科学家协调理论和多套复杂、相互之间存在部分冲突的数据 科学家寻求整体上的一致性	学生协调一系列观察的结果和关于观察结果的结论 学生至多寻求局部的一致性	学生记录他们看到的现象 学生至多寻求局部的一致性	不存在协调理论和数据

续表

认识论的维度	推理任务的类型			
	真实的探究	简单实验	简单观察	简单说明
方法的理论依赖	方法部分依赖于理论	方法不依赖于理论	方法不依赖于理论	方法不依赖于理论
对异常数据的处理	科学家理性地、定期地排查异常数据	学生几乎没有机会理性地排查异常数据	学生几乎没有机会理性地排查异常数据	与期待不同的数据被当作错误的结果抛弃
推理的本质	科学家使用启发法、非代数式的推理 科学家使用多种可接受的论证形式 推理是不确定的	学生使用数学推理，从实验推出结论 学生使用简单的对比论证 推理是确定的	学生可能对观察到的结构使用多种推理模式 学生经常不进行论证 推理是确定的	学生去理解已经提供给他们的解释，在解释中将理论和数据联系了起来 学生不进行论证 推理是确定的
知识的社会建构	科学家在互相合作的小组中建构知识 科学家的工作建立在之前很多科学家的研究成果之上 制度规范通过专家综述的过程或研究的典型范例建立起来	学生在互相合作的小组中建构知识 学生的工作很少建立在之前的研究之上 没有制度规范建立的过程	学生在互相合作的小组中建构知识 学生的工作很少建立在之前的研究之上 没有制度规范建立的过程	学生在互相合作的小组中建构知识 学生的工作很少建立在之前的研究之上 没有制度规范建立的过程

三、培养学生科学探究能力的探究教学案例

（1）通过演示实验，教师引导学生质疑并探究

在“磁化”概念的教学中，通常演示这样一个实验：如图 7-1 所示，先把一个没有磁性的软铁棒放在大头针上方，软铁棒无法吸起大头针；当把条形磁铁的一端接触铁棒的上端，铁棒由于被磁化，其下端就能吸

起大头针了，由此说明铁棒被磁化。下面描述一个通过引导学生对该演示实验的深入思考，培养学生的批判性思维和实验设计能力的案例。

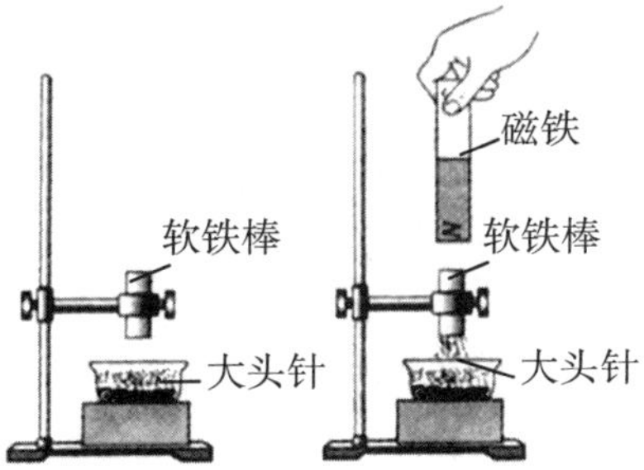

图 7-1　磁化演示实验

演示完该实验后，教师引导学生思考："这个实验是否能证明铁棒被磁化？是否有可能铁棒没有被磁化，而由于其他的原因使铁棒的下端能够吸起大头针？"一会儿就有学生提出假设："可能大头针被吸起是由于磁铁的磁性，吸起的大头针到达铁棒后被铁棒的下端挡住，铁棒并没有被磁化。"教师接着问："如果要证明大头针是由于软铁棒被磁化产生的引力吸起的，而不是由于磁铁本身的吸引力，应当怎样改进实验？"此时，很多学生都想到"在磁铁和大头针之间放一个和铁棒等高的铜棒（或其他不会被磁化的物质），看大头针是否还能被吸起。如果不能，说明之前大头针被吸起是由于软铁棒被磁化了"。通过这样的问题和讨论，培养了学生勇于思考和质疑的精神，同时锻炼了学生思维的严密性和设计实验的能力。

（2）结合物理学史加深学生对科学探究过程的理解

在教学中，很难有时间让学生去经历大的科学发现的全过程。了解物理学史并进行反思，成为让学生感受科学探究过程、培养探究精神的一条有效途径。

在进行电流的磁场的教学时，教师结合物理学史，让学生了解在科学探究的过程中存在不同的观点，每种观点都有相应的理由，并让学生经历批判性地反思不同观点及其理由的过程。

教师首先让学生阅读科学史材料——历史上有关电和磁是否存在联系的争论，然后请学生自主从阅读材料中找出历史上分别持两种观点的代表科学家，并找出他们认为存在联系的理由或认为不存在联系的理由。将这些理由总结后如表 7-5 所示。

表7-5 从阅读材料中总结的电和磁的结论

观点	电和磁存在联系	电和磁不存在联系
科学家	奥斯特	安培、库仑
理由	①哲学上的信念 ②相似：自然界有两种电荷，也有两种磁极 对于电荷“同种电荷相斥，异种电荷相吸”；对于磁极“同名磁极相斥，异名磁极相吸” ③间接的现象：一名英国商人发现，雷电过后，一箱刀叉带上了磁性	①不同：两种电荷可以单独存在，而两种磁极不能独立存在 ②没有任何实验发现电和磁之间存在联系
判断	奥斯特实验	

在学生了解历史上的两种观点，并知道每种观点都有科学家支持且都有支持的理由后，教师请学生思考支持这两种观点的理由是否有合理性，是否充分可靠？例如，对支持电和磁有联系的理由②，有一定的合理性，但是并不充分：生活中有很多反例，比如玻璃、有机玻璃、纯净的冰块等都是透明的，在这一点上类似，但是不能由此断定它们是同一种物质。对于理由③，这个现象偶然性太强，难以重复，并不能由此断定该观点正确。而支持电和磁没有联系的理由①“两种电荷可以单独存在，而磁极不能独立存在”也有一定的说服力。在两种观点都有一些理由支持但又都不充分的背景下，奥斯特实验的重要性就凸显出来，接下来教师向全班同学演示奥斯特实验，通过直接的实验证明电和磁之间存在联系。

通过上述利用物理学史引导学生批判性反思的过程，让学生了解到探究物理规律过程的复杂性和艰难性——要判断哪种观点正确通常是十分困难的，物理实验在其中起到了重要作用。同时让学生体验批判性思维在科学探究中的重要性。学生也更加深刻地理解到奥斯特实验的重要价值。

（3）通过实验探究课培养学生的探究能力

“探究滑动摩擦力的大小与什么有关”是初中物理课程中一节典型的实验探究课。之前，学生已经学习了力、弹力、重力等知识，对力有了一定的知识和能力储备。但学生的科学探究能力还不是很强，为此，在科学探究的各要素中，重点培养学生科学猜想的能力、设计实验的能力、利用实验数据分析论证的能力、评估的能力。在教学的过程中，教师在充分调动学生自主学习的同时，注重科学探究方法的引导和指导，例如，如何进行科学猜想、设计实验等。具体教学设计如下。

“探究滑动摩擦力的大小与什么有关”的教学设计

实施年级：初二　教师姓名：闫猛　　学校：北京市第二中学分校

教学目标

（一）知识与技能

1. 通过对日常现象的分析以及亲身体验，感知摩擦现象的存在，进一步认识摩擦力。

2. 知道影响滑动摩擦力大小的因素。

（二）过程与方法

1. 基于生活经验和实验，对影响滑动摩擦力大小的因素提出科学猜想，初步学习科学猜想的方法。

2. 通过经历探究滑动摩擦力大小影响因素的制订计划与设计实验的过程，体验设计实验的方法，进一步熟悉控制变量法。

3. 通过经历进行实验、收集数据、分析论证的过程，学习初步的信息处理的方法。

4. 通过对实验表格和实验器材的评估，初步培养学生的评估意识。

（三）情感态度与价值观

1. 通过对生活中摩擦现象的讨论，培养信息交流、语言表达能力。

2. 通过探究滑动摩擦力大小影响因素的过程，培养学生严肃认真的科学态度和精神，培养批判性思维、评估意识。

教学重点难点

教学重点：探究滑动摩擦力的大小跟哪些因素有关。

教学难点：引导学生设计探究方案。

教学过程

具体过程见表 7-6。

表7-6 教学过程

	教师活动	学生活动	设计意图
课前检测	［提问］ 举出生活中属于滑动摩擦力的例子，说说滑动摩擦力的方向。	［展示汇报］	检测学生学习的效果，做好知识、能力铺垫。
问题与猜想	［提出问题］ 根据以上活动和已有生活经验，你觉得滑动摩擦力的大小可能与哪些因素有关？汇报时说出你的依据。 ［板书］ 猜想：滑动摩擦力的大小可能与接触面粗糙程度、压力大小、接触面积大小、接触面之间的运动快慢有关系。	［展示汇报］ 小组讨论，提出观点，并举出生活事例支持自己观点。	教学过程从熟悉的各种摩擦现象出发，使学生认识到摩擦力的存在，很自然地提出问题：“滑动摩擦力的大小可能与哪些因素有关？” 在科学探究的各个环节中，本课主要突出“猜想与假设”这个环节。课本上给出了几个主要的猜想，但教师并没有用这几个猜想去限制学生的猜想，而是要充分暴露学生真实的想法。 教师要求学生提出猜想的同时，说出猜想的依据，可以是生活经验或实验事实。让学生体会科学猜想不是乱猜。
制订计划与设计实验	［设计实验］ 步骤一：识别变量，并确定如何控制变量。 以研究滑动摩擦力的大小与压力是否有关为例，思考讨论以下问题： （1）实验过程应该控制哪些因素不变，如何控制？ （2）实验过程应该改变哪个因素，如何改变？	［小组交流］ ［展示汇报］ 学生交流、汇报问题（1）和（2）。 ［展示汇报］ 学生汇报问题（3）。 学生指出弹簧测力计测量的是拉力而不是摩擦力，所以实验中使木块做	设计实验首先要识别变量，应用控制变量法控制变量。

续表

	教师活动	学生活动	设计意图
制订计划与设计实验	（3）如何测量出滑动摩擦力的大小？ 教师在学生汇报问题（1）和（2）的基础上，提醒学生思考，研究问题的方法是什么？ ［板书］控制变量 在学生汇报问题（3）的基础上，教师再次提醒学生思考，研究问题的方法是什么？遇到的困难是什么？如何解决？ ［板书］转换法 步骤二：确定所需的实验器材，描述实验步骤。 （1）根据实验的三个基本组成部分——实验对象、实验源、实验效果显示器，思考探究滑动摩擦力的大小与什么有关，需要哪些实验器材？ （2）实验目的：探究滑动摩擦力与________是否有关。 实验步骤： ①弹簧测力计调零，组装实验器材。	匀速直线运动，利用二力平衡的知识将测量摩擦力的大小转换为测量拉力的大小，实验原理图如下图所示。 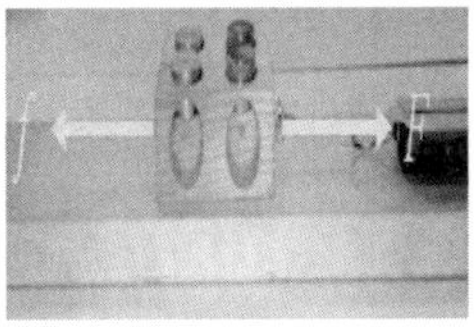 ［展示汇报］ 测量滑动摩擦力的大小用到转换法，遇到的困难是用手拉动木块很难保证木块做匀速直线运动。 基于玩四驱车的经历以及课前体验实验器材的经历，提出可以借助电动机拉动木块，保证木块做匀速直线运动，如下图所示。 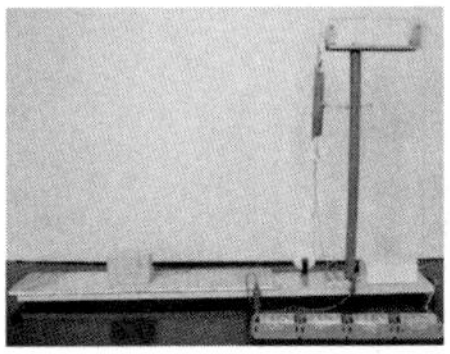	滑动摩擦力大小无法直接测量，只能利用二力平衡间接测量摩擦力的大小。教师将抽象的理论分析与鲜活的实践活动结合，帮助学生突破难点。 保证物体做水平匀速直线运动是实验的难点，教学中将传统的用手拉物体运动的实验方案改进为用电动机匀速转动带动物体运动，从而保证物体近似做匀速直线运动，大大提高了实验的准确度。 通过对实验器材的改进，突破性地使学生能够进行滑动摩擦力大小与接触面面积大小以及物体速度大小的关系的探究实验，突破了教学的难点，更利于学生理解。

续表

<table>
<tr><th></th><th>教师活动</th><th>学生活动</th><th>设计意图</th></tr>
<tr>
<td>制订计划与设计实验</td>
<td>

②闭合开关S_1，使木块在水平方向做______运动，把弹簧测力计的示数记录在数据表格中。断开开关S_1，闭合开关S_2，把木块回复到初始位置，断开开关S_2。

③保证______不变，改变______，再次闭合开关S_1使木块在水平方向做______运动，把弹簧测力计的示数记录在数据表格中。断开开关S_1，闭合开关S_2，把木块回复到初始位置，断开开关S_2。

④重复步骤③，再次测量数据并记录在表格中。

步骤三：设计数据记录表。

评估“表格一”“表格二”，选择表格，说出选择它的理由。

表格一

<table>
<tr><th>压力/N</th><th>接触面粗糙程度</th><th>运动速度</th><th>接触面大小</th><th>摩擦力（弹簧测力计示数）/N</th></tr>
<tr><td></td><td></td><td></td><td></td><td></td></tr>
<tr><td></td><td></td><td></td><td></td><td></td></tr>
<tr><td></td><td></td><td></td><td></td><td></td></tr>
</table>

表格二

<table>
<tr><th>压力/N</th><th>摩擦力（弹簧测力计示数）/N</th></tr>
<tr><td></td><td></td></tr>
<tr><td></td><td></td></tr>
<tr><td></td><td></td></tr>
</table>

</td>
<td>

［组内明确实验目的］

［组内描述实验步骤］

</td>
<td>

思考探究滑动摩擦力的大小与什么因素有关？需要哪些实验器材？通过思考，学生发现设计实验时先要明确研究的物理量，然后要想办法尽量精确地测量这些物理量。

</td>
</tr>
</table>

续表

<table>
<tr><th></th><th>教师活动</th><th>学生活动</th><th>设计意图</th></tr>
<tr><td>制订计划与设计实验</td><td>教师引导学生：总结设计表格的思路和方法，渗透物理的学习遵循简单性原则。
教师在学生经历了制订计划与设计实验的过程后，点拨设计实验的方法：
（1）识别并确定变量，确定如何控制变量。能够运用控制变量法控制变量，运用转换法测量滑动摩擦力。
（2）确定实验所需的材料和设备，描述实验步骤。
（3）设计数据记录表。</td><td>［展示汇报］
学生汇报
有的小组选择表格一，理由是表格一很全面地记录所有信息。有的小组选择表格二，理由是不变量没有参与自变量的计算，不需要写上，这样的表格非常简单，在分析论证得结论时更加方便。因为实验目的是“探究滑动摩擦力大小与哪些因素有关”，该实验是定性实验，所以实验次数保证2~3次，是可以的。</td><td>设计表格在科学探究中是比较重要的能力，基于学生现状，他们还不具备独立设计表格的能力，此处通过评估表格，渗透设计表格的思路和方法，渗透简单性原则，提升评估能力。
设计实验是有方法可以遵循的，通过这次探究活动，总结设计实验的方法，对学生今后的科学探究有指导意义。</td></tr>
<tr><td>进行实验与收集证据</td><td>［明确要求］
表格三
<table><tr><td></td><td>滑动摩擦力（测力计示数）/N</td></tr><tr><td></td><td></td></tr><tr><td></td><td></td></tr><tr><td></td><td></td></tr></table>
［温馨提示］最先完成实验的小组抢占“地盘”，把收集的实验数据写在另一块黑板上画好的实验数据表格中。</td><td>［进行实验，收集数据］
进行实验并记录实验数据。抢占到“地盘”的小组在黑板上填写实验数据。</td><td>对学生规范操作等科学素养的养成加以关注，对遇到困难解决问题的能力多加培养。
及时记录数据也是科学探究中必须培养的习惯，能否及时记录数据反映小组合作的默契程度。</td></tr>
</table>

续表

	教师活动	学生活动	设计意图
分析和论证	[展示汇报的要求] 教师组织不同小组展示汇报，汇报时重点说出以下内容： （1）实验目的。 （2）哪些量不变，如何改变自变量？ （3）结合实验数据进行分析，你们小组得出了怎样的实验结论？ 教师组织学生利用自己的实验数据分析，是否可以得出相同的实验结论，得出的结论是否支持提出的假设。 [板书] 滑动摩擦力大小和压力大小、接触面粗糙程度有关，与接触面积大小、运动速度大小无关。在压力一定的情况下，接触面越粗糙，滑动摩擦力越大。在接触面粗糙程度相同的情况下，压力越大，滑动摩擦力越大。	[展示汇报，上台讲解] 汇报实验方案，展示对实验数据的分析过程，得出实验结论。 学生把实验结论落实在实验报告上	在分析实验数据时，根据因果关系分析得出实验结论。实现学习知识的同时，关注过程和方法，做到知法并行。 通过不同小组的多组实验数据分析得出实验结论，可以弥补时间紧、实验数据较少的缺陷，使实验结论更有普遍性。 通过反思结论是否支持假设，纠正学生原有的错误认识，澄清原来的想法，让学生体会到科学探究的重要性和科学探究的意义。
评估与交流	[评估与交流] 与课本所示实验器材对比，你觉得哪些改进更加有助于探究滑动摩擦力大小的影响因素？ 教师组织学生进行“评估与交流”。	[小组讨论交流] [展示汇报] （1）测量滑动摩擦力时，利用电动机保证了木块做匀速运动，通过定滑轮和木块上可改变的拉环等保证木块在水平方向做匀速直线运动，达到了真正的二力平衡，使测量值更加准确。	通过评估培养学生的批判性思维，让学生认识到探究活动需要不断的改革和创新，探究过程遇到困难时，要想办法解决困难，不能知难而退，要有科学家的精神。适时进行情感教育。

续表

	教师活动	学生活动	设计意图
评估与交流	教师点评学生的评估，鼓励学生要有批判性学习的精神。 教师指出通过改变实验条件实现更广泛的探究是非常宝贵的，很多科学家曾经因实验条件的限制而错失了一些重大发现或与诺贝尔奖失之交臂。	（2）弹簧测力计竖直向上拉动等，尽量减小了实验误差。 （3）通过电动机改变木块运动速度，实现了对多个因素的探究，使实验结论更加全面。	
课堂小结	1.谈谈这节课结束后，你在知识上的收获。 2.请结合具体的内容，谈谈这节课让你对科学探究的过程和方法有哪些体验和认识？ 3. 你们小组谁的表现最突出，你打算学习他（她）哪方面的优点？	[展示汇报]	课堂小结不仅总结知识方面的收获，同时重视科学探究的过程和方法方面的收获。 让学生结合具体内容来谈收获，避免抽象地谈探究，让学生把科学探究和自身经验建立联系。 学生相互评价的过程也是学习和交流的过程，这个过程使学生能够更加清楚地认识到自己的优势和不足。
课后作业	观察自行车，哪些是有益摩擦，哪些是有害摩擦，并设计实验探究哪种材料适合制作闸皮、脚蹬、把套等。	[课后完成]	真正的学习不能只局限在课堂，从课上延伸到课外更有利于培养学生时时刻刻学习物理的意识，促进技能的迁移和创新。

参考文献

[1] 伍德沃克．教育心理学［M］．陈红兵，张春莉，译．南京：江苏教育出版社，2005.

[2] 包栗，郭玉英，曾路．初中生提出物理问题能力的初步研究［J］．物理教师，2006，27（8）：18–21.

[3] 包栗．初中学生提出物理问题的过程及相关因素研究［D］．北京：北京师范大学，2006.

[4] 布鲁纳．教育过程［M］．邵瑞珍，译．北京：文化教育出版社，1982.

[5] KORDIG C R. 发现和辩护［J］．金吾伦，译．世界科学，1983（9）：46–49 .

[6] 陈琦，刘儒德．当代教育心理学［M］．北京：北京师范大学出版社，1997.

[7] 陈佳圭．对科学的认知、理解和信任——科学探究性教学的最终目的［J］．物理，2009，38（2）：116–120.

[8] 陈芳芳，刘继和．中美课程标准中科学探究含义与内容的对比分析［J］．沈阳教育学院学报，2009，11（5）：105–108.

[9] 陈彦芬，高秀岭．英国国家科学课程标准中的科学探究［J］．上海教育科研，2005（6）：33–36.

[10] 查尔默斯．科学究竟是什么？［M］．鲁旭东，译．北京：商务印书馆，2007.

[11] 杜秀芳．国外评价学生科学探究能力的两种不同视角［J］．教育科学研究，2009（4）：73–75.

[12] 邓铸，姜子云．问题图式获得理论及其在教学中的应用［J］．南京师大学报（社会科学版），2006（4）：111–115.

[13] 冯忠良，伍新春，姚梅林，等．教育心理学［M］．北京：人民教育出版社，2004.

[14] 冯忠良. 结构化与定向化教学心理学原理 [M]. 北京：北京师范大学出版社，1998.

[15] 冯忠良. 结构－定向教学的理论与实践 [M]. 北京：北京师范大学出版社，1992.

[16]冯杰. 高中物理探究实验及案例教学设计[M]. 北京:北京大学出版社，2011.

[17] 范佳午. 物理问题解决中外部表征作用的初步研究 [D]. 北京：北京师范大学，2009.

[18] 范佳午，郭玉英. 美国科学课程中的探究——争论、实践和启示 [J]. 上海教育科研，2012（11）：29-32.

[19] 范佳午，樊方园. 从学科课程与教学的角度看微课的应用 [J]. 中小学信息技术教育，2014（10）：58-60.

[20] 方富熹. 国外对皮亚杰儿童发展阶段理论的质疑—西方儿童认知发展理论的新趋势 [J]. 心理科学进展，1984（4）：19-36.

[21] 关洪. 是病态科学，还是受伤的科学？——N 射线事件百年检讨 [J]. 科学文化评论，2005，2（2）:100-107.

[22] 郭玉英. 学生的科学探究能力：国外的研究及启示 [J]. 课程·教材·教法，2005（7）：93-96.

[23] 郭玉英. 用科学探究思想指导高中物理教学改革 [M] // 陈娴. 物理课程与教学研究（1979—2009）. 南京：南京师范大学出版社，2011:32-36.

[24] 郭玉英. 探究—建构式教学初探——科学教学中探究与知识建构的统一途径的探索 [J]. 课程 · 教材 · 教法，2004，24（1）：52-55.

[25] 郭玉英. 物理比较教育 [M]. 南宁：广西教育出版社，2006.

[26] 郭奕玲，沈慧君. 物理学史 [M]. 北京：清华大学出版社，1993.

[27] 龚正元. 化学课程中的科学过程技能研究 [D]. 上海：华东师范大学，2007.

[28] 高嵩，洪正平，王其超. 科学探究中的科学解释 [J]. 山东师范大学学报（人文社会科学版），2009，54（6）：131-134.

[29]汉森. 发现的模式[M]. 邢新力，周沛，译. 北京：中国国际广播出版社，1988.

[30] 胡谊．专长的实质：限制与精致[D]．上海：华东师范大学，2004.

[31] 胡晶，石向实．皮亚杰理论新近研究综述[J]．宁波大学学报（教育科学版），2009，31（5）：9-14.

[32]胡军．中日小学科学课程标准比较研究[J]．外国中小学教育，2010(9)：40-45.

[33] 胡军．加拿大1-8年级科学与技术课程标准（2007修订版）研究[J]．课程·教材·教法，2008（6）：92-96.

[34] 胡军．学生学习成果评价标准不能在课程标准中缺失——澳大利亚科学课程内容与标准给我们的启示[J]．课程·教材·教法，2005，25（9）：12-17.

[35] 胡献忠．新版英国《国家科学教育课程标准》及其启示[J]．全球教育展望，2001（3）：44-49.

[36] 郝敬云，郝京华．科学探究如何编入小学科学课程标准——加拿大、日本、美国的科学课程标准分析与启示[J]．当代教育科学，2009（2）：52-56.

[37] 黄希庭．心理学导论[M]．北京：人民教育出版社，2007.

[38] 洪秀敏．幼儿科学探究特点、类型与影响因素的研究[D]．北京：北京师范大学，2005.

[39] 金旗．学生提出问题能力的培养[J]．现代中小学教育，2005（9）：17-19.

[40]金若水，胡家，姚子鹏．关于热动说和热质说的论战[J]．复旦学报（自然科学版），1976（2）：103-116.

[41] 逄型玉．中学生科学探究能力评价量表初探[J]．物理教学探讨，2010，28（19）：27-29.

[42]李春密．物理实验操作能力的结构模型初探[J]．学科教育，2002(6)：39-42.

[43] 李春密，梁洁，蔡美洁．中学生科学探究能力结构模型初探[J]．课程·教材·教法，2004（6）：86-90.

[44] 李醒民．科学的精神与价值[M]．石家庄：河北教育出版社，2001.

[45] 李建设．用等级量表评价学生的猜想与假设能力[J]．现代教育科学，2007（1）：96-98.

［46］李红菊，刘恩山．中小学生物学课程中生态学重要概念的筛选及其表述［J］．生物学通报，2010，45（10）：31-34．

［47］李雁冰．科学探究、科学素养与科学教育［J］．全球教育展望，2008，37（12）：14-18．

［48］路水．发现能量守恒和转化定律的艰难历程［J］．科学大众，2007（1）：37-40．

［49］廖伯琴．世纪之交中国基础教育物理课程改革［M］．北京：北京师范大学出版社，2010．

［50］罗国忠．初中生科学探究能力评价方式的比较研究［D］．重庆：西南大学，2007．

［51］罗国忠．美国俄勒冈州的科学探究能力评价［J］．上海教育科研，2009（7）：59-60．

［52］罗国忠．基于纸笔测验的科学探究能力评价的有效性研究［J］．上海教育科研，2007（10）：51-54．

［53］罗筑华．中学生科学假设能力的发展研究［D］．桂林：广西师范大学，2008．

［54］罗筑华，罗星凯．中学生科学假设质量评价量表的制定［J］．教育科学，2008，24（3）：83-87．

［55］罗星凯．科学观察及科学教育中观察力的培养［J］．教育研究，1990（1）：41-44．

［56］鲁忠义，杜建政．记忆心理学［M］．北京：人民教育出版社，2005．

［57］刘启宪．培养实验能力的核心问题是形成实验意识［J］．中小学管理，2000（5）：8-10．

［58］刘继和，赵海涛．解读日本新订高中理科课程标准［J］．比较教育研究，2010（8）：86-90．

［59］林崇德．发展心理学［M］．北京：人民教育出版社，1995．

［60］孟德飞．物理教学中培养学生“猜想与假设”能力的教学方法探讨［J］．中学物理，2011，29（5）：9-10．

［61］倪娟．关于美国《国家科学教育标准》一致性研究的述评［J］．教育学报，2008，4（2）：56-63．

[62] 倪娟 . 初中理科课程标准的适切性研究 [D]. 南京 : 南京师范大学, 2008.

[63] 彭聃龄 . 普通心理学 [M]. 北京 : 北京师范大学出版社, 2004.

[64] 潘瑶珍 . 基于论证的科学教育 [J]. 全球教育展望, 2010, 39 (6): 82–86.

[65] 潘瑶珍 . 科学教育中的论证教学 [J]. 全球教育展望, 2011, 40 (2): 77–81.

[66] 皮连生 . 论智力的知识观 [J]. 华东师范大学学报 (教育科学版), 1997 (3): 52–58.

[67] 皮连生 . 智育心理学 [M]. 2 版 . 北京 : 人民教育出版社, 2008.

[68] 钱军敏 . 生物学猜想与假设能力的评价 [J]. 生物学通报, 2006, 41 (10): 41–42.

[69] 乔际平, 邢红军 . 物理教育心理学 [M]. 南宁 : 广西教育出版社, 2002.

[70] 孙宏安 . 中美《科学课程 (教育) 标准》比较 [J]. 比较教育研究, 2003 (10): 45–50.

[71] 沈小娟,应莺,陈斌 . 中美科学教育标准比较研究 [J]. 外国教育研究, 2006, 33 (5): 26–30.

[72] 魏冰 . 科学素养教育的理念与实践 [M]. 广州 : 广东高等教育出版社, 2006.

[73] 魏冰 . 美国“国家科学教育标准”中的科学素养探微 [J]. 化学教育, 2001 (7/8): 17–19.

[74] 王策三 . 认真对待“轻视知识”的教育思潮——再评由“应试教育”向素质教育转轨提法的讨论 [J]. 北京大学教育评论, 2004, 2 (3): 5–23.

[75] 王策三 . 教学论稿 [M]. 2 版 . 北京 : 人民教育出版社, 2005.

[76] 王晶莹 . 师生科学探究观的国际研究探析 [J]. 外国中小学教育, 2010 (4): 11–15.

[77] 王晶莹 . 科学探究论 [M]. 上海 : 华东师范大学出版社, 2011.

[78] 王甦, 汪安圣 . 认知心理学 [M]. 北京 : 北京大学出版社, 2006.

[79] 王文忠, 方富熹 . 幼儿分类能力发展研究综述 [J]. 心理学动

态，2001，9（3）：210–214.

［80］王星乔，米广春．论证式教学：科学探究教学的新图景［J］．中国教育学刊，2010（10）：50–52.

［81］王全，母小勇．模型与建模：国际物理教育新视点［J］．外国中小学教育，2009（3）：55–58.

［82］卫洪清．中学生科学观察能力的表现［J］．学科教育，2000（2）：22–25.

［83］卫洪清．中学生科学观察能力的培养［J］．学科教育，2001（2）：32–35.

［84］物理课程标准研制组．普通高中物理课程标准（实验）解读［M］．武汉：湖北教育出版社，2006.

［85］项红专．科学探究式教学要注重原始创新基因的培育［J］．全球教育展望，2004，33（6）：31–33.

［86］徐玉红，高芳，周华松．澳大利亚科学课程标准分析与启示［J］．当代教育论坛（综合研究），2011（4）：126–127.

［87］徐学福．美国《国家科学教育标准》中的探究［J］．外国教育研究，2003，30（3）：50–55.

［88］许明，胡晓莺．美国基础教育课程标准述评［J］．教育研究，2002（3）：78–83.

［89］阎金铎，郭玉英．中学物理教学概论［M］．北京：高等教育出版社，2009.

［90］阎金铎，郭玉英．中学物理新课程教学概论［M］．北京：北京师范大学出版社，2008.

［91］严文法，胡卫平．国外青少年科学推理能力研究综述［J］．外国中小学教育，2009（5）：23–28.

［92］叶建柱．论物理教学中提出问题的水平［J］．课程·教材·教法，2007（5）：58–61.

［93］叶兵．初中物理科学探究试题命制的研究［J］．教育研究与评论，2010（8）：38–42.

［94］杨祖念．物理探究课教学设计与实践［M］．北京：高等教育出版社，

2010.

[95] 杨云生 . 运用“证伪性”实验培养学生的科学评估能力 [J]. 教学月刊（中学版下），2007（12）：61-62.

[96] 杨青晓，盛国定 . 中英初中科学课程标准的设计思路及目标比较 [J]. 外国教育研究，2003（3）：38-41.

[97] 袁维新 . 科学发现过程与本质的多元解读 [J]. 科学学研究，2008，26（2）：249-254.

[98] 袁薇薇，吴庆麟 . 科学思维的心理学探索 [J]. 心理科学，2008，31（4）：956-959.

[99] 袁振国 . 当代教育学 [M]. 3 版 . 北京：教育科学出版社，2004.

[100] 仲扣庄 . 物理学史教程 [M]. 南京：南京师范大学出版社，2009.

[101] 张卫，林崇德 . 论儿童发展的新皮亚杰理论 [J]. 华南师范大学学报（社会科学版），2002（4）：96-103.

[102] 张颖之 . 对中学生物学核心概念的研究——以遗传学内容为例 [D]. 北京：北京师范大学，2009.

[103] 张颖之，刘恩山 . 基础教育课程中遗传学核心概念内容和呈现方式的研究 [J]. 课程・教材・教法，2010，30（10）：81-84.

[104] 张颖之，刘恩山 . 核心概念在理科教学中的地位和作用——从记忆事实向理解概念的转变 [J]. 教育学报，2010，6（1）：57-61.

[105] 张春兴 . 现代心理学 [M]. 3 版 . 上海：上海人民出版社，2009.

[106] 张素先 . 中加小学科学课程标准比较 [J]. 教育实践与研究，2002（7）：21-22.

[107] ROBÈRTSON S I. 问题解决心理学 [M]. 张奇，等译 . 北京：中国轻工业出版社，2004.

[108] VONECHE J，李其维 . 皮亚杰理论，新皮亚杰学派及其他——Jacques Vonèche 教授访谈录 [J]. 心理科学，2000，23（4）:470-476.

[109] BOUDREAUX A，SHAFFER P S，HERON P R L，et al. Student understanding of control of variables: Deciding whether or not a variable influences the behavior of a system [J]. American Journal of Physics，2008，76（2）:163-170.

[110] DISESSA A A，SHERIN B L. What changes in conceptual change ？ [J].

International Journal of Science Education, 1998, 20 (10) : 1155–1191.

[111] LAZONDER A W, WILHELM P, HAGEMANS M G. The influence of domain knowledge on strategy use during simulation–based inquiry learning [J]. Learning and Instruction, 2008, 18 (6) : 580–592.

[112] HOFSTEIN A, NAVON O, KIPNIS M, et al. Developing students' ability to ask more and better questions resulting from inquiry–type chemistry laboratories [J]. Journal of Research in Science Teaching, 2005, 42 (7) : 791–806.

[113] COLLINS A, FERGUSON W. Epistemic forms and epistemic games: Structures and strategies to guide inquiry [J]. Educational Psychologist, 1993, 28 (1) : 25–42.

[114] APEC Human Resource Development Working Group. Analysis of mathematics and science standards from the Asia–Pacific Economic Cooperation [R/OL]. [2009–06]. http://publication. apec. org/file–download. php?filename=Contents_09_hrd_analysis_mathsci. pdf&id=163_toc.

[115] BARROW L H. A brief history of inquiry: From dewey to standards [J]. Journal of Science Teacher Education, 2006, 17 (3) : 265–278.

[116] WHITE B Y, FREDERIKSEN J R. Inquiry, modeling, and metacognition: Making science accessible to all students [J]. Cognition and Instruction, 1998, 16 (1) : 3–118.

[117] FRANCE B, BAY J L. Questions students ask: Bridging the gap between scientists and students in a research institute classroom [J]. International Journal of Science Education, 2010, 32 (2) : 173–194.

[118] CHINN C A, BREWER W F. Models of data: A theory of how people evaluate data [J]. Cognition and Instruction, 2001, 19 (3) : 323–393.

[119] CHINN C A, MALHOTRA B A. Epistemologically authentic inquiry in schools: A theoretical framework for evaluating inquiry tasks [J]. Science Education, 2002, 86 (2) : 175–218.

[120] ZIMMERMAN C. The development of scientific reasoning skills [J]. Developmental Review, 2000, 20: 99–149.

[121] ZIMMERMAN C. The development of scientific reasoning skills: What psychologists contribute to an understanding of elementary science learning [R]. [S.l.: s.n.], 2005.

[122] ZIMMERMAN C. The development of scientific thinking skills in elementary and

middle school [J]. Developmental Review, 2007, 27 (2) : 172–223.

[123] SCHWARZ C V, REISER B J, DAVIS E A, et al. Developing a learning progression for scientific modeling: Making scientific modeling accessible and meaningful for learners [J]. Journal of Research in Science Teaching, 2009, 46 (6) : 632–654.

[124] SHEPARDSON D P, MOJE E B, KENNARD–MCCLELLAND A M. The impact of a science demonstration on children' s understanding of air pressure [J]. Journal of Research in Science Teaching, 1994, 31 (3) : 243–258.

[125] MINNER D D, LEVY A J, CENTURY J. Inquiry–based science instruction–what is it and does it matter ? Results from a research synthesis years 1984 to 2002 [J]. Journal of Research in Science Teaching, 2010, 47 (4) : 474–496.

[126] KUHN D. Microgenetic study of change: What has it told us? [J]. Psychological Science, 1995, 6 (3) : 133–139.

[127] KUHN D, BLACK J, KESELMAN A, et al. The development of cognitive skills to support inquiry learning [J]. Cognition and Instruction, 2000, 18 (4) : 495–523.

[128] KUHN D, PEARSALL S. Developmental origins of scientific thinking [J]. Journal of Cognition and Development, 2000, 1 (1) : 113–129.

[129] KUHN D. Reasoning about multiple variables: Control of variables is not the only challenge [J]. Science Education, 2007, 91 (5) : 710–726.

[130] KUHN D, DEAN D. Is developing scientific thinking all about learning to control variables ? [J]. Psychological Science, 2005, 16 (11) : 866–870.

[131] KUHN D, IORDANOU K, PEASE M, et al. Beyond control of variables: What needs to develop to achieve skilled scientific thinking[J]. Cognitive Development, 2007, 23(4): 435–451.

[132] KUHN D, PEASE M. What needs to develop in the development of inquiry skills ? [J]. Cognition and Instruction, 2008, 26 (4) : 512–559.

[133] ECHEVARRIA M. Anomalies as a catalyst for middle school students' knowledge construction and scientific reasoning during science inquiry [J]. Journal of Educational Psychology, 2003, 95 (2) : 357–374.

[134] ABD–EL–KHALICK F, BOUJAOUDE S, DUSCHL R, et al. Inquiry in science education: International perspectives [J]. Science Education, 2004, 88 (3) : 397–419.

[135] DEBOER G E. Historical perspectives on inquiry teaching in schools [M] // FLICK L B, LEDERMAN N G. Scientific inquiry and nature of science. Dordrecht: Springer, 2006 : 17–36.

[136] GLEASON M E, SCHAUBLE L. Parents' assistance of their children' s scientific reasoning [J]. Cognition and Instruction, 2000, 17 (4) : 343–378.

[137] VENVILLE G J, DAWSON V M. The impact of a classroom intervention on grade 10 students' argumentation skills, informal reasoning, and conceptual understanding of science [J]. Journal of Research in Science Teaching, 2010, 47 (8) : 952–977.

[138] SEVIAN H, GONSALVES L. Analysing how scientists explain their research: A rubric for measuring the effectiveness of scientific explanations [J]. International Journal of Science Education, 2008, 30 (11) : 1441–1467.

[139] WU H K, HSIEH C E. Developing sixth graders' inquiry skills to construct explanations in inquiry–based learning environments [J]. International Journal of Science Education, 2006, 28 (11) : 1289–1313.

[140] FANG H. Curriculum coherence: A comparative analysis of elementary science content standards in People' s Republic of China and the USA [D]. Kalamazoo: Western Michigan University, 2010.

[141] NICOLAIDOU I, KYZA E A, TERZIAN F, et al. A Framework for scaffolding students' assessment of the credibility of evidence [J]. Journal of Research in Science Teaching, 2011, 48 (7) : 711–744.

[142] SADEH I, ZION M. The development of dynamic inquiry performances within an open inquiry setting: A comparison to guided inquiry setting [J]. Journal of Research in Science Teaching, 2009, 46 (10) : 1137–1160.

[143] JOHNSTON J S. What does the skill of observation look like in young children ? [J]. International Journal of Science Education, 2009, 31 (18) : 2511–2525.

[144] PINE J, ASCHBACHER P, ROTH E, et al. Fifth graders' science inquiry abilities: A comparative study of students in hands–on and textbook curricula [J]. Journal of Research in Science Teaching, 2006, 43 (5) :467–484.

[145] KANARI Z, MILLAR R. Reasoning from data: How students collect and interpret data in science investigations [J]. Journal of Research in Science Teaching, 2004, 41 (7) :

748–769.

[146] METZ K E. Children' s understanding of scientific inquiry: Their conceptualization of uncertainty in investigations of their own design[J]. Cognition And Instruction,2004,22(2): 219–290.

[147] MCNEILL K L. Elementary students' views of explanation, argumentation, and evidence, and their abilities to construct arguments over the school year [J]. Journal of Research in Science Teaching, 2011, 48 (7) : 793–823.

[148] KLAHR D, FAY A L, DUNBAR K. Heuristics for scientific experimentation: A developmental study [J]. Cognitive Psychology, 1993, 25 (1) : 111–146.

[149] MCELHANEY K W, LINN M C. Investigations of a complex, realistic task: Intentional, unsystematic, and exhaustive experimenters [J]. Journal of Research in Science Teaching, 2011, 48 (7) : 745–770.

[150] FLICK L B, LEDERMAN N G. Scientific inquiry and nature of science [M]. Dordrecht: Springer, 2006.

[151] BERLAND L K, HAMMER D. Framing for scientific argumentation [J]. Journal of Research in Science Teaching, 2012, 49 (1) : 68–94.

[152] LORCH R F Jr, LORCH E P, CALDERHEAD W J, et al. Learning the control of variables strategy in higher and lower achieving classrooms: Contributions of explicit instruction and experimentation [J]. Journal of Educational Psychology, 2010, 102 (1) : 90–101.

[153] SABELLA M S, REDISH E F. Knowledge organization and activation in physics problem solving [J]. American Journal of Physics, 2007, 75 (11) : 1017–1029.

[154] RUIZ–PRIMO M A, LI M, TSAI S P, et al. Testing one premise of scientific inquiry in science classrooms: Examining students' scientific explanations and student learning [J]. Journal of Research in Science Teaching, 2010, 47 (5) : 583–608.

[155] National Research Council. Inquiry and the national science education standards [M]. Washington D. C. : National Academy Press, 2000.

[156] National Research Council. A Framework for Science Education–Preliminary Public Draft [EB/OL]. [2010–07–12]. http://www.aapt.org/Resources/upload/Draft–Framework–Science–Education.pdf.

[157] SONGER N B, GOTWALS A W. Guiding explanation construction by children at

the entry points of learning progressions [J]. Journal of Research in Science Teaching, 2012, 49 (2) : 141–165.

[158] ONWU G O M, MOZUBE B. Development and validation of a science process skills test for secondary science students [J]. Journal of Science Teachers' Association of Nigeria, 1992, 27 (2) : 37–43.

[159] ASSARAF O B Z, ORION N. System thinking skills at the elementary school level [J]. Journal of Research in Science Teaching, 2010, 47 (5) : 540–563.

[160] GERMANN P J, ARAM R, BURKE G. Identifying patterns and relationships among the responses of seventh-grade students to the science process skill of designing experiments [J]. Journal of Research in Science Teaching, 1996, 33 (1) : 79–99.

[161] BROTHERTON P N, PREECE P F W. Teaching science process skills [J]. International Journal of Science Education, 1996, 18 (1) : 65–74.

[162] BROTHERTON P N, PREECE P F W. Science process skills: Their nature and interrelationships [J]. International Journal of Science Education, 1995, 13 (1) : 5–11.

[163] PREECE P F W, BROTHERTON P N. Teaching science process skills: Long-term effects on science achievement [J]. International Journal of Science Education, 1997, 19 (8) : 895–901.

[164] REZBA R J, SPARAGUE C S, FIEL R L, et al. Learning and Assessing Science Processes [M]. Dubuque: Kendall/Hunt Publishing Company, 1995.

[165] DUIT R, RHÖNECK C. Learning and understanding key concepts of electricity [M] // TIBERGHIEN A, JOSSEM E L, BAROJAS J. Connecting research in physics education with teacher education. [S. l.] : International Commission on Physics Education, 1998.

[166] CASE R. The development of conceptual structure [M] // KUHN D, SIEGLER R S. Handbook of child psychology: Cognition, perception, and language. New York: Wiley, 1998: 745–800.

[167] MILLAR R. Students' understanding of the procedures of scientific enquiry [M] // TIBERGHIEN A, JOSSEM E L, BAROJAS J. Connecting research in physics education with teacher education. [S. l.] : International Commission on Physics Education, 1998.

[168] MILLAR R, LUBBEN F, GOT R, et al. Investigating in the school science laboratory: Conceptual and procedural knowledge and their influence on performance [J].

Research Papers in Education，1994，9(2)：207–248.

[169] KHISHFE R. Relationship between nature of science understandings and argumentation skills: A role for counterargument and contextual factors [J]. Journal of Research in Science Teaching，2012，49 (4)：489–514.

[170] RUSS R S，SCHERR R E，HAMMER D，et al. Recognizing mechanistic reasoning in student scientific inquiry: A framework for discourse analysis developed from philosophy of science [J]. Science Education，2008，92 (3)：499–525.

[171] RUSS R S，COFFEY J E，HAMMER D，et al. Making classroom assessment more accountable to scientific reasoning: A case for attending to mechanistic thinking [J]. Science Education，2009，93 (5)：875–891.

[172] RUMELHART D E. Schema: The building blocks of cognition [M] // GUTHRIE J T. Comprehension and teaching: Research reviews. New York: International Reading Association，1983: 3–26.

[173] RUFFMAN T，PERNER J，OLSON D R，et al. Reflecting on scientific thinking: Children's understanding of the hypothesis–evidence relation [J]. Child Development，1993，64 (6)：1617–1636.

[174] SCHAUBLE L，GLASER R. Scientific thinking in children and adults [M] // KUHN D. Developmental perspectives on teaching and learning thinking skills: Contributions to human development. Basel: Karger Publishers，1990: 9–27.

[175] SCHAUBLE L. The development of scientific reasoning in knowledge–rich contexts [J]. Developmental Psychology，1996，32 (1)：102–119.

[176] METZENBERG S. National science standards: Where is the evidence supporting them? [M] // STOTSKY S. What's at stake in the K–12 standards wars. New York: Peter Lang Publishing，2000: 79–95.

[177] TSCHIRGI J E. Sensible reasoning: A hypothesis about hypotheses [J]. Child Development，1980，51 (1)：1–10.

[178] TRAFTON J G，TRICKETT S B. Note–taking for self–explanation and problem solving [J]. Human–Computer Interaction，2001，16 (1)：1–38.

[179] SANDOVAL W A，CAM A. Elementary children's judgments of the epistemic status of sources of justification [J]. Science Education，2011，95 (3)：383–408.

[180] MCCOMAS W F, OLSON J K. The nature of science in international science education standards document [J]. Contemporary Trends and Issues in Science Education, 2002, 5: 41–52.

[181] PLUTA W J, CHINN C A, DUNCAN R G. Learners' epistemic criteria for good scientific models [J]. Journal of Research in Science Teaching, 2011, 48 (5) : 486–511.

[182] BREWER W F, LAMBERT B L. The theory–ladenness of observation and the theory–ladenness of the rest of the scientific process [J]. Philosophy of Science, 2001, 68 (3) : 176–186.

[183] BEAUMONT–WALTERS Y, SOYIBO K. An analysis of high school students' performance on Five integrated science process skills [J]. Research in Science & Technological Education, 2001, 19 (2) :133–145.

[184] KANARI Z, MILLAR R. Reasoning from data: How students collect and interpret data in science investigations [J]. Journal of Research in Science Teaching, 2004, 41 (7) : 748–769.